崧燁文化

內容提要

20世紀80年代以來，全球企業掀起跨國併購浪潮，到2012年，跨國併購額已約占全球對外直接投資的89%。以追求資源優勢、壟斷優勢、技術優勢等傳統優勢為目的的跨國公司轉而開始追求持續競爭優勢。境外興辦企業作為跨國投資的主要形式，生存與發展離不開投資理論與企業理論的支持，而跨國併購作為對外直接投資與企業併購的結合，是企業面對國際環境的變化尋求資本擴張的必然趨勢。

出於多種原因，有些跨國併購沒有獲得令人滿意的效果。2000年北京外匯管理部門對北京市部分境外投資企業發展現狀的調查顯示，半數受訪企業停止了實際上的跨境營運，停業的與正在申請註銷登記的企業達60%。2002年「世界經濟論壇」報告稱，中國企業的國際競爭力處於最低的20%之列。2009年年初更是出現了所謂「2008年中國企業海外併購近七成不成功，虧損近2,000億元」的說法，基於這些現象，我們認為必須認真考慮中國企業實現跨境併購後的可持續成長。

中國企業併購績效不佳的原因在於併購後整合不力。關於跨國併購失敗的原因，目前的共識是併購後企業沒有及時實現全球競爭力重構，而全球競爭力的重構則決定著企業併購後的有效整合。有效的整合不僅能夠保持併購過程中所創造的「價值」，而且可以進一步鞏固企業競爭力。經濟學人（1999）指出：成功的併購依賴於併購公司創造與增加價值的能力，而該部分主要發生在併購後階段。廷伯曼（1999）指出，當企業合併時，多數公司完全將注意力放在了併購交易上，而忽略了整合過程發展與管理對企業併購的重大意義。併購結束後，併購焦點從財務、戰略領域轉移到整合雙方公司的政策、系統、結構、人員與企業文化上，併購後管理階段的關鍵要素是快速整合，該過程必須仔細規劃和執行，以避免破壞已創造的企業價值（科普蘭等，2004）。

因而，本書關注了跨國併購後，在東道國制度約束下，企業如何通過併購

後整合實現企業全球範圍內的能力重構。跨國併購涉及四個參與方：併購企業雙方、跨境企業的東道國與母國。目前關於跨境併購企業的研究有很多，但是源於東道國制度的對跨國併購的研究則較少。

本書從制度視角觀察了企業跨境併購後整合績效，包括如下四個方面的問題。第一，中國企業跨境併購失敗較多的原因是什麼？是否和跨境併購後整合不足有關？第二，如果失敗是由整合不足造成的，那麼是什麼原因導致了跨國併購後整合失敗率較高呢？是與東道國的審慎態度有關嗎？第三，如果跨國併購後整合失敗率較高與東道國的審慎態度有關，那麼東道國制度環境是如何影響跨國併購後整合的？第四，面對東道國制度環境對於跨國併購的影響，企業如何在跨國併購後整合中適應這一環境？併購後如何構建基於制度環境視角下的企業核心能力？

在以上四個方面的問題的引導下，我們將研究內容分為四個部分：制度安排在企業跨國併購後整合理論中所起的作用探討、制度對跨國併購績效的影響檢驗、跨國併購進入後企業面臨的東道國制度環境分析和東道國制度環境影響下跨國併購後企業的適應與全球營運能力重構。

第1章中，我們主要介紹了本書的目的、意義、方法以及技術路線圖等內容。

第2章中，我們對目前研究現狀進行了深入梳理。既有研究集中在兩方面，包括跨國併購理論與制度嵌入理論，共五個主題。其中，跨國併購理論主要涉及四個話題：併購整合、併購績效、併購戰略演化、併購組織演化；制度嵌入理論則主要涉及東道國政治、文化與法律在跨國併購過程中的嵌入。

第3章中，我們對中國企業跨國併購現狀與特徵進行了梳理並提出了本書要關注的問題。通過梳理中國企業跨國併購現狀，我們清楚地看到中國企業跨國併購多為資源或技術尋求型併購，其併購目標區域正在逐步擴展，更多的民營企業逐漸參與到跨國併購中來，但企業海外併購經驗普遍不足，且多為橫向併購，跨境併購失敗案例較多。在此基礎上我們提出了本書要研究探討的問題的核心。首先，中國企業跨境併購失敗較多的原因是什麼？是與跨境併購後整合不足有關麼？其次，如果是由於整合不足造成的問題，那麼是什麼引起的跨國併購後整合失敗率較高？與東道國的審慎態度有關麼？再次，如果跨國併購後整合失敗率較高與東道國的審慎態度有關，那麼，東道國制度環境是如何影響跨國併購後整合的？最後，面對東道國制度環境對於跨國併購的影響，企業應如何在跨國併購後整合中適應這一環境，併購後如何構建基於制度環境視角下的企業核心能力呢？

第 4 章中，我們對跨國併購過程進行了詳盡觀察，提出了本書關注的對象，分析了跨國併購後整合過程。我們發現：①應當積極從成功與失敗的跨境併購例子中學習經驗；②跨境併購進入模式決定因素是混合的，公司獨特和異質性資源和能力尚未得到研究者足夠關注；③未來研究跨界併購應更加關注收購目標的非財務目標和非物質資源；④各國不同的體制環境對跨國併購影響意義深遠。這些發現讓我們確認，中國企業跨境併購失敗的主要原因多源於跨境併購後整合活動、正式整合活動的不足帶來了跨境併購的失敗，尤其值得注意的是東道國制度環境對跨境併購後整合會產生顯著影響。

第 5 章中，我們從理論和實證兩個方面出發，考察了作為初始制度條件的母國宏觀制度對於中國企業「走出去」的影響。首先，我們提出資源基礎理論為發展中國家適時實施對外直接投資提供了可能。企業可以通過到境外投資，獲取企業發展所需的戰略性資源，進而構建企業跨境發展的競爭優勢。其次，我們分析了中國對外直接投資制度安排對於國際生產折中理論的影響，並對企業對外直接投資折中理論進行了修正，認為中國對外直接投資制度安排全面影響了企業的跨國經營所應具備的各項優勢。最後，我們對中國企業對外直接投資中制度因素的影響進行了實證檢驗。檢驗結果顯示，在區別性扶持政策影響下，母公司制度特徵、母公司企業規模、母公司企業資源狀況、企業以及中國制度環境的年度特徵與中國企業對外直接投資規模呈顯著的正相關。

第 6 章中，我們進一步考察了東道國制度環境對企業跨境併購的影響。Probit 模型檢驗顯示：東道國政治穩定性、經濟自由度顯著影響著跨國企業併購後的績效；企業微觀制度解釋變量中高管更迭次數則以較弱的顯著性即以 0.109 的彈性對跨國併購績效產生影響。東道國法律、經濟、政治及文化都對跨國併購績效有顯著影響。

第 7 章中，我們根據跨國併購進程，跟隨跨國企業進入東道國觀察了東道國的制度環境。我們發現：①無論是政治環境、法律環境還是文化衝擊都會對外來企業投資產生顯著影響，而這一影響可能是負向的也可能是正向的。②發達國家政治風險稍小，但是國家經濟安全審查較嚴格，發展中國家的國家經濟安全審查意識較弱但是腐敗及政治動盪較嚴重。這給我們提出了一個問題：是否值得去境外投資？我們認為，無論是發達國家還是發展中國家，都不是問題的關鍵，問題的關鍵是能否適應政治風險、法律風險與文化衝擊對跨國併購企業的影響。因而，我們需要做的是進一步明確政治風險、法律風險與文化衝擊對於外來資本的影響是通過什麼樣的渠道產生的。

第 8 章中，我們把政治風險、法律風險以及文化衝擊對外來資本的影響內

生化，著重考察了制度風險對於跨國併購的影響路徑。檢驗發現：風險將對有意投資的外來企業產生一個顯著預期，這一預期將會顯著影響企業投資動因，這實現了外部風險的內生化。首先，文化衝擊主要通過企業管理體制、管理層行為模式、文化接納、升職遠景以及薪酬與權力距離等方面實現。其次，政治環境與法律環境對於跨國併購企業的影響主要通過兩方面進行：一是對於重點行業的影響較顯著，主要是通過資源控制實現，其中對資源開發類行業影響較嚴重；二是對於技術密集型行業影響較大，主要是通過對於知識的管控實現。這提醒我們跨國併購企業在後期的跨國併購整合中一定要注意從行業選擇與知識等方面適應東道國關於外來資本的關切態度，通過跨國併購後整合來適應制度環境。

第9章中，依照前一章發現的東道國制度環境影響路徑，我們分析了企業跨境併購後整合能力的重構過程。其基本結論如下：①企業價值鏈重構是跨國併購企業併購後整合的基礎，其基本步驟分為四步，即確認企業現有價值鏈、分析企業現有價值鏈、分析東道國在整個行業價值鏈中的地位、決定價值創造活動的實施者以及最終確認價值鏈構成。②跨國併購企業全球研發網路整合基本原則有四方面，即積極實施跨國企業研發本地化、尋求適當的母公司對子公司的控制機制、提高母公司吸收整合能力、挖掘母合優勢。③有效的跨國併購後企業成長能力重構需要注意以下幾方面：考慮更加全面的背景因素；深刻理解東道國制度環境變動的背景；深刻瞭解公司知識體系的現狀與未來；積極構築跨境企業全球知識網路；著力提升企業資源整合能力；選擇適當的全球組織框架並適時推進其演化；強調外來資本與東道國企業共同成長；注重員工組織心理契約的重構。

第10章得出了本書的基本結論與對策建議。

關鍵詞：跨國併購後整合　制度嵌入　能力重構

目　錄

1　緒論 / 1
　1.1　問題的緣起 / 1
　1.2　研究內容 / 2
　　　1.2.1　引入制度因素 / 2
　　　1.2.2　深入考察跨境併購後的整合歷程 / 3
　　　1.2.3　突出跨境併購後企業演化分析 / 4
　　　1.2.4　聚焦企業動態能力研究 / 4
　1.3　主要研究方法與技術路線 / 5
　　　1.3.1　主要研究方法 / 5
　　　1.3.2　技術路線圖 / 5
　1.4　主要貢獻與未來努力方向 / 6
　　　1.4.1　本書主要貢獻 / 6
　　　1.4.2　未來努力方向 / 7

2　既有研究評述 / 8
　2.1　跨國併購概念界定 / 8
　2.2　併購整合理論 / 9
　　　2.2.1　國外相關研究 / 10
　　　2.2.2　國內相關研究 / 13
　2.3　併購績效理論 / 14
　　　2.3.1　國外相關理論研究 / 14
　　　2.3.2　國內相關研究 / 15
　2.4　企業戰略演化理論 / 16

  2.4.1 國外相關研究／16
  2.4.2 國內相關研究／19
 2.5 **企業組織結構演化理論**／20
  2.5.1 國外相關研究／21
  2.5.2 國內相關研究／23
 2.6 **制度嵌入理論**／24
  2.6.1 國外研究現狀／24
  2.6.2 國內研究現狀／25
 2.7 **研究現狀評價**／26
  2.7.1 目前研究做出了巨大貢獻／26
  2.7.2 問題的可能解決方向：合理的併購後整合／26
  2.7.3 跨境併購後整合成功的出發點：戰略轉向／27
  2.7.4 戰略轉變下的整合結果：組織模式變化／28
  2.7.5 跨境併購後企業動態能力構建：引入制度變量的修正過程／29
 2.8 **本章小結**／30

3 中國企業跨國併購現狀分析與問題的提出／31
 3.1 **中國企業跨國併購發展歷程**／31
 3.2 **中國企業跨國併購現狀**／33
 3.3 **中國企業跨國併購特點**／34
  3.3.1 資源尋求或技術尋求型併購占主導／35
  3.3.2 收購目標區逐漸擴大／35
  3.3.3 民營企業開始參與跨國併購／35
  3.3.4 企業跨境併購經驗不足／35
  3.3.5 橫向兼併是主流／36
  3.3.6 跨國併購失敗頻率升高／36
 3.4 **本書問題的提出**／36
 3.5 **本章小結**／37

4 研究對象確認：基於價值創造的跨國併購過程觀察／38
 4.1 **目前跨國併購方面的主要話題及研究線索**／39
  4.1.1 主要話題／39

    4.1.2　主要研究線索／39
  4.2　本書關注問題的出發點：跨國併購是否創造價值／40
    4.2.1　國內併購是否創造價值／40
    4.2.2　跨國併購是否創造價值／41
    4.2.3　國內併購與跨國併購價值的差異／41
    4.2.4　國內併購與跨國併購差異帶來了東道國約束／42
  4.3　跨境併購價值創造的來源及其影響因素分析／43
    4.3.1　價值創造的來源／43
    4.3.2　併購對價高就意味著併購後企業價值高麼？／46
  4.4　跨國併購過程分析／48
    4.4.1　跨國併購中的盡職調查過程／48
    4.4.2　跨國併購中的談判與定價／51
    4.4.3　跨國併購後整合：企業核心能力的重構與轉移過程／52
    4.4.4　併購企業的後續發展：經驗汲取與干中學效應／60
  4.5　研究對象的確認與研究內容的框定／61
    4.5.1　研究對象的確認／61
    4.5.2　本書的主要研究內容／63
  4.6　本章小結／66

5　母國制度對中國企業「走出去」的影響分析／67
  5.1　制度基礎論的引入／67
    5.1.1　制度的內涵／67
    5.1.2　制度的決定作用／68
    5.1.3　制度基礎理論對微觀企業理論提出挑戰／71
    5.1.4　中國對外直接投資中制度的重要性分析／72
  5.2　制度影響下的中國對外直接投資理論框架／74
    5.2.1　修正的國際生產折中理論／75
    5.2.2　資源基礎理論及其擴展／77
    5.2.3　制度基礎論／80
    5.2.4　小規模技術理論／85
  5.3　中國企業對外直接投資理論框架／86

5.4 制度對中國對外直接投資影響的經驗分析 / 87
  5.4.1 假說提出與模型設定 / 87
  5.4.2 變量選取與數據採集 / 89
  5.4.3 檢驗過程與結果分析 / 91
5.5 本章小結 / 92

6 制度環境變動對跨國併購績效的影響：母國與東道國差異視角的經驗分析 / 94

6.1 幾個概念 / 95
  6.1.1 政治環境 / 95
  6.1.2 法律環境 / 95
  6.1.3 文化環境 / 96
6.2 文獻分析 / 96
  6.2.1 關於組織變革對企業績效影響的研究 / 96
  6.2.2 關於制度環境對企業績效影響的研究 / 97
  6.2.3 關於跨國併購績效測算的研究 / 100
6.3 宏微觀制度變動對跨國併購績效的影響：一個二元選擇模型檢驗 / 102
  6.3.1 變量選取與假設生成 / 102
  6.3.2 數據採集與樣本基本特徵 / 105
  6.3.3 實證過程與結果分析 / 106
  6.3.4 實證結論 / 108
6.4 本章小結 / 108

7 跨國併購所面臨的東道國制度環境分析 / 109

7.1 跨國併購中經濟租的尋求對東道國的影響 / 109
  7.1.1 基於跨境併購的企業經濟租尋求 / 109
  7.1.2 跨國併購對東道國國家利益的影響 / 112
7.2 跨國併購面臨的東道國政治環境分析 / 117
  7.2.1 政治風險對外來資本的影響 / 118
  7.2.2 區域政治風險對外來資本的影響 / 120
  7.2.3 思考：政治風險影響下跨國併購企業怎麼辦 / 120

7.2.4　世界各國投資風險現狀 / 121

7.3　跨國併購面臨的法律環境分析 / 122

7.3.1　國家安全的含義 / 122

7.3.2　跨國併購安全審查制度概述 / 126

7.3.3　主要發達國家跨國併購安全審查制度示例 / 131

7.3.4　發達市場經濟國家跨國併購安全審查制度評析 / 132

7.4　跨國併購面臨的東道國文化環境分析 / 135

7.4.1　跨文化衝突表現 / 137

7.4.2　跨境文化不適應成因分析 / 139

7.4.3　文化差異對跨國併購績效的影響 / 143

7.5　東道國制度約束下的跨國併購企業策略：積極適應 / 145

7.5.1　深刻理解東道國制度環境變動的背景 / 145

7.5.2　認識到東道國文化變革的不可能性 / 145

7.5.3　積極鼓勵東道國企業共同成長 / 145

7.5.4　完善併購後企業營運目標 / 145

7.5.5　對企業文化的修正調試 / 145

7.6　本章小結 / 147

8　東道國制度環境對跨國併購的影響路徑分析 / 148

8.1　文化環境對跨國併購的影響路徑分析：一項問卷調查 / 150

8.1.1　文化衝擊的內涵 / 150

8.1.2　文化差異適應路徑分析 / 151

8.2　政治環境與法律環境對跨國併購的影響路徑分析 / 155

8.2.1　文獻回顧與假設生成 / 155

8.2.2　法律與政治風險對跨國併購的影響路徑分析：面板檢驗的回答 / 160

8.3　本章小結 / 165

9　跨境併購後企業能力重構策略分析 / 166

9.1　跨境併購後企業演化：一般規律 / 166

9.1.1　全球化背景下跨境併購企業戰略變遷趨勢 / 166

9.1.2　跨境企業宏觀演化：經濟史視角 / 168

9.1.3 跨境企業微觀演化：生物學細胞擴散的類比 / 174

9.2 **跨國併購後企業價值鏈重構** / 177

9.2.1 價值鏈重構內涵 / 178

9.2.2 跨國併購企業價值鏈重構基本原則 / 180

9.3 **跨境併購後企業研發能力重構** / 183

9.3.1 跨國企業研發全球化組織類型及其演化 / 184

9.3.2 跨境企業研發組織結構設置基本策略：
制度約束下的自組織 / 190

9.4 **跨境併購後企業成長能力重構** / 194

9.4.1 知識決定跨國併購企業成長 / 195

9.4.2 基於控制權動態配置的跨境併購後企業資源整合能力
重構 / 199

9.4.3 跨國併購後企業組織形式重構 / 202

9.4.4 基於跨國企業員工心理契約更新的文化適應性重構 / 217

9.4.5 知識基礎觀視角下跨國併購企業成長能力重構
基本策略 / 221

9.5 **本章小結** / 224

10 基本結論與對策建議 / 225

10.1 **基本結論** / 226

10.2 **對策建議** / 227

10.2.1 跨國併購企業價值鏈重構基本原則 / 227

10.2.2 跨國併購企業全球研發網路整合基本策略 / 229

10.2.3 跨國併購企業控制權演變基本策略：
制度適應下的資源反饋 / 231

10.2.4 東道國制度約束下學習型跨國公司組織結構選擇 / 234

10.2.5 員工心理契約重構 / 236

10.2.6 跨國併購企業成長能力重構基本策略：知識的視角 / 237

參考文獻 / 240

附錄　主要市場經濟體跨國併購安全審查示例(美、加、日) / 269

1　緒論

1.1　問題的緣起

20 世紀 80 年代以來，以追求資源優勢、壟斷優勢、技術優勢等傳統優勢為目的的跨國公司轉而開始追求持續競爭優勢。境外興辦企業作為跨國投資的主要形式，生存與發展離不開投資理論與企業理論的支持，而跨國併購作為對外直接投資與企業併購的結合，是企業面對國際環境的變化尋求資本擴張的必然趨勢。

動態能力理論是構建企業持續競爭優勢的理論依據，然而現在的研究多從能力形成機制方面進行研究，對於能力識別與框架構建的研究不足，實證研究也鳳毛麟角。本書旨在通過對跨國併購相關理論研究結合國際市場環境，從理論分析與實證分析入手，探尋影響動態能力構建的因素和如何識別企業的動態能力問題，一方面為中國企業參與國際併購市場提供理論基礎，從而提高跨國併購效率和併購後企業的資源整合能力；另一方面可以整合現有的動態能力研究，得出動態能力構建的一般分析框架，並嘗試給出動態能力識別的一般方法。

伴隨中國企業走出去成為常態，中國已經成為資本淨輸出國。截至 2014 年年底，中國對外直接投資資本輸出達 1,400 億美元，扣除引進外資部分，淨資本輸出達 200 億美元，可以說對外投資規模增長驚人。

然而由於併購目的、併購戰略等方面的準備不足，跨國併購的效率並不高，雖然中國企業頻頻併購國外企業，但其併購整合效果卻差強人意，失敗案例頗為多見。研究表明，自 1998 年 1 月 1 日到 2011 年 9 月 30 日，正式公布的 701 起中國企業併購中只有 375 起成功，成功率低於全球水平，尤其是併購成功後，併購企業很少能迅速整合雙方資源，實現企業規模和收益的等比例增長。

企業跨國併購是否成功，與併購的實際操作過程有著直接的關係，但關鍵還是看企業併購後能否進行有效的整合，失敗的最主要原因就是企業併購後整合不力，巨額成本的支付將成為併購企業面臨的問題。面對這種狀況，研究企業併購後的戰略及組織演化，無論是對企業做出合理的跨國併購決策還是政府制定相關引導政策，都具有重要的現實意義。

併購後企業會面臨內外部環境的改變、組織結構特徵的不同、企業戰略改變或戰略重點的轉移及併購企業管理理念、管理風格發生改變等諸多變化，這些都需要企業及時對戰略及組織做出相應調整，以使得二者相互協調匹配。近來的研究表明，有關「解釋組織戰略的內容與有效性的時候應關注制度因素」的研究理念越來越為戰略管理學者所接受。但是在跨國併購方面，少有學者將這幾方面理論結合起來分析。第一，跨國併購後企業面臨的社會環境、文化環境、市場環境等可能會與國內有很大差別，因此跨國併購後的組織與戰略變革也應具有國際性，不能生硬套用境內併購理論；第二，宏觀制度因素逐漸成為影響企業可持續發展的關鍵性「外部因素」，企業自身的組織結構演變與戰略變革則逐漸成為影響企業可持續發展的關鍵性「內部因素」，因此不同的獨立企業經過併購成為一個整體，面臨的內外部環境都有很大改變，僅僅研究內部或者外部因素的變化顯然有失偏頗，而目前關於中國企業海外併購的研究往往集中於企業併購後的內部整合，很少涉及外部制度因素。

本書將併購整合、併購績效等理論統一起來，基於制度嵌入的視角，對影響企業跨國併購後發展的內外部因素進行了綜合研究。根據對最終結果的討論和分析，本書將關注企業內部治理因素及外部制度環境因素，並根據結論為公司提出相關政策建議。

1.2 研究內容

本書的研究內容集中在四方面。

1.2.1 引入制度因素

本書將在主流研究的基礎上，引入制度因素，考量制度因素在企業成長中的作用，致力於制度基礎理論與資源基礎理論的交融，並通過制度理論進一步豐富資源基礎理論。

（1）我們將進一步豐富制度的內涵。另外需要說明的是，制度基礎觀與

資源基礎觀並不是對立的，制度基礎觀恰恰是資源基礎管的一種有益的補充。原因在於，制度本身可以被視為一種資源。制度是對資源的一種延伸認識，不同企業面臨的制度是不一樣的，即各自的制度資源是不一樣的，如所有制形式、股權結構、宏觀制度環境約束等都各有不同。

（2）我們認為在企業決策中「制度性隔絕」起到重要作用。在制度性隔絕機制影響下，企業組織戰略的變化及競爭優勢實際上取決於企業在戰略實施過程中，動員企業內部的政治和文化資源的能力。不同組織內部情景脈絡的差異將導致不同組織戰略變化過程中收斂和分化過程與速度的差異，並最終導致組織之間的戰略演進路徑與速度出現差異。

（3）關於企業戰略演變的研究，我們不僅要關注企業資源的孤立特性，更要關注戰略隔離與體制隔離之間的相互影響與反饋。本書與傳統制度經濟學理論多強調組織在同構、收斂等方面定位有顯著差異，本書將著重關注組織的制度性變遷過程以及在這一過程中戰略主體在其學習、表達、賦予和構建中的能動能力。

（4）同時我們還強調關注組織演化過程中的「脫制度化」現象（奧利弗，1992；斯本德等，1996）。這一部分我們將關注，當跨國企業面臨制度隔絕的時候是否選擇「去制度化」或者所謂的「制度逃逸」。

1.2.2　深入考察跨境併購後的整合歷程

併購後整合歷程的出發點是通過對被併購企業的所有資源進行排列以實現併購後企業各項資源的協同效應，從而最終實現併購目標。為在被併購公司中建立戰略協同，併購者意圖必須嵌入被併購公司的組織設計、文化整合過程中。整合是一個複雜過程，公司內部環境、核心技術、公司規模、管理風格、文化準則和價值以及產生於外部環境的不確定性因素都將影響兩家企業的整合效果。

既有關於併購後整合問題的研究集中於資產、商業價值、人力資本以及組織架構等方面的整合，多數研究將併購失利原因歸於併購各參與方在文化適應、戰略與組織架構的匹配等方面缺乏協同效應上。我們認為併購協同效應的實現有賴於各參與方在能力、資源與知識方面的共享程度，這將最終創造併購價值。

我們將從「基於企業資源的核心競爭力是實現合併成功的關鍵」這一觀點出發，將跨國併購後整合個過程定義為併購後企業從自身戰略目標出發，尊重東道國政治、文化、社會、經濟以及法律環境，通過合併後組織的結構、風

格、企業文化、生產、市場行銷以及商業元素的再造，追求兩企業間的協同效應，促進企業核心能力轉移，從而提升企業全球競爭力。

1.2.3 突出跨境併購後企業演化分析

（1）網路組織模式協調機制方面的理論化研究。網路組織模式主要依靠節點之間的契約進行各種業務和組織關係的協調，然而由於搜尋信息和監督成本的關係，契約具有不完備性，因此網路節點的協調必須要建立在相互信任的基礎之上。因此，組織成員之間的信任生成機制與良性博弈機制需要得到進一步的研究。進一步，如何結合中國企業發展的實際情況構建跨國公司的網路組織形態，建立起適合中國特色、高效的資源配置的內部協調機制，從而在有效降低交易成本的基礎上平衡網路中各個節點的利益關係和資源分配仍將是今後研究的重點。

（2）實證方面的研究。儘管網路組織模式是組織結構發展的必然方向，但究竟跨國公司在發展到什麼階段引入該模式才會最大化網路模式的優勢，根據不同的行業環境，何種類型的跨國公司更適合這種組織結構，以及中國跨國公司海外子公司角色界定、資源在公司內部的配置方式方面的實證研究仍然值得進一步探討。

1.2.4 聚焦企業動態能力研究

（1）我們選擇企業特定能力領域作為探討企業併購後動態能力的觀察對象。一般而言，可以從兩個角度選擇企業動態能力研究對象：企業整體視角與特定領域視角。而事實上，擁有營運所需全部資源與能力的企業十分少見，常見企業所擁有的資源或能力都集中在一個或者幾個相關領域，因而如果將整個企業作為研究對象不僅容易造成定義不清，對於能力結構、能力實質以及作用機理描述不清，而且很難找到令人信服的參照物。因而我們選擇從企業戰略與企業模式角度進行分析。

（2）跨管理學與經濟學的理論整合將是構建更具解釋力的動態能力分析框架的前提與基礎。企業動態能力分析框架將是以演化經濟學為核心的多種理論的聚合體，尤其以演化經濟學的自組織理論為綱，最大限度地實現四個學派理論的有機融合，這一融合體的構建將是重構全面企業動態能力分析框架的主導邏輯。後續研究思路就是遵循整合的思路，以演化經濟學自組織理論為理論內核，融合另外三個學派理論的合理部分，構建較全面的企業動態能力分析框架，使組織演變過程中穩定的、變革的力量和企業持續競爭力的源泉相匹配

起來。

（3）本部分研究思路為：①企業動態能力是通過對多個子系統進行整合而形成的資組織系統。這裡的「動態」指能力子系統適應外部環境變化，子系統之間協同互動、共同進化。「能力」是指戰略管理為達成特定目標而整合、重構企業內外部結構來應對環境變化方面所具有的關鍵性作用。動態能力是具有最高級別且有實質內容的能力，主要指為企業解決高層次戰略問題，如併購和企業聯盟以及開發戰略決策。②動態能力是序參量，這一序參量是各個能力子系統自組織協作的結果。每個子系統主要驅動運動演變的各個子系統，並通過互動的各種子系統，不斷實現動態能力的自我完善。所以，企業整體動態能力和各能力子系統互為發展條件。可持續競爭優勢源於企業在適應外部變化的同時，通過自組織動態能力的自我推銷的協同作用促進企業整體動態能力不斷提升。

1.3 主要研究方法與技術路線

1.3.1 主要研究方法

本書的基本書方法包括統計分析法、計量迴歸法以及案例分析法等。

研究方法：根據研究的要求，本書將通過對外直接投資理論、企業併購理論、企業戰略管理理論形成多維理論分析構架，並通過定性分析方法，得到動態能力構建與識別的一般框架，然後通過實證分析驗證結論。

1.3.2 技術路線圖

研究技術路線：①現實背景分析，即結合中外跨國企業的發展來分析企業併購動態能力的重構。②理論分析，即結合對外直接投資理論與相關動態能力理論，構建跨國併購動態能力分析框架。③核心觀點，即通過理論分析，並結合模型與數據進行實證分析，得到動態能力構建和識別的分析框架。具體技術路線見圖1-1。

要解決的關鍵問題：本書中的研究主要解決考慮制度因素後企業跨國併購後的戰略及組織整合問題，指導企業在併購後確定組織戰略、整合組織結構，促進企業獲得長期發展。本書的重點是中國的制度許可、動態能力的構建、動態能力的識別，難點在於動態能力的識別框架構建，文章擬通過計量輔助分析構建。

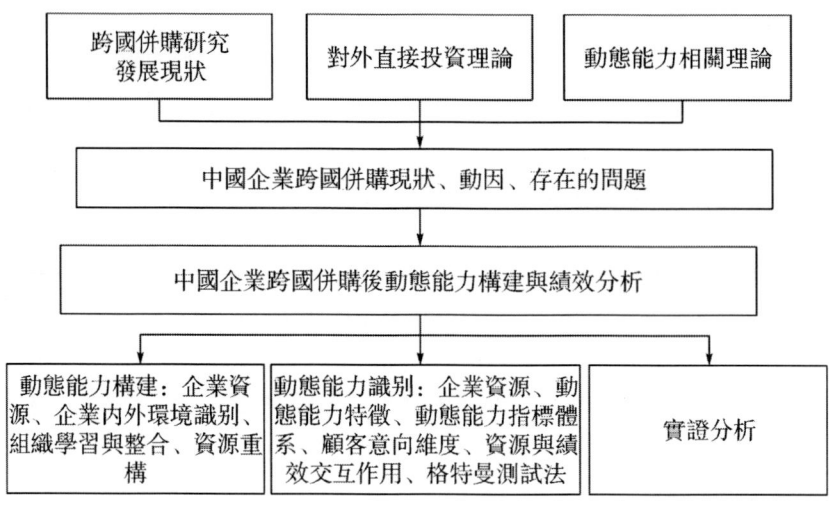

圖 1-1　技術路線圖

1.4　主要貢獻與未來努力方向

1.4.1　本書主要貢獻

通過對中國企業跨境併購現狀的分析以及對現存 OFDI 理論的回顧，本書通過綜合運用規範和實證分析，對中國企業跨境併購後整合過程的討論實現了以下創新：

1.4.1.1　理論框架創新

（1）從制度視角考慮跨國併購。目前國內關於企業併購後戰略及組織變革的研究鮮有基於制度視角的測量，本書則將制度因素作為一個重要變量加入到了中國企業跨國併購後整合的過程中。既有研究很少有關注制度安排對於企業跨國併購行為影響的，本書所指的制度包括宏觀國家政策制度安排和微觀企業自身框架等制度安排。通過研究我們發現，宏、微觀制度對中國企業跨國併購產生了顯著影響。

（2）形成了資源基礎觀、制度決定觀與國際生產折中理論相結合的中國企業跨國併購理論。這一理論體系的作用路徑如下：中國企業通過基於生產折中理論構建的比較優勢實現跨國併購後，企業的跨國併購後整合過程就直接受到東道國制度文化影響，尤其是政治制度、法律環境以及文化環境對跨國併購

後企業整合過程有著顯著影響。在此制度環境影響下，企業對於自身研發能力、成長能力進行了整合，整合的主線是制度約束下的學習型網路組織構建。

1.4.1.2 研究方法創新

（1）基於微觀企業數據的中國對外直接投資決定因素考察。

（2）經濟演化觀念的引入。以往研究跨國併購後的企業整合時，學者往往專注於企業的組織、文化等方面的整合，很少基於演化視角對企業戰略及組織進行分析，本書將在企業跨國併購後整合過程分析中引入演化經濟學方法，以分析制度變化環境中的中國企業跨國併購後組織架構、企業資源整合能力等企業能力的演變過程。

（3）基於實證分析的文化環境、政治環境與法律環境對跨國併購後整合和過程影響路徑的分析。基於面板數據分析的東道國政治和法律環境對中國企業跨國併購整合路徑討論幫助我們找到了應對法律環境與制度環境影響的整合方向。基於田野調查的中國企業跨國併購後文化環境適應問卷分析則給我們指明了適應東道國不同文化環境的路徑。

1.4.1.3 結論創新

本書在以下方面取得了與前人不同的結論：

（1）東道國制度環境對企業跨國併購影響巨大；

（2）企業跨國併購後的整合過程是一個逐漸演進的過程；

（3）東道國制度規範通過制度環境、法律環境以及文化環境對企業跨國併購後的整合過程產生影響。

1.4.2 未來努力方向

即使本書做出了上述各方面的努力，但仍有許多值得進一步努力的領域，比如可以通過更加翔實的跨國併購數據對企業跨國併購後的整合過程進行深入觀察。目前的跨國併購數據多是集中在併購規模、行業等方面，較為粗淺，如果能夠得到更加翔實的企業財務、人事數據，那麼就能更好地闡述企業跨國併購後整合過程中的企業演化。

再比如，在跨國併購中，針對東道國的政策環境變動問題，最佳選擇是能夠到東道國進行實地考察，但是鑒於經費等因素的限制而很難實現，希望以後能獲得一定的經費支持，從而可以實地觀察東道國制度環境的作用路徑。

2 既有研究評述

2.1 跨國併購概念界定

　　跨國併購是企業併購的概念外延與拓展。跨國併購包括跨國收購和跨國兼併，是某國企業為實現既定戰略，以一定渠道和補償手段，通過兼併和收購的形式購買別國企業整體資產或者能夠實現業務控制的股份購買行為（聯合國貿發會議，2000）。

　　跨國收購一般是指企業出於某種特定戰略目標，通過取得別國企業全部或者部分資產，對被收購企業的所有權和企業營運實施一定的或全部實際控制的經濟行為。聯合國貿發會強調跨國收購特指被收購企業股權至少達到10%，使得一國企業資產或經營控制權讓渡給國外的企業。實踐中，國際資本市場上跨國收購的數量占比較高。

　　跨國兼併則是指在通過合併行為，本國企業與境外企業的資產與營運活動合二為一。跨國兼併進一步可以分為兩類：跨境綠地投資和跨境吸收兼併。前者指將兩個公司合為一體形成一個新的法律實體，以合併後的名稱取代原有名稱，各方原有法律地位均被註銷。而在跨境吸收兼併中，被兼併方的法律地位喪失，兼併方法律地位存續並對被兼併方產生實質性控制，兼併完成意味著被收購方實際上成為兼併方的一部分。聯合國貿發會議統計顯示，20世紀90年代以來的跨國併購中，跨境收購占了95%強，這讓很多人認為跨境併購基本上就是跨國收購。跨境兼併數量少的一個主要原因可能是跨境這一物理障礙。原屬不同國家的兩個企業參與兼併，這意味著一國的企業將不再具有法人地位，因而可能直接影響到該國的稅收與監管力量的發生機制。這一方面可能帶來稅收變動，另一方面出現的一個直接問題就是如何適應不同國家國內法對公司治理要求的差異。但是鑒於跨境兼併的客觀存在，有些國家就頒布了專門適用於

跨國併購及跨境公司的稅務法規。

　　跨境併購可以分為橫向、縱向以及混合併購三類：橫向併購是相似產品間的併購；縱向併購則指相關產品不同生產階段間企業的併購；混合併購自然就是指兼而有之的併購。參與併購企業產品的關聯度與併購後企業整合深度直接相關。前述三類跨國併購中，從橫向併購到縱向併購再到混合併購，產品關聯程度依次降低，橫向併購所需整合程度顯著高於其他兩類，因而併購難度更大。橫向跨境併購在全球跨境併購市場中長期占主要地位，1987—2000年的十餘年間始終保持在50%以上。

　　跨境併購關於長期動機的考慮決定了企業併購後的整合工作是十分必要和重要的。交易價值和併購頻次顯示了金融性跨境併購在全部跨境併購中占比均不足10%[1]，應該說，推動跨境併購增長的主力不是金融型跨境資本流動，而是以追求企業長期利益為動機的戰略性跨境併購。值得一提的是，本書的討論範疇不包括金融性跨國併購。

2.2　併購整合理論

　　併購後整合是不同企業資源和營運能力的重新組合與相互融合，它不但包括對原有企業系統所有優質資源的保護及劣質資源的果斷揚棄，也包含在併購後系統中進行的一系列創新。[2] 跨境併購後整合涉及不同文化背景、工作動機、思想狀態、個體和群體行為特徵的個體，在合併併購所帶來的複雜動態變化中，這些因素不易被衡量與觀察到，極易被併購後的整合實施者所忽視，不恰當的處理會帶來顯著負面影響，直接影響跨境併購後企業的價值。既有研究已經多次證明整合不力是跨境併購失敗的根本原因之一[3]。

---

[1]　鄒春燕. 中國企業跨國併購整合的跨文化研究 [M]. 成都：西南財經大學出版社，2009：72.
[2]　潘愛玲. 企業跨國併購後的整合管理 [M]. 北京：商務印書館，2008.
[3]　1987年，McKinsey 管理公司對116家併購公司的研究提出併購整合進展緩慢是併購最終失敗的最主要因素。1995年，Mercer 管理諮詢公司對150家案例的分析、查克羅巴蒂（1990）從顧客等6個方面對31項收購案例的分析、科爾內（2000）對1998—1999年全球發生的115項併購案的分析都得出類似結論。

2.2.1 國外相關研究

2.2.1.1 過程整合理論

過程整合學派體現的是一種分階段整合的思想，這類理論強調：

（1）此類觀點不區分一般能力與核心能力，強調跨境併購價值源於企業能力跨境複製與轉移，組織間、組織內的習得過程會推動該過程的進行（杰米森，1988）。

（2）此類研究尚未深入討論整合模式後面的機理問題，它強調企業間戰略的匹配決定著併購價值創造的可能與潛力。組織架構企業戰略間的匹配要求併購後企業必須在共生型、吸收型、選擇性共生、保障型以及掌控型之間進行選擇（哈斯佩拉等，1987）。

2.2.1.2 資本市場價值理論

資本市場價值理論主要關注的是併購雙方股東的財富創造績效。該學派認識到了資源配置的優化對於創造價值的顯著影響，但尚有可進一步完善的空間：①該理論衡量併購績效的方法要求市場有效性。因而對於有效市場的質疑將直接導致方法的誤差，運用併購宣布前後股價的短期波動來衡量股東財富和企業價值的方法就值得商榷。②忽略了併購活動自身的多樣性。③僅僅從經濟層面判斷併購優劣，對社會影響方面的考慮不足。這些有待深化的話題要求併購研究視角轉向戰略管理領域。

2.2.1.3 核心能力管理理論

核心能力管理事實上屬於企業戰略管理範疇。塞爾茲尼克於 1959 年首先提出「能力」這一概念，他在進行管理過程研究時指出，在影響組織成功方面，內部因素、外部因素擁有同樣重要的影響，內部因素可能更重要，組織在其發展過程中所表現出的某種特殊能力為「組織特殊的競爭能力」，這一異質性的組織能力使得組織的某些部分發展優於其他組織。能力可以進一步分為「一般能力」與「核心能力」。其中，「核心競爭力」是由普拉哈拉德等（1990）通過比較美國企業與日本企業 10 年營運經驗總結出的，他們認為核心競爭力是組織對於企業異質性資源、技術及知識的整合能力，這一能力決定了經營過程中的知識累積、技術協調以及資源整合，進而將決定企業獨特的經營理念與策略。核心能力具有異質性、難模仿性及系統性等特點，是組織間發展能力差異的關鍵能力，決定了企業拓展其活動範圍的潛力。

蒂斯等（1997）在討論企業核心能力的剛性特徵時首次提及了企業「動態能力」，認為企業的動態能力是複雜環境下，企業迅速適應制度環境變動、

積極變更營運模式、及時整合組織內外部資源、補充企業技術，進而優化其競爭優勢的能力。動態能力突出表現為企業組織學習能力的不斷深化與環境適應能力的不斷提高。本質上，組織學習能力是一種生存方式，體現了企業適應外部生態環境變化，積極累積經驗的能力。企業跨國併購後面臨著母國與東道國的雙重經營環境，如何積極調整營運策略，迅速整合組織內部與外部資源，培養動態能力，實現自我的系統性更新變得尤為重要。

2.2.1.4 動態能力構建與識別

跨國併購是跨越國界的企業兼併與收購，對其的研究多從對外直接投資與企業併購兩方面展開，可以分為描述性研究、理論研究和實證研究，描述性研究主要分為概念描述、動因分析與風險分析，理論研究大多是拓展鄧寧的OLI分析範式，跨國併購的實證分析較少。而跨國併購與動態能力的結合可以從併購前、併購中和併購後三個階段來解析。企業動態能力在很大程度上決定了企業的成長路徑：是併購，還是企業聯盟抑或是外包？

企業持續競爭優勢的企業戰略管理論經歷了由靜態的、外生的競爭優勢論到靜態的、內生的資源基礎觀及企業核心能力論，再到動態的內外相結合的動態能力理論的螺旋式演進。對企業來說，用動態能力來創建、擴展或重構其資源基礎的途徑有兩個：一是針對企業既有組織慣性抑或慣例的變革；另一個則是跨越企業邊界，尋求外部資源的引入（哈爾福萊特等，2007）。併購就是企業跨越既有邊界實現自身快速成長的重要途徑，一方面可以幫助企業擺脫現有慣例約束，另一方面更能給企業提供更多機會和資源，即出現動態的企業成長（卡里姆等，2000）。這種企業併購與企業動態能力的契合，將為跨國併購後新企業的動態能力重構提供堅實的理論基礎。

蒂斯（1997）首次提及了企業動態能力論，給出的定義為：基於應對環境變動的目的，企業構建、整合與配置其內、外部資源的能力。艾森哈特等（2000）把動態能力視為企業用以整合、重構、和獲取釋放資源，以匹配或誘發市場變動的流程，這進而強調了動態能力不但是一種適應，還有可能是一種主動引發環境變動的流程。佐羅等（2002）認為動態能力是企業為了改善經營效果而生成和修改經營慣例的一種可以通過學習得到的、穩定的集體活動模式，深思熟慮的學習與動態能力的演化之間有緊密的聯繫，從而強調了學習的重要作用。唐春暉（2003）、江積海（2007）強調了所謂企業的動態能力本質，認為知識形成中的動態機制是保障企業持續競爭優勢的源泉。格林等（2008）從嵌入性方面考查了動態能力，他們認為動態能力的特點是經驗難以搜尋與保存，因此最好的做法是將其嵌入社會和自然環境中進行解釋。

根據動態能力的概念與形成機理，企業動態能力的構建路徑見圖2-1。

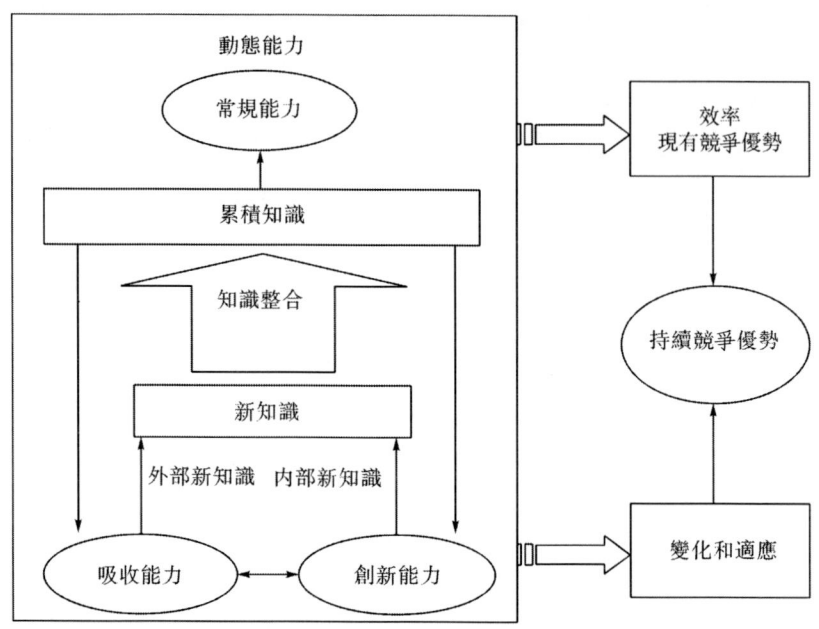

圖2-1　企業動態能力構建路徑

蒂斯（2007）強調，企業對機會識別與利用能力的掌控是誘發併購企業積極習得的動態能力。佐羅等（2002）、羅伊等（2004）指出，整合過程涉及對併購發起方和被併購方企業的管理流程與企業慣例的調整與融合，這確認了併購後整合能力作為企業動態能力重要部分的地位。哈爾福萊特等（2003）強調在企業併購後的整合過程中，動態能力通過將併購發起方的能力複製到被併購企業，實現對被併購企業原有能力的替換和對併購發起方能力的重新部署與組合，這能積極促進企業的新能力生發，進而使併購發起方企業成長壯大。劉（2010）通過剖析IT業跨國併購案，討論了併購實施過程中對於企業的動態管理能力，提出動態管理能力是決定企業併購戰略能否取得成功的關鍵因素之一。艾森哈特等（2000）、閏多瓦等（2001）亦強調，在被併購後的企業整合過程中，併購後企業的組織結構管理能力的提升是企業動態能力的一個重要體現。

目前，關於動態能力的識別方面的研究還較少。羅伊桑等（2001）從遠景和戰略、能力基礎、組織情報系統、新主意的管理、組織結構和系統、組織文化以及技術管理七個方面來測量了動態能力。李興旺（2006）運用多重案例研究的分析方法得出企業動態能力由環境洞察能力、價值鏈配置與整合能

力、資源配置和整合能力組成。夏維力、伍佳妮（2010）以柯達公司為例，從能夠識別外部機遇、成功地調整戰略、成功地重新定位產品服務、成功地進行內外部資源整合、成功地獲取並加強競爭優勢五個維度對動態能力的識別進行了實證分析。

2.2.2 國內相關研究

鄭海航等（1999）強調，應積極關注經營要素、人力資源、企業文化以及經營戰略的整合。程兆謙等（2001）、項保華等（2001）的研究強調了制度、業務與組織文化的整合，認為尤其值得關注的是文化整合，企業間組織文化以及業務領域之間的相關性直接影響著併購後的企業整合模式，這是提高併購後企業協同效應，獲得較高預期收益的主要因素。魏江（2001）強調企業併購後整合的管理是保證併購各參與方戰略資源轉移和能力再造，是獲得併購溢價的根本。能力決定的企業併購後整合管理構建於以下三個假設之上：首先，資產剝離與資產重組都應從核心能力構建出發；其次，核心能力涵蓋企業生產、R&D、行銷、營運管理以及企業文化等子系統中，必須全方位優化企業併購後管理思路；最後，企業能力各子系統中的資源和能力具有顯著的戰略地位差異性。組織資本整合是戰略性資產整合中難度最大的一項，併購取得成功的關鍵因素是組織資源的快速轉移。學習管理的加強、學習型企業的構建是解決這一問題的關鍵，而企業各部分職能層面的整合則是戰略性資產有效整合的抓手。

併購後整合屬於前述的企業型戰略併購範疇。邱毅（2006）將跨國併購後整合描述為根據此前的戰略，併購後企業重構、融合併購發起方和併購目標企業的各類資源，促進併購各參與方能力轉移，提升企業能力，進而實現價值創造的過程。

企業核心能力存在剛性與延展性特徵。延展性指企業現有能力衍生出相關產品或技術的可能性，剛性則指核心能力的難以模仿性、異質性和價值承載性。因此，併購各參與方的核心能力可分為基礎態、亞狀態以及成熟態。唐炎釗等（2010）對聯想跨國併購的分析發現，企業跨國併購中的文化整合必須以尊重各方企業文化差異為前提，採取動態漸進模式，沿著引進學習、融合直至創新的路徑來實施分階段整合。龔小鳳（2013）對 2001—2010 年十年間 39 家企業小樣本的績效分析顯示，僅 48.72% 左右企業整合成功。袁天榮等（2013）關於中國企業海外併購整合風險控制的框架強調，海外併購後整合風險控制目標與原則、風險要素細分、誘因識別是整合的關鍵點，強調在整合過

程中引入整合風險控制「全過程觀」和「全要素觀」。

2.3 併購績效理論

企業績效是其從事經濟活動的業績預效率的統稱，用於測量該組織的戰略目標實現程度，一般涉及經濟活動的結果以及活動結果等幾個層面。因而企業併購績效就應該是對企業併購實際經濟效果或收益的反應，它具體表現為非財務績效和財務績效。非財務績效指併購所帶來的企業核心能力變動，財務績效則是指併購所帶來的企業經營業績與營運效率變動。具體到海外併購績效，則應當是併購績效概念的延伸，是跨境企業併購中產生的市場績效與經營績效兩方面。完整的跨境併購應當包括併購交易的實施及併購後的整合兩大部分。市場績效主要考查股市對併購事件的反應，併購信息是否會引起公司股價波動，即併購行為能否為企業股東創造價值。如果併購信息引起股價上漲，則市場績效為正；反之為負；股價不變，則市場績效為零。經營績效又叫財務績效，主要考察併購事件對企業經營業績的影響，如檢驗併購是否提高企業價值、是否改善企業財務狀況等。

2.3.1 國外相關理論研究

國外對併購價值創造的研究集中在 3 個問題上，分別是「併購是否創造價值」「併購為誰創造價值」以及「併購創造價值的路徑」。併購價值創造理論是併購績效理論的核心。

2.3.1.1 關於併購是否創造價值的研究

學界對於跨境併購的關注始於 20 世紀 60 年代，研究範疇多集中在微觀層次，主要話題則集中在併購能否為股東創造價值方面。

對於併購活動能否創造價值的客觀揭示將直接影響監管、立法決策及企業和政府的價值取向。因而，20 世紀 70 年代，部分學者進行了實證分析，通過企業併購引起股價波動的情況來測量併購的經濟影響，多採用事件研究法，其結果顯示，併購活動使得上市企業股東收益出現顯著上漲，並且被併購企業股東收益相對較大，而併購發起方企業併購收益幾乎都為零，甚至為負。一個典型的研究是 1983 年美國 SEC 對 1968 年以來的關於併購事件實證分析結果的回顧，文獻分析顯示，沒有充分證據支持併購創造價值。1983 年，美國國會甚至依據這一結論修訂了相關法規，規定對併購既不鼓勵也不限制。

2.3.1.2 基於併購為誰創造價值角度的研究

多數人認為跨境併購都是為了追求價值創造，亦有部分研究則強調了跨境併購企業的多重戰略目的。

部分研究強調，不能僅以企業股價的變動來評判併購是否為股東創造了價值。資本市場可能並未完全有效地反應企業績效變化，投資者以股價為決策標準並不能有效預測市場中長期趨勢，從企業間組織協同的實現、企業資產剝離率等視角進行分析可能更有效（波特，1979）。芬克爾斯坦（1999）的研究中亦將協同的實現作為企業併購價值變動的重要變量，其原因可能在於跨境併購不僅為企業創造了財富，還為企業累積了可貴的國際併購經驗以及組織內的協同效應等無形資產，這些無形資產很難反應在上市企業的股價上。

2.3.1.3 基於併購如何創造價值角度的研究

直到20世紀80年代，戰略管理理論才關注了企業的跨境併購問題。從跨境併購價值創造路徑、條件及外部環境角度來看，我們可以將該學派分為過程學派與組織匹配學派兩類。

過程學派將併購視作多維度的長期過程，需要長期跟蹤觀察。鮑迪奇等（1985）強調，企業併購達不到戰略預期的原因可能源於管理風格的差異。立頓（1982）、帕伯爾特（1982）、卡拉罕（1986）以及達塔（1991）的實證分析頻頻發現，企業價值尺度和營運思路的差異可能帶來很多併購後整合問題，尤其值得一提的是，管理層管理風格的差異對併購的價值創造會帶來顯著負影響。

即便國內外有大量學者致力於該理論的研究，動態能力理論還是有以下明顯不足之處：動態能力理論概念不統一、框架不完整、動態能力的構成維度及其測量問題難以形成共識；沒有形成統一的研究框架，不同學者針對的是不同的方面，研究的結論差距較大；對於企業併購與動態能力的相互作用過程和機制研究不足；學科交叉不夠；對於作為企業外在環境的制度因素影響力關注不足，應該積極進行不同行業和國家背景下的研究。

2.3.2 國內相關研究

在20世紀90年代初，伴隨著國內企業的併購實踐，學者們逐漸開始重視對國內企業併購的研究。特別是21世紀初，研究動機更加多樣化、併購規模更大，出現了關於戰略併購、跨境併購以及企業能力方面的大量研究。

彭志剛等（1999）觀察了192家上市公司的改制動機、重組模式，結果顯示，股權投資及資產出售以外的併購案都取得了顯著的高收益。郭永清

(2000)對於滬深兩市 1994—1998 年的併購案的觀察發現，混合式上市公司併購可以有效提高上市公司的經營條件，縱向併購對併購後企業狀況無顯著影響，但橫向併購多導致企業業績下降。干春暉等（2002）的研究亦得到類似結論。黎丹（2002）運用 DEA 法對滬深兩市 103 上市公司的資產重組活動進行了分析，研究結果表明：上市公司性質的不同一般意味著併購績效的差異，流通股占比例較大的企業與和法人股占比例較大的企業都獲得了較好的收益；國有股占比例最大的企業通過併購所獲得的收益並不顯著；併購標的是影響企業整體併購績效的重要因素；短期績效影響因素集中在併購經驗上。

總結相關學者的研究結果可以看出，中國學術界對併購績效的分析通常只運用事件研究法和會計研究法，方法尚比較單一。

2.4 企業戰略演化理論

自 20 世紀 90 年代以來，傳統戰略理論在爭議和分歧中持續發展，許多學者在傳承傳統戰略理論的同時也創造了許多企業戰略新的視角，這促使企業戰略演化的觀點大行其道。

2.4.1 國外相關研究

2.4.1.1 基於生物進化論的戰略演化

關於企業戰略的生物進化論研究主要有 3 種：達爾文主義環境選擇論、拉馬克主義管理適應論以及環境選擇和管理適應互動的協同進化論。

（1）達爾文主義環境選擇論[①]

達爾文的生物進化論孕育了企業演化的觀點。達爾文理論的主要內容包括為生存鬥爭、自然選擇、突變、遺傳性狀分化，其核心思想是生物過程中的自然選擇和生物競爭的過程中適者生存的觀點。達爾文認為，環境中物種的生存競爭導致自然選擇的必然發生，自然選擇則促進了物種的適應性變化甚至變異，可以將有利的變異遺傳給下一代。同時，達爾文理論強調了生物多樣性、個體差異、方向不可預測和適者生存的選擇特徵。

[①] 達爾文主義環境選擇論亦稱綜合進化論，是達爾文主義選擇論和新達爾文主義基因論綜合的產物，是現代進化論中最有影響的一個學派，主要代表人物有霍爾丹、費希爾、賴特、辛普森、邁爾、斯特賓斯。

（2）拉馬克主義的管理適應論①

作為進化研究重要理論基礎之一，拉馬克用進廢退理論強調生物對於環境的主觀適應特徵。拉馬克認為生物產生適應環境的變化，頻繁使用的器官將會變得更發達，沒有用的器官會退化、消失，而這些器官的特徵變化會遺傳給下一代。拉馬克強調主觀對環境的適應性的生物作用。

雖說現實生活沒有給拉馬克學說提供證據支持，但該學說卻在企業理論領域受到了關注，有人甚至認為該理理比達爾文理論更偉大。有學者認為企業更符合拉馬克遺傳理論領域的描述。企業是有智慧、有意識的，可以主動適應環境變化，企業的變化是有目的的，具有方向性的，而且企業通過演變獲得的新功能可以得到保留和傳承，這是企業不同於自然界的地方（尼爾森等，1982）。因此，拉馬克主義在企業演化研究中獲得了高度尊重。

（3）環境選擇和管理適應互動的協同進化論

共同演化理論在生物學領域已有了上百年的歷史，它起源於寄生生物與被寄生生物之間關係的研究，並被用於顯示連鎖遺傳的系統研究中，如鳥類以及它們的食物、病毒和病毒感染物之間的影響。它依靠相互適應與相互作用的重要性、個體與環境共同發展的重要性、適應新形勢的速度、初始優勢的重要性為核心。在這樣的理論背景下，各種行為是相互依賴的結果，任何系統都可能實現協同進化。該分析將焦點從參與者的理性轉移到了它們之間的相互作用，強調變化並非單一適應或環境選擇結果，而是源於兩者間的互動。

引入協同進化策略的同時，戰略演化觀強調了幾個戰略演進基本條件：處於不斷競爭環境下的企業需要不斷探索，不能僅僅依賴於長期風險規避策略，也不存在持續有效的競爭策略，企業應當確保新鮮的競爭經驗能在組織中及時共享，以便保持企業對環境的高度協同性。

巴內特（1996）認為，企業戰略演化的研究大致可以分為兩個方面：一是企業的自然選擇過程是如何發生的，二是企業適應環境行為的速度和路徑是如何影響選擇過程的。前者主要是從達爾文主義的角度來看的，認為企業不能提前預測環境的變化來預先選擇方向，只能根據自己的情況做出相應戰略選擇，然後接受環保的挑戰。此類研究以環境選擇作為主要邏輯，分析環境對企

---

① 法國生物學家拉馬克繼承和發展了前人關於生物進化的思想，大膽鮮明地提出了「生物是從低級向高級發展進化的」這一學說。其代表作——1809年出版的《動物學哲學》一書中他提出了兩個著名的原則，就是「用進廢退」和「獲得性遺傳」。他認為，生物是進化來的，進化所需要的時間是極長的；複雜的生物是由簡單的生物進化來的，生物具有向上發展的本能趨向；生物為了適應環境繼續生存，物種一定要發生變異。

業行為的影響。後者主要是拉馬克的觀點，企業在組織學習和動態能力支持下可以實現與自然選擇的過程有互動、有目的的演化，企業發展源於企業內部因素，企業能力的提升為企業發展能力的演進提供了物質基礎，其強調應注重從企業內部因素出發提升動態能力。

2.4.1.2 基於動態視角的戰略演化

前述理論多是從靜態視角進行的，以下理論則突出了企業生命週期過程中的動態調整：

（1）動態戰略觀

波特（1991）首次提出了一種基於時間因素的動態戰略觀。所謂動態的戰略觀，是企業行為與結果之間的跨期動態關係。波特強調，這種動態的戰略概念有助於更好地理解企業經營成功與失敗。企業戰略研究不可避免地涉及兩個基本問題，一是所謂的代表性問題，它需要回答為什麼某一特定時期的企業擁有獲取超額收益的能力；另一個則是所謂動態問題，即企業如何創造和保護其占優的競爭地位。波特認為，超額收益源於產業結構和企業區位兩方面，產業結構決定企業盈利水平，企業的區位選擇則取決於企業的價值創造活動，這些價值創造活動產生的戰略動機，最後可以歸因於初始條件的差異和企業管理決策的影響。企業戰略行為具有跨期的動態特徵，不可避免地會涉及動態的時間分析，其中，短期的案例解釋並不同於長期的現象解釋，需要不同的變量。因此，分析週期越長越需要觀察更長的時間範疇，選擇適合企業戰略目標的理論方法。

（2）動態能力觀

蒂斯等（1997）提出了動態能力觀的動態能力，他們認為，企業資源與能力不應僅用於解釋而應該更多用於促進企業發展。其原因在於具有黏性的企業異質性資源是難以隨意改變或更新的，只能沿著特定演化路徑持續進行。許多有作為的行業領先企業，都具有優越的資源條件，但對於外資環境的快速變化卻不適應。這些企業普遍缺乏關鍵的適應環境變化的重建技術能力，即所謂的動態能力，動態能力的培養關鍵在於企業整合內部與外部資源的組織能力。在複雜多變的外部環境條件下，基於資源稟賦構建的對市場的支配地位是不可持續的，只有基於企業戰略管理而構建的動態能力才是企業獲得和保持競爭優勢的關鍵，高效率企業源於不斷地進行創新，打破現有行業競爭格局，進而獲得並保持企業競爭優勢。企業戰略動態能力的出現標誌著一種新的企業戰略範式的確立，這種模式的理論基礎是熊彼特基於創新理論的動態競爭分析。企業動態能力的確立決定於3方面因素：過程、企業定位與發展路徑。所謂過程是

指業務流程的協調、整合、完善、重建和改造；企業定位包括對現有資源條件的認識、市場地位確認；企業的路徑則是指過去的歷史、未來的發展趨勢，主要關注其當前位置的功能和過去路徑的經驗啟示。

(3) 戰略適應理論

企業戰略管理的核心思想是內部力量和外部環境的有機匹配。然而，這種想法並沒有在指導企業戰略管理實踐中得到積極運用。這主要是因為許多企業缺乏戰略的適應性，尤其是處於特定商業環境的企業，往往很難改變現有的商業模式，因而不可避免地陷入失敗的陷阱（哈默爾，1998）。該學派強調的戰略適應性不是某一時期的危機處理能力，也不是單一的經濟衰退遏制能力，而是對企業核心盈利能力趨勢的預測能力，以及在重塑商業模式的基礎上，調整競爭戰略的能力。戰略調整並不意味著企業組織是被動的，戰略管理作為進化的一個自我強化過程，其方向是由內部和外部環境的初始條件決定的，內部和外部的環境條件和結果取決於企業對於外資環境變化的理解能力和組織創造適應能力。有鑒於此，戰略管理的主要任務是維護企業戰略的適應性，企業應能夠隨著時間推移主動調整企業戰略，以適應不可預知的未來和減少所要付出的成本。這意味著企業必須不斷地在靜態和動態效率之間進行選擇，因此企業應當具備相應的各項能力，並制定相應的規則，以確保企業在突發事件情況下擁有選擇的權力。

戰略調整與企業績效間的關係。關於戰略的演變與企業績效間的關係，有兩種對立的觀點。一種觀點認為企業戰略的變化可能使企業呈現「馬太效應」。存在太多變動的企業可能是不穩定的，初創企業經常的變化將導致其抵禦衝擊的能力減弱。衰退或者瀕臨關門的企業已無法承受任何打擊，任何輕微的戰略調整都可能使企業的績效加速下滑。另一種觀點則認為，企業業已構建的成熟體系將幫助企業實現戰略變革，促使其保持生命活力，走在健康的發展軌道上。儒爾夫（1997）的戰略變革研究將戰略分為兩類：大戰略和小戰略。顧名思義，前者的影響程度將顯著大於後者。大戰略包括企業併購的實施，企業框架變動；小戰略包括價格策略、產品服務模式、分銷渠道、推廣方式等方面的變動。此類大、小戰略的結合尤其適應在中國這類大市場中推廣（陳傳明等，2005）。

2.4.2 國內相關研究

李慶華等（2006）認為 20 世紀 80 年代以來，企業戰略演化理論獲得了極大豐富，為企業戰略研究提供了一個嶄新的視角。這大致可以歸功於 3 種理論

學派的基礎作用；演化學派的演化和整合；進化論的遺傳與嫁接；傳統戰略派的反思與革新。企業競爭戰略差異可以分為保守策略、風險策略、分析策略等（徐寧，2012）。企業併購後戰略的制定應遵循企業的業務目標，合併和收購戰略的不同類型的選擇決定於企業戰略發展重點的不同。韻江等（2009）認為傳統的戰略過程研究多是基於外力逼迫的、靜態的理性規劃和設計來考慮的，缺少對組織內戰略生成機理的深刻理解，故其將演化觀引入戰略研究中，構建了一個具有層級演化性質的新戰略發動的演化框架。其還從三種過程機制即慣例變異發生過程（起點機制）、慣例變異的主導邏輯鬆弛（傳遞機制）、主導邏輯鬆弛所引發的新戰略發動（表現機制）全面分析了組織內新戰略生成機理。

也有學者強調了組織對戰略演化的約束。企業成長過程中，其組織內部存在的慣例與流程會表現出一定的惰性，將對企業戰略演化產生約束作用（劉海建等，2012）。雖然如前所述，頻繁變動的企業戰略不一定總是好的，企業在其生命歷程中應當保持適度的組織慣性，但如果企業組織的結構慣性太強，也會對企業發展產生負向影響。此時，及時的戰略變革才會使企業振興。另外，在企業初創與面臨破產時，大幅度的、頻繁的戰略變革反而不利，此時企業需要保持一定的穩定性。

2.5 企業組織結構演化理論

企業外在的組織形態向我們展示了企業組織架構的演化歷程。最初的穩定組織形態源於 16 世紀中葉出現的橫向和縱向一體化結構特徵。在此基礎上，亞當·斯密遵循社會分工深化的思維模式推動了企業組織結構進程的不斷演化。18 世紀 60 年代的工業革命使勞動力能以更加集中的協作方式參與生產，因而，生產領域中逐漸出現了直線制企業組織形式。其後，泰勒借鑑這一形式，將生產領域的分工引入企業管理架構中，各負其責的職能制部門逐漸出現。之後法約爾的「管理五大職能」進一步推進了泰勒職能制框架的完善，而韋伯在此基礎上，從組織權利角度勾勒出了現代組織的雛形，推進了科層制組織結構的出現。自此，職能制走向了成熟，日益普遍出現的直線職能制在現代企業組織中得到廣泛應用。至此，古典企業組織形態逐漸被放棄。應該說，職能制組織形式主導整個 19 世紀的原因與當時相對封閉的市場結構所帶來外部環境較高確定性有關。

2.5.1 國外相關研究

20世紀初，伴隨市場結構與企業外部環境不確定性上升，伴隨二次科技革命的迅速推進，企業規模與數量快速增長，出現了「基於契約合作」的企業組織形式。其具體表現形態有H形結構、U形結構、M形結構、矩陣制結構及立體式組織架構。

U形組織架構是一種典型的集權式組織結構。當組織的協調管理成本較低時，管理行為就取代了市場協調（錢德勒，1977）。管理協調大幅提升了企業生產規模與效率，組織內部協調成本節約的顯著下降遠甚於信息和交易成本的節約，因而科層組織自然取代了市場的協調。其後的H形組織架構即母子集團公司，是從U形到M形的過渡形式。

到20世紀20年代，斯隆通過對通用公司職能制架構的試驗性改革，推出了世界上首家事業部制組織結構，簡稱「M形結構」。M形企業被視作「微型資本市場」的典範，威廉姆森（1975）提出，引入分散決策與競爭機制是M形組織成功的關鍵，這種有組織的市場有效降低了組織內部的交易成本，而同時分工基礎上的組織協作亦是M形組織存在的必要條件。此後相當長一段時期的組織形態都是前述3類基本形態的變種抑或組合，如矩陣制是在M形組織框架上增加了一條貫通通道，而多維立體型組織結構則是「M形」與「矩陣制」的融合。該時期企業管理功能的進化在一定程度上奠定了現代企業組織架構的基本走向。

20世紀80年代以來，流程成為新組織結構領域最流行的術語，出現了許多新的基於流程組織的形式。自哈默（1990）首次提出這一概念以來，它的發展經歷了再造、六西格瑪、精益生產、軟件過程成熟度模型、細胞化以及優異中心理論等眾多企業戰略。這些都是基於系統的功能分解過程進行的，強調為了更好地實現合作與交流，應該打破企業傳統組織流程，主張按流程重組。目前出現的基於組織之間協作的組織形式，如殼組織、模式組織甚至虛擬組織，目的是通過職能與流程整合，追求職能的效率化和流程的專注化，其典型組織形態主要是團隊與網路組織。

在關於組織結構演化與企業績效的研究中，組織結構慣性是常被提起的一個概念。既有研究關於組織結構慣性對企業績效的影響的結論存在兩種不同的觀點。一種觀點認為，有理論認為，組織結構慣性與企業績效間呈現顯著正相關。資源基礎觀認為，長期發展使得組織結構具有一定的慣性，路徑依賴使得企業形成了一定的企業風俗、企業流程甚至秘不外宣的技術秘訣，此類組織慣

例具有異質性、價值承載性以及默會性，企業依此路徑實現對於其長期競爭優勢的維持（巴尼，1991）。另一種觀點與之對立。組織結構所累積的大量慣例能夠在一定程度上承受外來壓力，但也可能使企業故步自封，導致企業對外部環境變動不敏感，出現反應遲鈍、難以接受新事物、企業家精神退化等特徵（利文索爾等，1994）。

這種理論廣泛應用於跨國併購後的企業組織結構演化中，跨國併購後企業面臨的外部環境及內部結構都有所變化，因此一般來說，該理論更適合於強調外部環境變化的惰性觀。如果被併購企業的規模遠小於併購企業且其所發揮的職能也只是整個企業生產經營鏈條的一個環節，那麼對併購方來說，跨國併購所帶來的外界環境及內部結構變化可能是微不足道的，企業保持這種慣性可能更利於保持原有的競爭力，同時省去了進行變革的各種成本耗費，不進行組織變革似乎更利於企業績效的提高。

2.5.1.1　系統理論

系統理論強調組織與其外部環境間是相伴相生的，伴隨外部環境改變而協同改變的結構演進已成為必然規律（法爾等，2004）。企業與其外部環境進行資本、人力資源、自然資源甚至企業家才能參與的交流，伴隨企業要素規模與質量的變化，企業必須進行相應的組織架構變化來適應其要素變動的要求，而且，外部要素的進入也引入了外部競爭因素，這些外部因素將迫使組織積極進行變革。

2.5.1.2　核心競爭力理論

企業核心能力決定了企業邊界。企業不可能在所有領域同時具有競爭優勢，企業間的競爭主要體現為能力競爭，這要求企業既要積極改造內部流程以應對顧客需求變動，又要著力構建核心競爭力，明確核心競爭力領域。在核心競爭力理論的指導下，企業戰略中心必然是核心業務的加強，非核心業務將被邊緣化甚至外包，進而實現企業規模精簡。事實上，企業間的競爭已成為核心能力的競爭，這要求企業擁有明確的核心競爭力，改革企業內部業務流程，提高響應客戶需求的能力與速度，積極構建其核心競爭力。

2.5.1.3　組織結構惰性理論

企業成長過程中，其組織內部形成了大量慣例與流程，這些慣例在強化競爭力的同時也使企業對其產生了依賴，出現所謂組織結構惰性。此時如果出現企業外部環境變動，企業的組織結構惰性就會阻礙企業的戰略更新。漢南等（1984）首次提出了組織結構的慣性，那些比較成功的組織不僅可以緩衝環境對組織的衝擊，而且能順利調整組織結構。儘管組織結構與企業策略的調整反

應了適應環境的組織調整，但這並不完全意味著組織之間的結構差異就是組織的適應結果。組織的適應過程也有一定局限性，隨著企業的日益發展，企業組織結構日益完善，越來越複雜，無論是縱向或橫向部門，其工作中的聯繫都會變得更加緊密，成員之間正式關係與非正式關係的交織就不容易被打破和重建，從而使組織結構改革面臨重重阻力。此外，有著固定模式的組織的固有權利關係和資源配置將受到組織結構變革的影響，這將導致組織結構的惰性，即組織在外部環境變動情況下仍保持其結構的穩定（漢南等，1984、2004；賽多等，2009）。

2.5.2 國內相關研究

蔡繼榮（2007）在生產組織模式選擇模型的基礎上建立了企業組織演化的分析模型，對其演化路徑進行描述：在演化過程中，經濟環境的複雜程度、企業資源的豐富程度、企業效率的變動，這三個原因共同推動了企業組織的變動，構成企業組織變革的動力機制。高燕翔（2007）通過各種主要組織結構觀察，從交易費用視角來討論了企業組織框架的變動規律，其提出，未來企業組織結構的發展趨勢必然超越單一組織形式，變為網路制組織形式。張曉軍等（2009）的組織結構變動主導因素模型認為，從企業誕生至今，其組織結構經歷了兩個階段，一個是以專業分工為主的「部門職能導向」，另一個是突出組織間協作的「營運流程導向」，目前這兩個趨勢則呈現融合的跡象，以便實現效率和流程慣性的兼顧。

但是伴隨企業外部環境不確定性和內部組織結構複雜性的提高，已有的僅從部門職能與營運流程出發的組織框架已經很難跟得上外部環境變化，因而有人從和諧管理角度出發提出，未來組織框架不但應當兼顧前兩個因素而且應該要注重人的因素能動性，優化職能與流程，發揮人力資源的能動性，通過二者的結合來應對外界環境的變動。林志揚等（2012）根據權變理論提出，對外部環境、企業戰略、技術層次及交易活動性質的具體考察是企業選擇具體組織形式的前提與基礎。

2.6 制度嵌入理論

2.6.1 國外研究現狀

2.6.1.1 制度嵌入理論

早在1977年，邁耶等（1997）就提出，對於各類組織行為的觀察必須從組織與環境關係的角度進行，他強調，外界環境不僅包括技術環境還包括制度環境。這裡的制度環境就是組織所面對的法律、法規以及某些特定慣例，這些因素都將深刻地體現在企業形式、結構及其經濟活動中，從某種意義上講，外部環境是企業存在意義的一種體現。

格蘭諾維特（1985）通過對威廉姆森新制度經濟學的批評分析提出，經濟行動本質上是「嵌入」人際關係的一種網路行為，這一觀點顯示了新經濟社會學對企業行為的解釋。自此，嵌入問題引起了相關學者的關注。但亦有學者提出不同意見。如，尼蓋爾等（1998）就提出，格蘭諾維特的「嵌入」說只是關係嵌入，對制度的能動性考慮不足，事實上，格蘭諾維特的「嵌入性」只是嵌入性的一種，即網路嵌入（尼蓋爾等，1998）或關係嵌入（布林頓等，1998）。

2.6.1.2 制度因素對跨國併購的影響

目前，直接研究制度因素對跨國併購影響的文獻較少，大量文獻研究的是制度因素對外商直接投資的影響。而同期的跨國公司已表現出對併購作為FDI主要進入途徑的偏好。首先，併購可以實現對行業壁壘的有效突破；其次，併購可以有效降低企業發展成本的不確定性；最後，併購可以有效利用企業經驗成本曲線①。因此，我們的研究可以從制度對FDI的影響研究中獲得啟發。

制度顯然已經被視作一國經濟發展的決定因素（OECD，2001）。既有研究顯示，不同制度環境往往帶來經濟增長率、人均收入等國別經濟發展差異（IMF，2003；阿西莫格魯等，2002）。一般來講，較高的人均收入往往伴隨著較高的制度質量、自由的經濟環境、有效的產權制度及高效的直達體系，這些都有助於促進投資、遏制腐敗，並進而促使經濟快速發展。隨著新制度經濟學的興起，從制度角度分析跨境直接投資區位選擇成為一個新視角。制度通過兩個途徑影響跨境投資的區位選擇：第一，通過良好的制度環境吸引外來資本，

---

① 葉建木.跨國併購：驅動、風險與規制[M].北京：經濟管理出版社，2008：19.

較高的制度質量往往帶來較高的生產效率，而較低的制度質量往往帶來外來資本額外的營運成本（魏，2000）；第二，外來資本對東道國的不確定風險很敏感，FDI 較高的沉沒成本使得企業對東道國政治風險、政策波動以及產權保護保護不足十分敏感（貝納西等，2005）。

傳統 H-O 理論強調，資本稀缺的國家，資本豐富的國家的資本收益率較低，因此逐利資本會從富裕國家向資本稀缺的國家流動（麥克杜格，1960）。但盧卡斯（1990）卻最早提出了不同的意見，現實世界上，只有在資本/勞動比率與工資和資本收益比相等的時候，資金才從發達國家向發展中國家流動。他提出應當重視東道國制度環境的影響，具有透明且穩定政策的國家將成為外商直接投資的首要目標。綜上，盧卡斯的基本觀點認為，在國際資本流動分析的時候，不僅應從資本和勞動資源的稀缺性去考慮，還應積極考慮制度的影響，但可惜的是他沒有進行更加深入的分析。

隨後，學者對制度視角下 FDI 的研究更加深入。鄧寧（1993）從比較分析中得出結論，即相同條件下，制度環境好的東道國對外來資本更加具有吸引力。魏（1997）運用 Tobit 模型分析了東道國清廉程度對 FDI 的影響，在排除政治偏見以後，引入了土地面積、發達程度、母國東道國交往歷史、語言文化、地理距離等因素，發現清廉程度與東道國吸引外資正相關。大量跨國研究表明，腐敗對 FDI 產生負向影響。杜德等（2002）在控制 GDP 的同時，運用包括制度腐敗在內的一系列指標進行檢驗後發現，腐敗對外來資本呈現顯著的負效應。哈比（2002）在綜合考查了東道國與母國之間腐敗程度差異的情況下也得出了類似的負相關結論。格洛伯曼等（2002）進一步發現，制度只在大型發達國家才會對 FDI 產生顯著影響，並且，良好的制度環境對 FDI 流入和流出都會產生積極影響。

2.6.2 國內研究現狀

國內鮮有學者對制度嵌入的總體理論發展提出創新性觀點，往往是在國外理論研究的基礎上，結合實際問題，以制度嵌入的角度進行實證分析（盧現祥等，2004；許小虎等，2006；王寧，2008；陳景輝等，2009；楊矗等，2012）。

跨國投資區位選擇方面，企業一般會選擇制度環境與經濟水平更高的國家。周建等（2010）運用主成分因子分析建立了 97 個東道國制度環境指數，將東道國經濟水平視作仲介變量，他發現，東道國制度環境質量與東道國宏觀經濟水平顯著正相關，東道國制度質量與來自中國的外商規模顯著正相關。閻大穎等（2010）從社會學制度視角出發，探討了企業跨國進入時在併購和綠

地投資間進行決策的方式，並以中國企業為例進行了檢驗。檢驗結果顯示，企業對外投資模式選擇符合制度理論假設，東道國制度質量通過調節企業資源配置和發展企業能力對投資模式決策產生間接影響，而面對完善的東道國市場機制，外來資本一般傾向於選擇併購投資。

2.7 研究現狀評價

2.7.1 目前研究做出了巨大貢獻

（1）隊伍整合。隊伍整合的目的在於潤滑、協調與完善企業整合過程。併購後隊伍整合的關鍵在於提高併購雙方的人員效率，這一過程中關鍵是更好地理解這個隊伍中人的作用（英克彭等，2000）。

（2）組織整合。企業實現多元化後，公司必須及時改變其組織結構，以有效實現跨企業的核心能力與戰略資產轉移，進而通過協同效應實現併購行為預期利益的最大化（錢德勒，2002）。為維護從併購中獲得的競爭優勢，以適當的組織結構進行有效的資源配置是必要的（馬凱茨等，2009），他指出無論短期還是長期競爭優勢都要求被併購公司設計適當的組織結構，允許它分享現有戰略資產和轉移核心能力，以有效地在部門間建立新的核心能力。

（3）文化整合。文化作為一種非正式制度對併購後整合過程有著重要的作用。文化整合的目的是建立組織成員的統一行動意識（迪爾等，1998）。缺乏文化適應通常被認為是破壞被併購公司價值的一種因素（韋伯等，2002）。併購中，公司文化的一些領域將受到影響，必須要積極面對這些領域，以減小由文化變化引起的併購後的整合效率損失（羅斯，2008）。

我們可以清晰地看到，目前關於併購後整合的研究關注了兩方面：其一是資源、組織等實體整合，其二是文化等非正式制度整合，而唯獨缺失了對於正式制度的關注。

2.7.2 問題的可能解決方向：合理的併購後整合

中國企業併購績效不良的原因在於併購後整合不力。關於失敗的原因，目前的共識是併購後企業沒有及時實現全球競爭力重構，而全球競爭力的重構則決定於企業併購後的有效整合。有效的整合不僅能夠保持併購過程中所創造的「價值」，而且可以進一步鞏固企業競爭力。經濟學人（1999）指出：成功的併購依賴於併購公司創造與增加價值的能力，而該能力的形成主要發生在併購

後階段。汀班穆（1999）指出，當企業合併時，多數公司將焦點放在交易過程本身，忽略了整合過程中發展與管理對企業併購有重大意義，因為併購結束後，併購焦點從財務、戰略領域轉移到了整合雙方公司的政策、系統、結構、人員與企業文化上。科普蘭等（2004）強調了併購後管理階段的關鍵要素是快速整合，該過程必須仔細規劃和執行，以避免破壞已創造的企業價值。本書將關注跨國併購後，如何通過整合實現企業全球範圍內核心競爭力的提升。

2.7.3　跨境併購後整合成功的出發點：戰略轉向

併購完成後，跨國企業的戰略目標應盡快從併購的價值創造過程向企業動態能力全球重構轉變。目前動態能力構建理論主要有以下 4 種觀點：

（1）整合學派的能力觀

整合學派創始人蒂斯等（1997）強調各種能力的整合，認為動態能力是企業整合、構建和重組企業資源以應付快速變化環境的能力。資源基礎論強調，企業的戰略性隔絕機制源於其所擁有的其他企業難以獲取或模仿的異質性特質（魯梅爾特，1984），該特質對企業核心能力起到了保護作用。整合學派認為企業動態能力由企業的靜態和動態要素聚合而成，企業長期競爭優勢源於動態環境下企業內部固有的、由過程和位置共同決定的慣例，動態能力演化方向呈現顯著的路徑依賴。

（2）過程學派的能力觀

過程學派的主導邏輯認為動態能力模式會隨市場變化而發生演變。在變化速度適中的市場中，企業動態能力呈現漸進特徵，而變化速度較快的市場中的競爭優勢則呈現不可測的、不穩定的特徵。季庫蘇諾克等（1998）從知識動力出發提出企業動態能力的概念模型後，艾森哈特等（2000）提出了基於過程的企業動態能力框架，創新、戰略制定以及構建企業聯盟等行為作為可辨識的動態能力組成部分值得我們重視，企業將通過這些過程來整合、獲取和釋放各類資源，為動態競爭優勢提供支持。

（3）學習學派的動態能力分析框架

學習學派代表人物有：查理·林德布洛姆、加里·哈默爾、C. K. 普拉哈拉德等。該學派的主導邏輯為：企業持續競爭優勢源於企業的動態能力，動態能力是企業集體學習行為，一般會有計劃地、系統地、持續地進行。企業動態能力是關於學習和可持續發展的集體行為，企業動態能力可以有效地生成和改進企業自身的營運慣例與路徑依賴，動態能力是結構性的、連續的學習機制與營運慣例，這些又直接表現為組織架構、企業文化、社會網路等組織特徵和發

生頻次等任務特徵。

(4) 自組織理論的動態能力分析框架

企業自組織理論的主導邏輯是：動態能力是企業與外部環境相適應的自組織整合體系，內部自組織過程可以幫助企業有效掌控特定領域營運狀況，並確保其在該領域的持續競爭優勢。馬西尼等（2004）從演化理論出發，強調企業動態能力是運用和創新兼而有之的高層次能力，是企業適應環境的自組織體系。施賴等（2005）提出了基於雙重過程的企業動態能力自組織模型，他強調：企業能力一方面是整合併完成特定任務的營運層次能力，另一方面更是由各類協調與控制機制構成的過程控制能力，兩種能力的協同互動、共同演進才能維持企業在特定領域內的持續競爭優勢。

綜上所述，動態能力仍然在局部存在許多需要完善和充實，各個學派都或多或少地存在不足。整合學派簡單地將過程等同於企業能力，對學習的轉化和累積缺乏深入分析，沒有解釋清楚三個部分間的內在關係，同時動態能力對於運行機制的分析尚比較膚淺，沒有深層次討論過程和慣例的產生機制。過程學派沒有觸及動態能力的基本結構，沒有從內部運行機制觀察動態能力的運行機制。學習學派的缺陷在於，將組織學習、企業動態能力和操作實踐三者關係視為簡單的單循環而不是協作演進關係，這可能直接導致戰略的分散問題（明茨伯格，1980）。自組織學派所要解決的問題是動態能力各子系統的具體構成以及如何實現各子系統之間的協作，進而探討企業動態能力是如何主動適應環境甚至誘發環境變化的。

2.7.4　戰略轉變下的整合結果：組織模式變化

與戰略轉變緊緊相隨的是跨國企業組織形式的轉變，跨國企業組織形式經歷了由分部制變為矩陣制進而向當今最流行的網路制的轉變。

20 世紀 80 年代中期以前，跨國公司組織結構的研究一直沒有擺脫傳統「金字塔」結構的束縛，學者們研究的重點在分部制組織結構。勞倫斯基於產品多元化和高技術產品湧現所帶來的市場不確定性，最早提出了分部制結構思想。其後，為改變提高分部制結構固有的經營效率低、協調能力差、組織控制成本高的缺陷，威廉姆森（1975）、錢德勒（1977）提出了 M 形組織結構。即跨國公司具體組織架構整體上主要表現為職能式組織模式，總部各職能部門分別負責本職能部門所需要進行管理的一切海外業務。20 世紀 80 年代以後，子公司在戰略制定和市場開拓方面的作用被廣泛認可，跨國公司海外子公司角色的差異顯著，由此引起資源在跨國公司內部流動增加，迫切要求跨國公司組織

結構採取新的變革。在這個背景下，艾格諾夫（1982）、丹尼爾斯等（1984）、赫伯特（1984）、巴特利特等（1986）、馬克等（1988）陸續提出了全球性新型網路組織模式概念。出於跨國公司的業務與經營環境的複雜性，該模式強調採用全球地區性組織模式和全球產品組織模式兩種組織架構方式，整合跨國公司全球資源。然而該模式具有多重領導和機制混亂的先天不足，所以它只能作為一種跨國公司組織結構的過渡模式，必然被新型的網路組織模式所替代。巴特利特等（1990）首次應用密度的概念從資源獲取、交換和集權分權角度來分析不同跨國公司所特有的結構屬性，指出跨國公司是一組嵌入在不同國別環境下外部網路中的異質性企業所組成的全球內部網路組織。隨後厄爾揚夫森等（1995）、朱利安等（1998）、沙龍（2000）、因塞恩（1999）、蘭姬（2000）、伊麗莎白等（2004）以及哈米德等（2005）不斷完善網路組織理論，跨國公司組織結構在實踐上完成了從全球性組織模式和全球矩陣式組織模式轉向跨國公司網路組織模式的巨大轉變。如何利用網路組織形態，協調組織各種縱橫關係，克服「條塊分割」，實現「條塊結合」，健全全球網路將是跨國公司的重大課題（王志樂，2004）。

2.7.5 跨境併購後企業動態能力構建：引入制度變量的修正過程

近年來，伴隨微觀制度分析的興起，制度理論被逐漸引入戰略管理並日益廣泛地得到運用。制度理論與學習、認知等視角的有機結合不僅能有效吸納學習與認知的觀點，而且更值得一提的是，制度分析強調組織學習、認知能力和信念構建三者所具有的社會屬性，其意義則是通過社會性地組織實踐搭建起企業動態能力平臺。

最近幾年關於新制度經濟學的爭議不斷，新古典經濟學認為關於制度分析活動沒有經濟目的和技術目的，因而制度被視為完全的外生變量。但是，當制度經濟學的分析對象轉為跨國企業的時候，這一切似乎就有了進一步解釋的可能。其原因就在於企業間的核心能力進行跨國邊界轉移的前提條件是併購企業必須尊重被併購企業所在國的政治、社會文化、經濟和法律環境。這就意味著企業的跨國持久性成長是無法完全用經濟人的最優化選擇框架來解釋的。

制度理論指出，制度化活動是個體、組織和組織間三個層面互動的複雜過程。個體層面的制度活動主要反應為管理層習慣及對企業傳統的無意識遵循。組織層面的制度活動主要涵蓋企業內部政治流程、企業文化、企業信仰等為管理活動提供制度支撐的行為。組織間制度行為主要是指社會、政府甚至行業內部的規範、管理、質量標準甚至環境要求等因素對於企業的期望，這些期望決

定了企業行為可以在多大程度上為社會所接受（迪馬喬等，1983）。

首先，制度理論在企業內部交流中為組織戰略演變過程的收斂與慣性特徵提供了可能的理論解釋。此類解釋多集中於組織內部的行為協同、共同信念構築以及意義賦予等方面。制度理論認為，在與外部環境互動過程中，企業戰略演變表現為組織中不同主體不斷實現協同，積極修正組織共同信念，並最終實現意義的構建與賦予的過程。該過程和企業的制度化存在緊密聯繫，隨著時間變動，組織架構與企業營運流程會更持久、更廣泛和更穩定，即變得制度化（奧利弗，1992）。其次，企業外部交流中，制度理論強調企業戰略行為的適應性、慣性、非理性以及社會性。與僅強調企業行為經濟合理性的戰略大不相同，制度理論強調，企業經營決策不僅決定於新古典模型的信息、技術及收益，而且還受到社會規範、價值觀甚至社會慣例等企業所處社會的外部建構性約束的影響。因而，企業行為動機決不僅限於追求利潤最大化，企業的理性選擇必然受制於其所處社會情境的影響，且應當能夠對社會正當及社會義務訴求做出適當反應，企業與社會期望的交集在很大程度上決定了組織的成功乃至生存（斯科特，1995）。

綜上，企業內、外部制度因素要求企業做到以下幾方面：①受制於歷史特質的企業並非總能做出最優資源配置決策；②沉沒成本經濟性特徵促使其追求利潤最大化，而其認知性特徵則可能導致發展路徑的次優選擇；③企業文化對於戰略投資決策起著重要的支持作用。因而，我們認為，順利成長的企業至少應當是那些能夠與感受到的社會壓力保持一致的企業，這些企業在與環境互動的過程中能夠取得足夠的社會支持並得到合法性認可。

2.8　本章小結

本章對目前的研究現狀進行了深入梳理。既有研究集中在兩方面，共5個主題。一方面是跨國併購理論，其中主要涉及4個話題，即併購整合、併購績效、併購戰略演化、併購組織演化；另一方面是制度嵌入理論，主要涉及東道國政治、文化與法律的嵌入。

本書後續部分將圍繞制度嵌入的跨國併購後整合過程中企業戰略演化、組織演化展開。下一章我們將首先對中國企業跨國併購現狀進行一個梳理，進而聚焦本書所研究的問題。

3 中國企業跨國併購現狀分析與問題的提出

3.1 中國企業跨國併購發展歷程

我們可以大致將始於 20 世紀 80 年代的中國企業跨國併購實踐分為 3 個階段。

（1）第 1 階段為 20 世紀 80 年代末至「九五」計劃期間。這一時期參與併購的企業是計劃體制下的國有企業。該階段主要併購案見表 3-1。

表 3-1　　　　　　　　　第一階段主要併購事件

併購時間	併購目標	併購發起方
1988 年	美國麥斯塔工程設計公司	中國首都鋼鐵公司
1988 年	美國海岸太平洋煉油公司	中國化工進出口總公司
1992 年	秘魯鐵礦公司	中國首都鋼鐵公司
1996 年	印度尼西亞里波蘭德公司	中國華能控股公司
1996 年	香港龍航公司	中國國際航空公司

數據來源：根據國泰安併購數據庫及清科研究中心發布報告整理而得。

1984 年，中銀集團和華潤集團以大約 4.37 億港元的價格聯手收購香港最大的上市電子集團公司——康力投資有限公司，首開中國企業海外併購的先河。「九五」時期，中國提出要「有計劃地發展境外投資」，在這個階段中，中國企業參與跨國併購的總規模尚十分小，頻次也很低，併購目標集中在東南亞、美國等少數區域的優勢行業中。該階段跨國併購具有典型的計劃經濟特徵，參與跨國併購的個體多為國企，被併購企業多集中於壟斷行業。這些併購

案為中國企業參與國際市場競爭做出了大膽的嘗試，累積了一些基本經驗，對企業國際化戰略和國家的全球競爭戰略具有重要的意義。

（2）第二階段：「十五」計劃時期至 2007 年。進入第十個五年計劃後，中國提出了「走出去」戰略，該戰略強調鼓勵企業發揮比較優勢，多種形式參與國際經貿合作，擴大參與國際經濟技術合作廣度與深度。該階段併購案涉及的目標行業、併購目的規模有較大提高，受益於改革開放二十年，大量行業性壟斷國企和民企都開始積極參與跨國併購，併購規模與成功率都顯著上升，對世界經濟產生了顯著影響。第二階段典型跨境併購案見表 3-2。

表 3-2　　　　　　　　　　第二階段主要併購事件

時間	目標企業	併購發起方
2001 年	美國 UAI 公司	中國萬向集團
2002 年	韓國現代顯示技術株式會社 TFT-LCD 業務	中國京東方公司
2002 年	亞洲環球電訊	中國亞洲網通
2002 年	韓國通用大宇汽車科技公司	中國上海汽車集團
2002 年	西班牙瑞普索公司印尼油田	中國海洋石油集團
2003 年	法國湯姆遜	中國 TCL 集團
2003 年	哈薩克斯坦北里海項目	中國石油集團
2004 年	IBM PC 業務	中國聯想電腦集團
2004 年	韓國雙龍汽車	中國上海汽車集團

數據來源：根據國泰安併購數據庫及清科研究中心發布報告整理而得。

第二階段中國企業跨國併購大規模上升充分展示了中國改革開放的成果，中國企業跨境併購行為日趨成熟。在這一階段，成功加入 WTO 使中國市場經濟競爭的廣度和深度都得到了進一步的提升，積極推行的「走出去」戰略也從政策上給企業提供了有力支持。國內企業有更多、更公平的機會參與全球市場的競爭。此外，中國企業在第一階段的跨國實踐中所累積的跨國併購經驗使得企業對跨境資本營運有了更深的認識，為追逐更大規模併購目標打下了堅實基礎。因而，中國企業在全球掀起了跨國併購高潮，跨境收購規模、行業遠超歷史同期水平，十分可觀。

（3）第三階段：2008 年至今。始於 2007 年的全球金融危機使得歐、美經濟受到重創，許多公司宣布破產，很多行業巨頭面臨危機甚至破產。經濟危機對於中國的影響也很嚴重，國內通脹壓力巨大，貨幣政策和財政政策不能解決

根本問題。中國上市企業盈利能力和跨境併購活動受到嚴重影響，整體進入震盪調整期，呈現機遇與挑戰並存的特徵，中國企業在國際競爭力方面存在許多亟待解決的問題。

3.2 中國企業跨國併購現狀

雖然 2014 年全球金融危機的後續影響仍然存在，但世界發達經濟體經濟已出現顯著復甦，消費者對市場的信心增加。在此背景下，中國併購市場交易頻次與規模猛增，截至 2013 年年底，中國併購市場交易同比增長 24.3%，已披露的交易中涉及金額為 932 億美元，平均併購金額 8,140 萬美元。其中，跨國併購已披露 99 次，併購金額達到 384.95 億美元，總交易量的 41.2%。併購頻次有所減少但是總體金額顯著增加，平均併購規模越來越大，可以認為更多規模較大的企業參與到了跨國併購中。2006—2013 年中國併購市場發展趨勢如圖 3-1 所示。

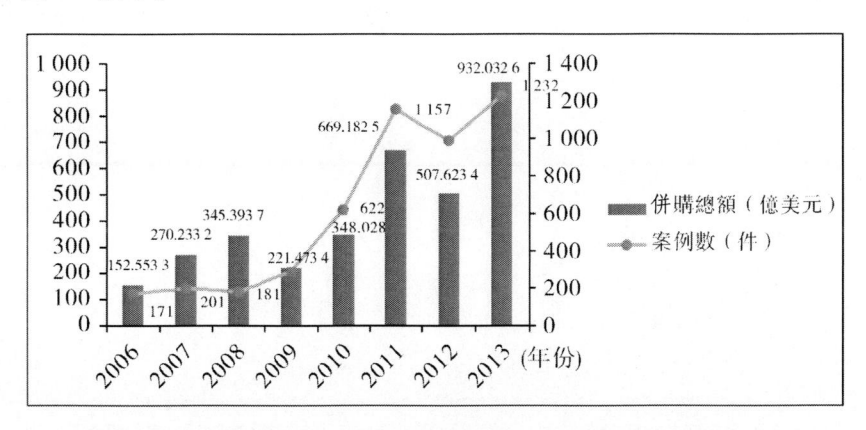

數據來源：根據清科研究中心發布歷年中國併購市場年度研究報告簡版整理而得。

圖 3-1　2006—2013 年中國併購市場發展趨勢

圖 3-1 顯示，2006—2013 年的 8 年間中國併購市場呈現顯著上升態勢。2011 年企業併購金額與案例數出現大幅增長，2012 年有所回落，2013 年又重新恢復增長。這是因為 2011 年全球併購市場受債務危機影響，增長呈放緩趨勢，併購交易數量和金額均創新低。然而，在國家宏觀刺激政策影響下，中國產業整合提速，併購市場整體欣欣向榮，企業併購規模與頻次顯著上升，併購市場活躍程度和平均併購金額又創新高。可見，中國企業抓住了全球金融危機

這一機遇，併購市場逐漸活躍起來。

而同期中國企業海外併購案頻次和併購金額亦呈現波動中上升趨勢。除了 2013 年的併購案例數有所下降，自 2011 年開始的海外併購活動呈現出了前所未有的活躍度與規模。以上數據可以得出一個結論，在全球經濟蕭條、中國經濟穩步發展的大環境下，正在經歷全球經濟震盪的中國企業正日益引起全球併購市場的重視。但需要注意的是中國企業仍然缺乏全球化經驗，尤其是跨境併購經驗，仍需要一些時間來處理企業核心競爭力不足問題。麥肯錫（2008）一項報告稱，過去 20 年中，全球大型併購案成功的僅占 50% 不到，而中國企業跨國併購中有 67% 的案例是失敗的。顯然，中國企業走出去了但是走不穩是一個重要問題，這些經驗提示我們，中國企業跨境併購失敗的原因可能在於跨國併購後整合不足，跨境併購作為一個動態過程，其最終目標的實現可能更多反應為資源整合和技術融合，實踐中，這一階段屬於跨境併購過程中的企業調整期，這顯然需要併購策略更加嚴密以及整合過程的執行更加合理。2006—2013 年中國企業跨國併購趨勢如圖 3-2 所示。

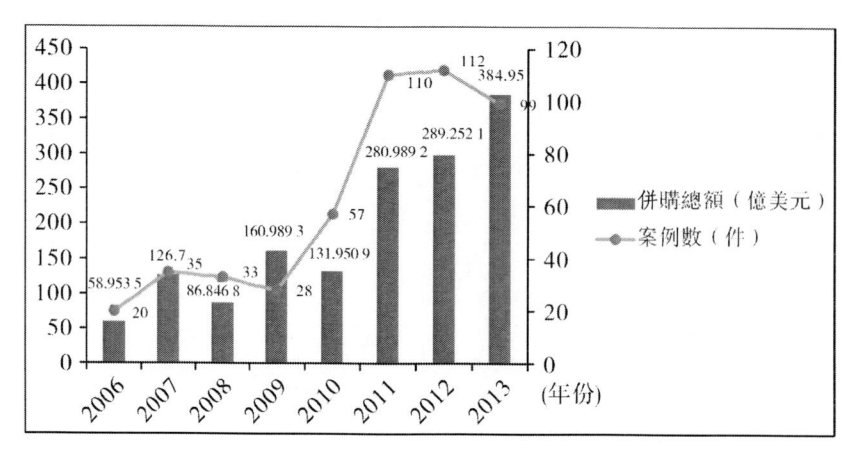

數據來源：根據清科研究中心發布歷年中國併購市場年度研究報告簡版整理而得。

圖 3-2　2006—2013 年中國企業跨國併購趨勢

3.3　中國企業跨國併購特點

我們在觀察近年的跨國併購案後可以發現，中國企業跨境併購行為具有以下特點：

3.3.1 資源尋求或技術尋求型併購占主導

國泰安數據庫、清科數據中心披露的跨境併購案顯示，中國海外併購往往傾向於購買礦產資源及國外先進技術。一方面，中國雖然礦產資源總量豐富，但人均資源量卻較少，而作為世界第一人口大國和製造業大國，我們對於資源的需求量是十分巨大的；另一方面，中國創新能力尚屬於發展中國家水平，原本國家和企業對技術開發利用的投入都比較小，知識產權保護尚有欠缺，在互聯網浪潮中，部分企業選擇了直接併購具有關鍵技術的公司，以滿足自身快速發展的需要。

3.3.2 收購目標區逐漸擴大

中國企業跨國的目標區域已經越來越寬廣，從最初的局限於中國香港地區和東南亞，轉向美洲、亞洲以及歐洲等區域。首先，亞洲之所以一直受中國企業跨境併購所歡迎，原因不僅在於其資源豐富、地理距離較近，更重要的原因可能在於文化相近，從而使跨國併購後期的整合更容易進行。而歐美國家受到青睞的原因首先可能是通過併購實現對於歐美的市場進入。其次，可能是由於這些地區屬於高科技集中區域，更容易彌補中國企業的創新不足問題。最後則是這些地區的市場化程度較高，完善的投資保護制度對於外來資本有很大的吸引力。

3.3.3 民營企業開始參與跨國併購

跨國併購主體包括國有企業、股份合作制企業、私營企業等，在很長一段時間內，國有企業在中國跨國併購企業中占據主導地位。然而，近年來，民營企業逐漸走上世界舞臺參與競爭，如華為就頻繁參加了針對歐洲 IT 企業的併購，為中國民營企業實現國際化累積了重要的經驗。

3.3.4 企業跨境併購經驗不足

由於中國改革開放時間尚較短，企業參與國際併購機會較少，中國企業跨國併購經驗十分不足。影響跨國併購過程的不僅僅是文化、經濟發展水平、政治與法律環境等方面的差異，併購後整合經驗和管理策略也會對併購產生顯著影響，而缺乏專業經驗的中國企業顯然難以和歐美國家企業相媲美，對跨國併購戰略執行不足，併購後續工作缺乏經驗是企業中國國際化表現不佳的原因之一。

3.3.5 橫向兼併是主流

多年來，中國企業海外併購經驗顯示，中國企業海外併購的目的仍集中在資源尋求與技術尋求上。一方面中國企業海外併購的目標仍然集中在資源類行業，如石化、礦山等，併購事件主要有中石油、中海油的海外油氣投資，而這多屬於同行間的橫向併購。另一方面則集中於技術獲取，典型案例有 TCL 與阿爾卡特的合作、聯想併購的 IBM 商用機等，其多是希望通過跨境併購直接或者間接獲得先進技術，以提高企業的國際競爭力。

3.3.6 跨國併購失敗頻率升高

由於多種原因，有些跨國併購沒有獲得令人滿意的效果。2000 年北京外匯管理部門對北京市部分境外投資企業發展現狀的調查顯示，半數受訪企業停止了實際上的跨境營運，停業的與正在申請註銷登記的企業達 60%。2002 年「世界經濟論壇」的報告稱，中國企業的國際競爭力處於最低的 20% 之列。2009 年年初更是出現了所謂「2008 年中國企業海外併購近七成不成功，虧損近 2,000 億元」的說法，基於這些現象，我們認為必須認真考慮中國企業實現跨境併購後的可持續成長問題。

3.4 本書問題的提出

綜上，中國企業跨國併購特徵讓我們想到如下兩個疑問：

第一，中國跨國併購多為資源尋求與技術尋求，這些都是東道國十分敏感的戰略性資源，會有東道國歡迎這種投資麼？其實另一個特徵已經回答了這一問題，即所謂橫向併購較多的特徵，這一特徵表示大多數東道國都不希望外來投資對其實行涉及縱向產業鏈的併購。

第二，中國企業跨國併購的目標由以往亞洲國家，甚至中國香港、澳門地區為主轉向歐美等發達國家或地區，而這些發達國家或地區多為法律環境十分嚴密的國家或地區，對於外來資本多持審慎態度，這些國家或地區會歡迎來自中國的跨國併購麼？同樣，另一個特點也已經回答了這個問題，「民營企業越來越多地實現跨國併購」，為什麼民營企業會越來越多地實現跨國併購呢？我們認為和英美國家對於來自其他國家政府或者具有國有背景企業的警惕心態有關。只有民營企業才更多地被視為純粹的市場行為。

上述兩個問題都是由跨境併購企業行為特徵生發的，那麼我們將研究目標放在企業方面對麼？這進一步引出了作為本書出發點的幾個核心問題：

首先，中國企業跨境併購失敗較多的原因是什麼？是和跨境併購後整合不足有關嗎？

其次，如果是整合不足造成的問題，那麼是什麼原因導致跨國併購後整合失敗率較高呢？是與東道國的審慎態度有關嗎？

再次，如果跨國併購後整合失敗率較高與東道國的審慎態度有關，那麼，東道國制度環境是如何影響跨國併購後整合的？

最後，面對東道國制度環境對於跨國併購的影響，企業如何在跨國併購後的整合中適應這一環境，如何構建基於制度環境視角的併購後企業核心能力呢？

這4個問題將是我們研究的主要問題，也是引導我們進行研究的基本線索。

3.5　本章小結

本章對中國企業跨國併購現狀與特徵進行了分析並提出了本書中要關注的問題。

在對中國企業跨國併購現狀進行梳理後，我們清楚地看到中國企業跨國併購多為資源或技術尋求型併購，其併購目標區域正在逐步擴展，更多的民營企業逐漸參與到跨國併購中來，並且企業海外併購經驗普遍不足，併購多為橫向併購，跨境併購失敗的案例比較多。

在此基礎上我們提出了本書要研究探討的問題：

首先，中國企業跨境併購失敗較多的原因是什麼，它是否與跨境併購後整合不足有關。其次，如果是由於整合不足造成的問題，那麼是什麼原因導致了跨國併購後整合較高的失敗率，其是否與東道國的審慎態度有關。再次，如果跨國併購後整合失敗率較高與東道國的審慎態度有關，那麼，東道國制度環境是如何影響跨國併購後整合的。最後，面對東道國制度環境對於跨國併購的影響，企業應如何在跨國併購後整合中適應這一環境，又應如何構建併購後基於制度環境視角下的企業核心能力。

這四個問題將是我們研究的主要問題，也是引導本書研究的基本線索。

下一章我們將對現存對外直接投資理論進行梳理。

4 研究對象確認：基於價值創造的跨國併購過程觀察

隨著貿易成本的增加，出口變得更加昂貴，企業更傾向於選擇國外投資（布雷納德，1997；馬庫森，2002；卡爾等，2001；布勞內勁等，2003）。2002年《學術顧問》的調查表明，兼併和收購居於世界五大主要公關關係議題之首。聯合國貿發會議的報告說，跨國併購的價值從20世紀80年代末低於100億美元迅速增長到1999年的720億美元。實際上，1999年跨國直接投資中80%以上都是跨國併購。

跨境併購交易增速迅猛，但併購成功率不高。最近的併購實踐表明，跨境收購後期並不成功，僅有不到17%的跨國併購為股東創造了價值，而53%摧毀了企業（經濟學人，1999）。這提醒我們，問題可能出在併購前、後的過程管理中（金艾格蕾，2001）。不斷增加的貿易全球化已經增大了跨境兼併的壓力與機遇（希特，1998、2000），這一壓力在收購後整合階段反應最為明顯（蔡爾德等，2001）。中國跨國併購更是出現了所謂「2008年中國企業海外的併購虧損達到2,000億人民幣」的說法。那麼為什麼中國企業成功走出去後卻難以實現預想中的盈利呢？

鑒於跨國界併購在全球市場上的重要性，為更好地瞭解這一機遇與挑戰，本書將對既有關於跨國併購後企業整合過程的研究進行梳理，並對今後可能進行的研究方向進行探討。

首先需要指出的是，20世紀以來的5次併購浪潮都是特定戰略整合需要催生的（金艾格蕾，2001）。金艾格蕾（2001）強調，最近的一次併購浪潮，即第五次併購浪潮有6方面特徵：戰略性併購迅速上升、跨境併購交易額迅速上升、出現了很多併購企業再分解案例、伴隨併購浪潮之後的是經濟衰退、跨境併購融資比例較高、併購出現顯著溢價的案例占總數的近40%。

其中尤其值得注意的是歷次併購浪潮後都緊隨經濟衰退。併購活動高漲已

成為經濟衰退的前兆，其原因可能還是在於股東的併購溢價已實現，因而企業對於併購後整合的關心程度有所下降，這直接導致了企業未來收益大打折扣，進而導致併購整合規模、深度與整合能力發生了顯著改變。跨境併購取得成功的關鍵一環就是實現企業的組織資源迅速轉移，而資源轉移大多依賴於企業併購中和併購後的整合過程，因而併購後企業對於整合過程的管理體現了併購各參與方企業能力的運用，是實現跨境併購價值創造的源泉（魏江，2001）。

4.1 目前跨國併購方面的主要話題及研究線索

4.1.1 主要話題

既有跨國併購研究集中在如下方面：
（1）宏觀和中觀方面研究
關於跨國併購宏觀和中觀的研究主要集中在併購雙方國家的影響方面。①跨境併購對併購發起方所在國家的影響。其主要集中在對併購方所在國家的技術進步、就業情況、工資水平，以及收支平衡等的影響；②跨國併購對被併購方所在國家的影響。這方面的研究主要集中在併購行為對被併購方所在國家的收支平衡、就業、工資水平等方面，具有較大區別的主要集中在經濟安全、產業結構、市場結構方面。
（2）微觀方面
微觀研究主要集中在跨國併購對被併購方企業的影響。目前研究線索集中在：跨國併購對併購動因的影響、跨國併購操作過程分析、跨國併購後整合過程析、企業國際化成長策略視角下的跨國併購研究、跨國併購經濟績效與非經濟績效研究、跨國併購對被併購企業的管理層安排。

4.1.2 主要研究線索

此前大多數研究認為進入模式是跨境併購的關鍵，然而，瞭解國際市場進入的最佳模式後，一些問題仍然沒有獲得答案。更多的研究聚焦於創造財富的解釋性變量，關於公司層面影響因素的討論大多數是粗粒度觀察，並不反應獨特的資源優勢和收購者能力，而實際上，涉及公司具體因素的分析有利於更好地理解關於創造財富的機制。

研究跨國併購的主要有三個流派。第一，就探討跨國併購問題而言，其主要包括收購方、被收購方和一體化合併三大主題；第二，金融流派探討了跨國

併購後的財富創造問題。研究人員通常研究股市對併購消息的反應；第三，考察併購後企業績效，即觀察併購後合併企業股票價格的相對長期反應。

下面，本書將從跨國併購的過程入手，主要運用資源基礎理論、組織學習理論以及過程理論針對跨國併購行為的微觀行為過程進行梳理。

4.2　本書關注問題的出發點：跨國併購是否創造價值

併購焦點的上升和併購業績的多樣化成了大量研究的目標。既有研究首先關注了收購公司是為股東創造了價值，還是為目標公司業主創造了價值。目前的研究認為，一般情況下目標公司的股東能從併購中獲利，而併購公司的股東則不能（巴羅斯等，1994；霍恩等，2001；努爾貝克等，2004）。

索爾沃爾（2000）在假定資本市場有效、市場參與者理性預期前提下，運用企業代理理論、自由現金流量、公司控制市場和資產定價模型指出，關於併購的價值創造效應主要有以下幾方面：①併購消息宣布後企業股價波動狀況。②併購訊息披露後較長時間內，市場對於併購的反應是否會隨著時間發生根本性變動。③跨國併購後新企業的贏利能力和市場地位。

我們將併購是否創造價值分為國內併購與國外併購兩個方面進行觀察，並找出其差異。

4.2.1　國內併購是否創造價值

關於國內併購價值創造與溢價程度間關係的研究結果不是很確定，異常收益伴隨著股市對企業反應的變化而變化。

多數研究得出了積極的結論。當合併的動機是追求異常收益時，很少有降低非正常收益的證據（斯海克等，2001）。通過關注財務信息，檢驗併購後機構關於效率的改進和交易成本的降低，部分研究發現併購將有效提升併購公司的良好業績。這些研究中，統計意義的顯著改進、盈利能力的改善、經營效率的提高、快速增長的利息收入與非利息收入、成本的降低、有效的資產管理以及合併後機構風險的降低被解釋為成功合併的跡象（辛格等，1987；本斯頓等，1989；羅茲等，1989；亨特，1989；伯杰等，1991、1999；休斯敦，2001）。佩拉絲等（2004）甚至在注意到國內併購中顯著的積極回報後提高了併購失敗的臨界值標準。

當然此問也有消極結論。對於併購消息，股市的反應既有積極的，也有消

極的。索爾沃爾（2000）用平均收益研究併購，發現併購公司在併購後的平均收益為負值，只有35%的併購在併購宣布之後得到了市場的反應。有案例表明併購發起方的企業在併購中的回報率近乎等於零。更有部分研究提供了負回報的證據（查特吉，1986）。

4.2.2 跨國併購是否創造價值

多數跨境併購的觀察得出了積極的結論。巴克利等（1976）、莫科等（1991、1992）、康（1993）、爾基季斯等（1994）以及威爾遜（1980）的研究指出，跨國併購提供了國際整合利益、協同效益，並分散了風險，從而為收購方和目標公司的股東創造了財富。佩拉絲等（2004）、喬伊等（2007）在對國際和國內銀行合併帶來的股東收益進行觀察後發現，後者的異常收益可能達到10%~30%。佩拉絲等（2004）發現，在合併消息公布的當月，美國跨國銀行合併中併購方與被併購方的股東權益實現了非常明顯的、正向的風險調整，即使控制了大量的合併變量和銀行特徵變量後，他們的研究仍認為，對於大量的中型銀行，股份回報仍然上升了，原因可能在於其避免了因規模過大而導致的難以在美國境內尋求合作的情況。

不幸的是，消極結論依然存在。奧托尼等（2000）發現，1988—1997年，一共出現了54個歐洲銀行合併的案例，併購方的異常回報率幾乎為零。佩拉絲（2004）的研究則明確指出，在這些檢驗中可能被高估的是銀行合併對銀行股東的影響。康等（2000）、斯海克等（2004）的報告亦稱，當樣本方程檢驗作為併購方的銀行時，併購方屬於以銀行中心的集團時，不正常回報的差異微不足道。尤其值得一提的是斯海克（2004）關於1993—2003年期間對歐洲合併後的銀行收益率的調查，他發現，僅有1.5%的案例存在異常收益率，而且這一異常收益隨著併購宣布而迅速消散。甚至有研究強調了併購帶來的企業資產損失。和西諾（1982）的報告指出，20世紀70年代發生的15宗併購案，其淨資產相對於總資產和總負債都有所降低。庫羅基（2003）報告了參加融資的日本企業急遽變化的證據：日本跨境併購的價值在20世紀90年代下降了2/3。

4.2.3 國內併購與跨國併購價值的差異

顯然國內併購與跨國併購不完全一樣。德朗（2001）發現美國國內銀行合併呈現負向的顯著回報。拜德爾等（2004）的研究關注了國內兼併與國際兼併的區別，對於併購方銀行，其樣本顯示，從1985年開始，國內兼併較國

際兼併能獲得更高的效率和市場力量，回報率數據顯示國內併購方高於跨境併購1.47%。

對既有的關於國內與跨境併購的研究進行比較後，我們可以發現兩者之間的區別主要在於併購目的的不同：

（1）國內併購更希望改善效率。關於銀行業併購的研究提出了各類潛在的併購動機，這些動機試圖達到改善效率、使收益多樣化和減小風險並通過收購實現成長、實現規模經濟或企圖增加市場勢力的目的（阿梅爾等，2004）。多數研究發現，與合併方式相比，企業選擇收購方式後往往導致業績不佳。儒爾（1986）聲稱，被收購的銀行希望在收購方那裡獲得熟練的管理，這與關於銀行合併尋求效率改進的結論一致（伯杰，1997、1999、2003）。

（2）跨國併購關注更多的是資源獲取或者市場勢力構建。班尼（1955）指出，只有當併購活動涉及隱藏或獨特增效資產時，併購公司才可能從併購中獲得超常回報。隱藏的或特有的資產是指對其他外部潛在競標者無用的信息，假如可能出現其他企業參與併購，被追逐的目標企業出價可能被抬高，因而，高溢價的出現源於潛在競爭者的追逐。康等（2000）研究了1977—1993年的合併案，發現異常回報與併購雙方的銀行關係強度有關，當收購者有比較差的投資機會時，這一收益特別重要。斯海克等（2004）對日本案例的研究表明，前期關係的存在與併購者併購消息宣布時候的非正常回報相關。他發現，當目標和收購方有一個共同的且持有股份超過10%的股東時，可能出現非正常回報，這意味著合併前已建立關係的公司合併能改善合併後的現金流。

合恩等（2001）在比較國際併購與國內併購後發現，跨國併購主要收益在於提供了進入外國市場的渠道，減小了國內市場競爭壓力。跨國併購相對於增加的交易成本將增加國內併購的有利性，當交易成本高時，一項國內合併將導致非常有限的國際競爭。而當貿易成本較低時，國際合併將不減少任何競爭壓力，即市場准入導致了跨境併購。當然也有相反的結論。弗卡拉里等（2001）發現，20世紀90年代，跨國銀行併購僅占銀行業內併購的13%，而製造業為35%，其他所有部門平均為24%。國際銀行業併購次數的不頻繁，可能源於其有限的成功案例。愛米拉德等（2002）發現，國際金融機構的合併既不增加也不減少銀行風險，而且發達市場的外資銀行往往不比國內同行更有效率。因而，雖然併購是一個進入新市場的重要途徑，但是，跨國銀行合併可能會造成機構不能在東道國競爭市場上取得成功。

4.2.4　國內併購與跨國併購差異帶來了東道國約束

跨國併購資源攫取或市場勢力發揮更容易引發東道國制度環境反應。這一

反應直接表現為市場對於併購與被併購企業的態度不一致。由於併購政策的限制，銀行只能水平整合，因此關於銀行併購政策的研究沒辦法得出一致的結論（佩爾茲曼，1984；羅茲，1993）。杜索爾等（2008）指出，反壟斷行動抓住了市場力量的可能變化和交易時經常出現的困難。索爾沃爾（2000）證實了被併購銀行的股本回報高於併購銀行。皮克等（1999）認為，外資銀行子公司的業績不佳主要是因為進入東道國時預先設定的前提條件。因而，市場對跨國併購的反應與國內併購完全不同，報導常認為這是以減少收購公司的股東價值來提高併購目標的股東價值（卡普蘭等，1992）。但是，關於併購企業與被併購企業的福利研究的結果並不相同，許多研究表明，當兩家公司均為公開上市公司，併購企業股東的平均收益率為負向的，或者充其量略為正面，被併購公司的平均回報則是正的，並且相當高（延森等，1983；賈雷爾等，1988；莫克等，1990；安德拉德 2001；默勒等，2004、2005）。

　　大量研究關注了市場對企業併購的反應，並得出類似結論：如同其他行業，銀行部門的合併消息通常在併購方沒有或略有負向累計異常收益時進行，對於目標企業股票則有著明顯的積極的非正常盈利。這些研究結果顯示，意料之中的兼併與目標銀行價格正相關，與競標人股票價格負相關。併購實現後，被併購企業的股東財富會增長，而併購發起方的財富增長微乎其微甚至為零（金艾格蕾等、1983；科內特等，1992；休斯敦等，1994；米爾本等，1999）。

4.3　跨境併購價值創造的來源及其影響因素分析

　　價值的來源是金融經濟學派的另一個核心課題。具體而言，價值創造的多種來源包括：資產共享、基於模糊財產價值的反向內部化、金融多樣化以及資源協同效應。

4.3.1　價值創造的來源

　　第 1 類觀點直接否認了併購創造價值，它認為股東贏利來自債權人的損失。但如果真如此類觀點所言，那麼就很難說跨境併購是創造價值的。

　　第 2 類觀點認為併購後企業的贏利來自稅收效應。奧萊布朗克等（1987）在對 1968—1983 年間的 318 件併購樣本進行觀察後發現，近 20% 的企業併購是為了追求稅收效應。其動機可能是出於稅收最小化機會，但是只有在不存在其他可能的途徑時，才會有企業因為稅收原因發起併購（韋斯頓等，1998）。

依町等（1986）提出，一方面，併購發起方可以通過併購借殼取得被併購企業的稅收屬性，另一方面，被併購企業股東還可以延遲支付資本所得稅。德梅爾克等（2001）也證明了外國銀行得到了稅收激勵所帶來的好處。與之相反，在一個關於外國收購者財富獲得的研究中，科克瑟等（1996）發現，跨國併購收益與稅務影響不相關。曼宗等（1994）在構建了可能影響創造財富的其他因素後發現：匯率、國家稅收制度等具有高度影響力，分析不同的稅收制度可以發現，當投資高稅率國家時跨國企業可以受益於財富增長，而當投資低稅率國家時企業則只能獲得較低的異常報酬。瑟本紐恩等（1992）發現，稅收制度、匯率和產業技術水平對國內併購與國際併購的影響存在差異，他們認為，這種差異最好的預測者是與目標公司共同競爭的其他跨國公司的併購力度。

第3類觀點強調，企業併購股東收益的增加源於企業員工與企業供應商之間的價值轉移。什穆費爾等（1988）強調，併購後新企業營運規則會改變原有企業營運慣性，甚至改變企業原有契約形式，使得企業利益相關者收益發生讓渡，顯然，這些收益讓渡源於契約的變更。布雷納德（1997）、卡爾等（2001）、馬庫森（2002）等人的研究表明，伴隨貿易成本的增加，企業更傾向於選擇向國外投資。

第4類觀點是價值創造來自規模效應與範圍效應。華盛頓（2001）關於澳大利亞銀行業的研究表明，效率的獲得與範圍經濟和規模經濟有關。巴埃萊等（2007）強調了多樣化的風險降低功能所帶來的股權收益，其關於歐洲銀行的觀察發現，功能多樣化降低了企業特質風險。佩拉絲等（2004）的多樣化衡量法發現，多樣化顯著地積極影響了美國銀行的股權收益。

第5類觀點是價值來自潛在的獲利機會。文斯克拉夫特（1991）發現，外國買家購買美國目標的交易表現出較大財富增長效應。康（1993）使用TCE和代理理論框架，對1975—1988年119家日本企業購買美國公司的情況進行觀察後發現，收購方與被收購方都創造股東財富，並且日本投標人與標的的債務總額與日本銀行金融機構借款正相關。弗卡拉里等（2001b）發現銀行擴充股權的決定因素是潛在的獲利機會以及制度環境，它們促使銀行將業務擴展到特定國家。喬伊等（2007）的研究檢驗了制度環境對跨境銀行合併績效的影響，發現影響跨國變化的相關因素是存款保險制度及投資者保護制度，但監管制度似乎沒有影響。德梅爾克等（1999）、克萊森斯等（2001）發現，進入新興市場的外資銀行業績往往能夠超越國內銀行。拉莫瑞德等（2005年）認為國際兼併是寡頭競爭的必然結果，而工會組織的協調能力會加快這一結果的促

成，工會根植於特定國際環境，併購後工資的下降使國際併購存在盈利空間。尼亞里蓋爾（2004）使用一般均衡模型發現，跨國併購在技術生產激勵方面存在國際差異，低成本國家的公司對高成本國家企業的兼併是發揮比較優勢的一種體現。

第6類觀點是異質性企業自身特點驅動企業參與併購。最近的研究不僅開始檢驗跨國併購的動機，而且從資源基礎觀出發研究企業成功併購的關鍵因素，企業的長期獲益源於有價值的經濟租金，這一租金可以以低於價值的代價取得資源（克里斯蒂等，1996）。布赫等（2003、2004）、拜德爾等（2004）、勒珀蒂等（2004）檢驗了跨國併購中銀行特有因素在跨國投資中回報的作用，發現銀行特有因素在所有案例中都扮演了相似的角色。貝克曼（2002）從網路學習角度出發並強調，公司會利用其網路合作夥伴的經驗並從這些經驗中進行主動學習。合作夥伴的經驗可以幫助他們學習新技能，發現創新策略，收集行業信息，學習東道國市場規制，評估目標企業收購難度（哈默爾，1991）。馬凱茨等（1994）使用1975—1988年276個跨國併購的案例，發現本國貨幣實力、行業廣告力度、行業集中度、前期國際化經驗、企業關聯性、收購規模與目標公司規模等幾個因素與異常報酬正相關。

前期研究主要關注相似資源引起的併購，近期研究則認為跨國併購中協同效應一般在互補性資源間實現。如占臣等（1986）、哈里森等（1991）、杰米森等（1991）、威廉等（2000）一致認為：基於企業併購後協同預期的併購後整合可以創造價值。拉斯諾等（1999）指出併購協同效應是併購企業與被併購企業之間的不同產品、市場進入或技術訣竅的相互適應性和互補性的函數。20世紀90年代部分資源相似企業發起併購基本上都是為了規模效應，如果這些規模效應沒有大到產生市場勢力的程度，企業將不能從中獲得競爭優勢（希特等，2001b）。類似的，漢森等（2001）指出：如果沒有市場勢力增加的話，資源高度相關的橫向併購難以取得競爭優勢。巴尼（2001）則明確提出難以模仿的價值對公司創造競爭優勢是一個最重要條件，擁有互補性資源的企業間的併購更容易為企業創造持續競爭優勢，其源泉就在於追求資源之間的協同。哈里森等（2001）認為當併購基於兩家組織資源互補而不是相似時，併購協同效益更有可能創造非正常回報率，良好的併購業績與資源互補相關而不是與資源相似有關，兩家組織間的互補性資源的合併具有異質性，可能向併購者提供了非正常回報。希特等（2001c）認為戴姆勒公司對克萊斯勒汽車的併購看似水平併購，但兩家公司之間存在著多樣性資源差異和潛在互補性。

但是，席洛爾（1997）從併購過程中協同的局限性出發提出，協同的期

望價值其實並不高，尤其當併購溢價效益已經被市場所獲悉時，併購中協同效應的獲益是不確定的，投資者在判斷這些協同價值時，應當關注實踐中協同效應的風險，盡量避免價值創造的折扣性。

第 7 類觀點引入文化距離的概念。達塔等（1995）針對 1978—1990 年間的樣本進行觀察後發現，高文化距離的跨國收購伴隨著降低收購公司的股東財富效應，其可能的解釋是：全球化已使跨國併購和國內併購的差異減小了。巴克瑪等（1996）分析了企業是否能夠通過減少文化障礙提高進入業績，研究結果表明，外國企業的壽命與文化距離負相關，跨國併購企業壽命及成績與其在類似文化環境中的前期經驗正相關。

4.3.2　併購對價高就意味著併購後企業價值高麼？

史密斯等（1997）指出，併購溢價和併購是否創造價值之間沒有明顯相關性。席洛爾斯（1997）通過研究甚至發現，併購支付的溢價越高，失去的價值越多。拉巴波特（1998）解釋說，為了從併購中創造價值，併購者應該考慮預期協同的當前價值必須比支付溢價大。索爾沃爾（1997）在解釋 20 世紀 90 年代的溢價併購占到全球併購總額中的 40%～50% 的特徵時指出，併購是一項購買資產和技術的活動，但併購者經常支付高於這些資產和技術的單獨市場價值。

這提醒我們要關注企業的價值存在。這就有必要提到另外一種觀點了，即過程管理。

（1）過程管理下的結論。塞思等（2002）採用資源基礎理論和管理主義綜合的方法分析了創造或銷毀跨界併購的價值的因素。併購企業的股東的平均收益率為負向的原因是他們的經理過度自信、威權主義傾向和管理層個人目標（延森，1986；莫克等，1990；施賴弗爾等，1988、1989），以及關於收購公司的股票價格因合併而帶來的價格壓力效應（米切爾等，2004）。然而，他們不能解釋為什麼收購者公司股東大致上無效。莫克等（1992）採用 TCE 框架研究了 1978—1988 年美國公司 332 起外資收購案例。他們發現收購方的研發力度、廣告力度和管理質量與收購的異常收益率呈正相關。公司的內部信息化使它們能更有效地內部化被收購公司的資產。

（2）管理素質在價值創造戰略中具有顯著的重要性。瑟維斯（1991 年）採用 TCE 框架得出結論，如果托賓 Q 比率是對經理人的表現的解釋，那麼最好的創造價值的併購發生在高 Q 公司收購低 Q 公司，他認為，性能更好的公司也會做出更好的收購，更多的價值可以從接管業績不佳的公司中獲得，交易

價值的破壞多源自管理主義、傲慢的併購、個人利益訴求以及評估過程中所犯的錯誤。凱羅米里斯等（2000）分析了9家銀行的併購案例，發現並不是所有的併購都像最初設想的那樣成功，目前使用的經濟學研究方法難以捕捉到銀行併購動機，因為其忽略了併購後的驅動力。

貝林格等（2000）從資源基礎觀點出發，將公司創造與維持競爭優勢的理論應用到了併購上，該理論指出，為創造和維持併購價值，公司必須有組織地去獲取併購優勢，而併購整合過程是創造公司期望價值的關鍵因素，組織文化的差異代表了企業價值觀、企業慣例、企業目標以及企業戰略的差異，如果併購行為被視為一種威脅而不是機遇，那麼就會產生緊張狀態，整合過程是否順利就會直接影響協同的實現，進而導致整合併購收益波動。

還有部分研究關注了跨境併購和其他進入方式間的區別，發現跨國併購的回報一般是負面的。例如，李等（1991）採用TCE視角發現，因為涉及與跨境併購相聯繫的巨大的交易成本，併購和合資企業更可能失敗，尤其是在談判和合併後的整合過程中。尼斯等（1996）研究了300家日本公司在歐洲的表現，發現綠地投資一般會好於合資。更一般地，伊勝等（2001）發現，在經濟績效與國際化多樣化之間存在積極的關係，進入國際市場能產生潛在優勢，但併購的成本可能會衝減這些優勢。

應急理論和組織學習理論學者獲得了不同的結論。謝弗（1998）改進了早期研究的進入模式和業績法，提出最佳進入模式的選擇不是隨機的而是基於該公司的資源和行業方面的戰略狀況。他認為，部分企業在戰略選擇方面存在潛在的錯誤設定。另一項研究支持了跨國併購進入的績效，瓦爾米倫等（2001）通過組織學習觀點提出，新建項目一般比較簡單生硬，並導致了比併購更高的失敗率，而併購則有可能提供新知識，幫助企業避免路徑依賴並重建新能力。

顯然，目前研究結論並不一致，結論不一致的可能原因是它沒有考慮到各個收購案例的動機差異。創造價值源於交易追求的協同效應，兩家公司合併的目的是資產互補。

大量假設條件的存在與不一致的研究結果引導我們將關注的焦點轉向跨國併購的過程分析。

4.4 跨國併購過程分析

跨境併購中的能力轉移從併購前就已開始。併購前和併購中的系統性工作使原先兩個獨立的企業能夠實現協同效應，為併購後整合過程中的核心能力轉移做準備。實踐中，併購過程本身對併購活動和結果起著決定性作用，對於併購系統的把握不足可能最終造成併購難以實現預定目標（布瑞萊爾，1996）。

羅納德（2002）指出，跨境併購過程可以大體分為戰略制定、確認目標、接近目標、價值評估、審慎調查、交易結構、談判、簽訂合同及整合等階段。循此，我們可以將併購過程分為3個階段：第一個階段是跨境併購前管理，主要涵蓋企業併購戰略選擇、目標公司搜集、篩選和確定以及盡職調查；第二個階段是併購中管理。主要包括談判、定價、融資和交易；第三個階段是併購後整合管理，包括整合方法、人員、文化、組織和戰略適應性（庫永等，1998）。

公司併購對併購戰略表達和併購戰略執行過程缺少關注可能導致併購失敗（庫永等，1998）。楊（1981）將影響併購過程管理的關鍵點分為併購動機、談判接觸、信息溝通、價值來源、價值創造、價格談判、併購融資、合同簽訂以及合約執行等10個因素，他強調，經過確認的要點控制才能帶來可控的併購程序。詹姆斯等（1986）提出，併購過程存在4個顯著障礙：①併購技術活動的複雜性帶來了業務的分裂可能；②併購過程中反對併購的力量可能在擴大；③併購過程中有意抑或無意的含糊概念的使用；④不同類型管理方法濫用可能帶來員工的信任危機。

4.4.1 跨國併購中的盡職調查過程

無論是國內併購還是跨國併購，盡職調查都十分重要（希特等，2001a、2001b）。盡職調查的目的是客觀對收購目標進行獨立審查，它側重於財務、稅務問題、資產評估、營運、業務評估，並向債權人、顧問以及收購方的管理團隊提供保險保障（安格溫，2001）。它是一個半結構化調查，將向併購人提供併購標的價值與風險信息，是一個組織學習理論和探索性學習的過程。

跨境併購中，關於潛在目標價值的評估過程相對於國內併購更加複雜（基辛等，1990）。阻礙跨國界經濟活動的因素主要有地理距離、語言差異、文化差異、不利的監管和監督結構等（伯傑等，2001）。基於不同的收購動機，其目標企業的測評標準也不同，具體包括企業規模、互補性資源及企業社

會網路等（古拉蒂，1995；希特等，2000）。目標評估需要對教育體系、技巧、外國勞動力能力、東道國體制環境有深刻的理解。盡職調查過程不僅是目標企業財務狀況的檢查，更應該對模糊財產和資源進行徹底分析。企業微觀特質、會計標準、企業商譽等，宏觀上的匯率波動、政府體制、政府對外資的約束等都會對企業價值評估產生顯著影響。

（1）東道國投資者保護政策

厘清制度引起的效率障礙和信息成本引起的效率障礙之間的區別是重要的。

一方面，東道國監管當局對投資者的保護影響著兼併方對被兼併方的選擇。東道國投資者保護制度對於被兼併方和兼併發起方作用不甚一致，一般認為，具有較弱投資者保護制度的國家跨國併購成功可能性更高。具有更自由的管理體制和優越的獲利機會的國家可以預期更多的自由，這類國家更能夠吸引國際合併（喬伊等，1986、2002；溫格，1995）。關於保護標準主要有如下指標：會計質量、執法者素質、董事權利以及其他普通法。波爾塔等（1998）指出，這些指標可以衡量體制特徵差異、目標國市場摩擦程度和效率狀況，可以在一定程度上反應該國對投資者的保護情況。較低的股東保護意味著通過控制可以獲得較大的私人利益，因此公司控制權市場運作並不透明（納伊諾娃，2003；戴克等，2004）。企業參與併購的目標在於獲得有效的投資者保護帶來較低的融資成本，有些國家對投資者的保障較弱，該國企業不得不面對被保障性強的跨國企業收購的事實（帕加諾等，2002；瑞茜等，2002；科菲，1999）。

另一方面，較高的會計披露標準有助於識別潛在的收購目標，匯率、稅收、會計標準、貿易法規都會有助於跨國併購目標的識別（基辛等，1990）。信息披露較好的市場與較發達的證券市場相關（波爾塔等，1997），與較高的估值相關（波爾塔等，2002），與更大的股息相關（波爾塔等，2000b），與較低的所有權和控制權相關（戴克等，2004；乃諾娃，2003），與較低的私人收益控制相關（戴克等，2004；乃諾娃，2003），與較低的盈餘管理相關（魯茲等，2003），與較低的現金餘額相關（迪特馬爾等，2003），與更好的投資機會相關（瓦格勒，2000）。

因而，政策的調整會對併購決策產生重大影響。貿發會議報告（2000）提到，在1991—1999年期間近1,000項監管政策的改進促成了外國直接投資在100多個國家的出現。政府允許的私有化已經成為東歐電信市場中外國企業占股較高的重要原因（吉倫，2000），但是，同時，較高的政府股權是銀行國際兼併的障礙（波爾塔等，2000a），多數國家的投資政策仍然通過稅收手段

來引導外來企業進行綠地投資(《世界投資報告》,2000年;波爾塔等,2000a)。

(2)東道國效率因素

具有高效行業效率的企業更善於從事跨界併購活動。效率的一個指標是平均資產回報率,併購國家和被併購國家行業盈利情況顯著影響著併購決策,跨境併購發起方多來自具有較高資產回報率的國家(弗卡拉里,2001a),這些企業傾向於進入行業系統效率較低的國家(弗卡拉里等,2001b)。弗卡拉里等(2001a)的研究發現,跨境銀行合併相對於非金融業合併數量要少,其原因可能在於信息不對稱和制度的阻礙,但是來自高效率行業的企業則能夠克服這些障礙。

(3)是否涉及橫向併購

由於橫向跨境併購的動機在於通過無邊界合併獲得市場,因而橫向併購往往是東道國反壟斷政策十分謹慎的領域,但跨國併購發生頻率最高的正好就是橫向併購(貿發會議報告,2000)。馬庫森(2002)、古格勒等(2003)的研究發現,全球跨國併購中橫向併購占32%。其結論是,橫向併購占多數可能是由於國際背景下產品和地域多樣化對企業集團兼併的激勵。

企業傾向於橫向併購的關鍵因素在於橫向和縱向合併的成本顯著不同,實踐中,沿產業鏈進行的跨國併購數量非常小(馬庫森,2002)。也有學者認為,成本在資本和貨物的國際交流中的作用不可忽視,跨國企業在進行跨行業併購的時候,垂直聯繫會使要素價格出現顯著差異,垂直合併則會顯著壓縮貿易成本。

(4)貿易成本高低

從理論上來講,較高的貿易成本不僅鼓勵關稅規避而且可能對國內併購形成激勵,但實證結果卻不支持這一看法。合恩等(2001)、努爾貝克等(2004)從產業組織的角度研究了國際併購的理論模型,其結論是,較高的貿易成本不一定能促進跨境併購。類似的,尼亞里蓋爾(2007)通過利用兩國壟斷一般均衡兼併模式分析亦顯示,貿易自由化能加強跨境併購。

(5)企業社會資本

優質併購目標可以為外來併購者提供強大的社會關係網優勢。一方面,在信息不對稱市場下,可以增加併購後企業的企業社會資本(基辛等,1990;西貝尼斯,1998;愛默生,2001)。另一方面,可以增加相同企業間網路互通的可能性(古拉蒂,1995)。

(6)文化評估

文化相容性影響企業併購品質，連結併購雙方的相似性能降低將來可能再次發生分割的概率（布拉莫斯諾，2000）。文化評估涉及描述和評價兩家公司的人生觀和價值觀等方面，如領導風格、時間範圍、利益相關者價值、風險承受能力和團隊合作精神等（蒂爾尼，2000；安德魯斯等，2000）。併購目標評估需要進行流程比較、制度分析及員工訪談，瞭解組織文化、聲譽、顧客、消費者、股東等利益相關者的交互影響等方面情況，進而確認文化對於併購整合後新企業有何關鍵影響（博格納等，2001）。

（7）地理距離

阿赫恩等（2000）、波特斯等（1999、2005）、魏等（2001）、卡爾（2001）、喬伊等（2002）、迪喬凡尼（2005）的研究顯示，距離以影響國際貿易類似的方式影響著國際資本流動和銀行的投資決定。大多數併購行為發生在相同的地理區域，無論是直接投資還是跨國併購抑或是證券類間接投資，都隨著距離降低而降低，大多數跨境併購發生在發展中國家，大約70%的跨境交易只涉及歐洲和北美。正如重力模型所講，國際貨物貿易的重力模型，兩國間貿易量與成市場規模成正比，與地理距離成反比，距離通常以運輸成本進入決策模型，但是實際上距離可能還意味著信息成本。

4.4.2 跨國併購中的談判與定價

盡責調查之後就是談判環節了。談判前如何準備、談判期間如何表明態度、如何及時做出反應等就強調了併購雙方協同的重要性了。如果不能實現協作精神，可能就需要重新審視併購基礎了。

價格談判是談判過程的首要問題，併購價格的計算和確定對併購公司的併購後績效產生著巨大影響。不同併購者對於溢價的敏感程度不同。帕帕波特（1995）發現，20世紀90年代前期40%～50%的併購都是溢價支付。巴尼斯（1996）認為，併購價格決定於目標公司在其行業內的地位及其掌握的資源和能力，資源越多溢價越高。哈里斯等（1991）對1970—1987年間1,273宗美國企業併購案的觀察發現，外來併購者所喜歡的目標企業較之美國境內購買者會有更高的出價。其後的英克彭等（2000）針對美國企業的11,639宗併購案的觀察更是發現，歐洲購買者比美國購買者付出的溢價普遍高出3倍。他們對於較高溢價的解釋是，外來企業普遍希望通過較高投標價表明必得的決心，其往往希望在其他領域獲得補償，如大規模的進入、完善的資本市場、較小的政治風險、有利的配額甚至優惠性關稅。但是這一差異當上升到產業層面的時候就不再顯著了，德溫特（1995）基於交易費用內生化的分析發現，在產業層

面上，外來競標者和國內競標者在溢價上無顯著差距。

4.4.3 跨國併購後整合：企業核心能力的重構與轉移過程

獲得目標企業實際控制權只是整個併購行動的一部分，要取得最後成功，跨國併購必須對被併購企業進行全方位整合。跨國併購後的整合主要反應為跨國併購雙方經營活動所實現的整體互動與融合。

整合能力是企業競爭力的一個重要階段，是指現有企業獲得新知識、創建新程序、整合企業學習能力的過程。企業整合能力一方面表現為消化企業外部知識的能力，另一方面表現為整合企業內部知識、規則與功能的能力。整合不僅體現了企業內部之間知識轉移的能力，更體現為企業動態網路中的知識互動。互動能力是在整合能力的基礎上，從企業知識整合能力到轉移能力的演化過程，動態網路結構的進化是相對獨立的，即知識單元的單向或雙向接觸演變成一個多方位的、動態的聯繫，這使得企業對這一網路的控制能力大大削弱，但這一動態過程是必要的，動態過程的相互作用會加速企業知識的產品化和商品化，使知識創新不斷進行。

價值創造被認為是一種來自於兩家公司間的相互作用和管理行為的長期現象。哈斯彭塞爾等（1987）根據對戰略依賴性的需求和被併購企業自治權的需求，將整合模式分為3種類型：吸收型整合、共生型整合和保護型整合。依據兩家文化勢力的相似性和併購者的動機，摩西等（1992）認為整合有強制型整合和平等合併型整合兩種方式。按照敵意收購和友好收購的方式，西納特拉等（1994）把整合分成殖民型整合、聯姻型整合以及吸引型整合等。柏斯賀格等（1991）在分析併購時採用了一個過程觀點，將注意力從關注併購結果轉移到了引起併購結果的驅動力上。他們已經發展了四種不同類型的整合戰略的矩陣結構。它們隨著併購中的兩家組織之間的組織獨立自治權和戰略依賴性的程度的不同而不同。知識轉移的成功要素，相互學習和實現併購目標所取得的成績通過戰略依賴性的反應程度得以體現。在併購背景下，價值創造是「公司間的管理行為和相互作用導致的一個長期現象，它體現了協同效應的結果」。

4.4.3.1 併購後整合

無論對國內併購還是跨境併購，一體化進程在併購中都很重要（蔡爾德等，2001）。成功的併購依賴於併購公司的價值創造能力，而該部分主要發生在併購後階段，併購結束後，併購焦點從財務、戰略領域轉移到了整合雙方公司的政策、系統、結構、人員與企業文化上。企業併購絕不僅僅是財務活動，

只考慮財務操縱的併購將導致財務和業務的雙重失敗，成功的併購意味著獲得財務控制的同時實現業務的成功整合（德魯克，1999）。併購後管理階段的關鍵要素是快速整合，併購後整合必須仔細規劃和執行，以避免破壞企業價值（科普蘭等，1994）。併購失敗的案例多是源於將注意力放在了併購交易而忽略了整合過程的重大意義（汀班穆，1999）。

申京燮等（1998）強調，企業的核心能力之一表現為嚴格執行併購策略，使突發問題影響最小化。併購後，併購者必須完全執行預定戰略以貫徹併購意圖，併購後整合期出現的任何與預設計劃的偏離都將導致企業預期價值的損失。成功併購管理必須觀察和嚴格執行每個環節，運用系統方法監管整個過程。科菲（1999）認為併購後企業治理中的分歧仍將存在，但會出現功能性趨同，這一趨同方式將會伴隨整合過程迅速發生（漢斯曼，2001）。這一趨同過程將通過正式的、契約性的、功能性三個渠道實現（吉爾森，2001），這一過程的障礙有距離差異、語言差異、文化差異、貨幣差異等（伯杰等，2001），同時，政治與經濟因素將會降低這個趨同的速度（拜伯切克等，1999）。

影響企業併購後整合的因素很多，企業內部環境、生產規模、技術、管理流程、企業文化、外部不確定性等都會產生顯著影響。馬斯科等（1998）提出了跨境併購後整合的幾個關鍵方面：①文化整合；②人員整合；③組織整合集團的企業文化。下面我們來分別觀察這幾個方面。

(1) 文化整合

跨境併購後整合的困難之一就是企業文化差異、母國東道國制度差異以及文化差異。企業文化差異意味著不同的組織文化、管理風格及溝通渠道。兩者文化衝突程度取決於整合的要求（巴克瑪等，1996；娜娃萬狄等，1988），當文化整合要求較強時，文化差異將對股東財產產生負面影響（查特吉等，1992；韋伯等，1996）。克魯格等（2001）的研究強調了被收購企業經理對合併看法的敏感性，這一觀點與希特等（2001a，2001b）的一致，成功的跨國併購需要企業關鍵人員建立全球性思維，尤其是能夠以文化包容的視角認識收購事宜，承認文化差異的價值。

文化整合的目的是讓所有組織成員能夠形成統一行動的意識（迪爾等，1982）。波特（1998）甚至提出，文化是組織的 DNA，是形成工作場所特性的關鍵因素。一致性的企業文化對整個組織結構格局、組織內部環境具有顯著影響，它可能對企業協作和整合功能產生影響，對大型組織產生約束，引導全體員工趨於一致性意識。

文化衝突或文化距離對併購後整合過程有重要作用，不同類型文化在併購過程中增加了整合的複雜性，可能帶來種種文化風險，導致組織間和員工間缺乏理解與認同，並對併購後企業正常營運造成潛在威脅。缺乏文化適應通常被認為是破壞被併購公司價值的因素之一（韋伯等，1992），公司文化的很多領域都將受到文化衝突的影響，尤其是雇員對公司義務的認識（羅斯，1980）。韋伯等（1996）基於國家文化和組織文化適配的研究發現，公司文化差異顯著影響著合併後的企業管理層的合作效率，國內併購中的組織文化適配性差，會導致低效率的管理承諾出現，跨國併購中，低效率的文化適配則會帶來顯著的負面情緒。

　　企業運行的文化與制度因素在企業發展問題上具有顯著影響，文化不適應可能帶來文化風險。戴維格等（2000）指出，在併購前最重要的莫過於兩家公司的組織文化，以前併購失敗的原因是併購管理者大多將組織文化視為：①文化比財務更難、更耗費時間處理，會導致成本上升；②文化是不定性的，大部分的經理對之並不熟悉；③在交易期間，管理層很容易假設所有員工都會被類似的財務因素所激勵，卻忽視了文化的激勵作用。

　　文化風險多表現為以下方面：併購文化優越感風險、管理風險、溝通風險、感性認識風險、期望風險（楊潔，2005）。如果這些風險不能及時得到解決，就會產生文化衝突，進而威脅併購後企業運行和資源整合與能力轉移。兩國制度差異越顯著，管理層與員工間發生衝突的可能性越大，這種衝突具有巨大的破壞能力，是併購後企業一體化的主要障礙。失敗的文化整合有可能帶來管理層職員流失，這一人力資源的流失將直接降低併購後企業價值（克魯格等，2001）。

　　（2）人員整合

　　目前關於收購後的研究多集中於人力資源方面，包括人力資源規劃、適當裁員、員工培訓、組織溝通和獎勵制度安排（蔡爾德等，2001）。巴克瑪等（1996）強調，鑒於跨境併購中的「雙向同化」現象，收購整合還需要更多研究，除國家文化差異外，許多其他如公司治理機制方面的問題也應予以考慮。研究表明80%的失敗是在實施階段因以下人力資源因素導致的：組織結構路線圖混亂，高級人力資源專業人士進入太少，太遲；高級人力資源專業人士缺乏全球經驗、商務經驗；一個整體缺乏基本技能以及失敗的組織變革（查曼，1999；格林加德，2000）。

　　深刻認識併購後企業人員的整合因素十分重要（伯格斯曼，1997；萊特，2001），關於這一主題的文章多集中在從業人員方面，此處的人員整合是指被

併購公司的人力資源整合。其目的是確保組織框架與人力資本組成結構相協調，提高組織運行效率與組織激勵動能（英克彭，2000）。企業併購影響著許多利益相關人，如股東、顧客以及員工。

大量跨國併購企圖與特定人力資源的獲取有關。在很多跨境併購案例中，員工被認為比企業產品更有價值，他們甚至提出，只有職員的潛能被利用了才能達成交易（克雷斯韋爾，2001）。被併購公司員工的留任、整合和激勵對成功併購十分重要，他們的態度對併購產生著巨大的影響。併購者必須意識到管理併購後整合的裁員問題（萊娜等，1989）。被併購公司除了有形資產與無形資產值得追求以外，留住關鍵員工繼續為併購後的企業工作也很重要。

但是對於團隊價值的重視尚遠遠不夠，只有哈斯佩拉等（1991）、謝恩（1995）的研究涉及了被併購企業管理層因喪失自主權而帶來的兩家企業間的組織衝突，併購期間自主權喪失與溝通障礙直接降低了被併購企業管理層對併購後整合的積極作用。拜伯切克（1999）認為在職人員將試圖通過圈內人優勢，確立所有權集中和收購威懾措施來鞏固自己的地位。萊娜等（1989）強調併購公司應該謹慎處理目標公司雇員的裁撤，並考慮其他可能的替代解雇的方法。謝爾頓等（2000）認為併購方必須確保大部分在整合期結束時你想要的人都到位。最好的雇員選擇過程是其速度和實質內容與合併進程相匹配。萊娜等（1989）指出，管理者在終止合同之前應盡力幫助被終止合同的雇員，如幫助尋找新工作、辭退過渡期、經濟賠償甚至是保留以後的續聘機會。

（3）組織整合

併購的成功仰仗於一體化過程與適應的控制體系。併購整合中企業功能紊亂大多應歸因於組織整合不適。其症狀為：危機管理、增加集權、減少溝通、戰鬥心理、關係緊張、以集體考慮代替個人考慮。併購後組織整合需要處理的問題包括：新的明確的公司身分、迅速的組織反應、組織阻力控制、內部威權問題處理、對被併購者獨立性的尊重、安全的感覺、有吸引力的工作團隊、激勵創造力、組織成員互幫互助、高效的併購者控制系統以及組織間和個體間順暢的文化溝通。

有效配置被併購公司資源需要一個有效的組織結構與併購戰略相匹配，以實現協同效應（錢德勒等，1962）。併購者的併購意圖將嵌入併購後企業框架設計中，組織整合的最終目的將通過對被併購企業的有機成分進行合理組合來支持企業既有併購目標的實現。威廉默森等（1996）認為要從併購中實現潛在利益，併購後公司必須建立適當的組織，以有效地在跨國公司內部進行能力與資產的轉移，進而實現規模經濟，減少冗餘資產，獲得協同效應（立亨德

森，1989）。

4.4.3.2 併購後整合中的能力轉移

知識共享和轉移在併購活動中被公認具有十分重要的作用（雷等，1997；舒勒，2001）。但是目前關於併購中能力轉移的研究較少，一般是關於企業能力的構成與識別，而很少涉及企業能力跨境轉移。企業能力轉移基本上循著企業更新知識資源累積、優化業務流程、打破原有慣例、形成新的慣例、完善企業能力、強化企業核心能力的線索一步步推進。能力轉移主要包括以下幾方面：

（1）知識管理

知識管理是企業併購後整合理論的新興研究領域。有學者提出公司內部知識交流四障礙，即公司文化、領導行為、公司責任、測量和結構。知識風險是併購期間知識整合的失敗因素，母國與東道國之間的政治、經濟、文化甚至風俗的差異更會給跨境併購企業組織間知識整合與共享帶來顯著的宏觀風險，加之各併購參與方之間對知識共享的態度、員工對併購的不同認識、員工之間的衝突等因素，都導致知識的跨組織甚至跨國轉移共享變得更複雜。

企業異質性源於其在生產經營中習得並累積下來的異質性知識。企業歷史、企業知識結構和企業認知能力差異直接帶來了企業異質性特質。資源基礎觀下的企業核心能力認為，企業核心能力是企業的特殊資源，它具有價值創造功能，具有擴展性、習得性、累積性以及可轉移性。企業核心能力是企業一系列資源、知識和能力的組合，是一種戰略性資源、累積性知識和技能，嵌入在組織結構、組織日常慣例和程序、技術系統和關鍵雇員之中，體現在企業文化、企業人力資源、企業組織管理、企業間組織學習、企業研發能力、生產技術以及行銷技術中，表現為組織資本、社會資本、人力資本和技術資本等。企業核心能力可以提高併購後的資源整合優化程度，企業規模決定於併購各參與方所擁有資源的相關性，這種相關性為併購後企業提供了通過優化配置資源獲得成長的機會。

併購是擴張知識基礎比較快的一種方式，企業常用來擴張知識能力。知識的轉移是組織間信息與技術交流的過程，其成敗決定於傳播者與接受者之間對知識累積和創新的認識。企業成長主導邏輯為「知識傳導、動態能力、企業成長」，即企業外界環境變化使其出現了對新知識的需求，這促使企業積極建立企業內、外部知識聯繫，追求組織間學習和知識傳導，確保研發契約、企業聯盟、技術特許等外部知識的輸入，而外部知識的輸入則必然要求企業動態能力的演化，這表現為知識傳導通過企業動態能力的成長作用於企業成長，因

而，企業動態能力的成長就循著吸收、轉移、整合、創新的循環展開。

(2) 組織學習

1965年坎杰洛西開創了組織學習理論的先河。黑姆斯（1994）認為組織學習就是企業在不斷變化的世界中獲取實踐新技能、新觀點、新方法的過程。組織學習既需要個人學習更需要組織學習。馬誇特（1994）提出，只有當學習者認識到問題或者錯誤的時候，並且有動力糾正錯誤和解決問題時，學習才會發生，在學習的過程中，個體或者組織將獲得新的知識並以更強的洞察力來改變其行為。

德摩爾特（1999）認為組織槓桿運用知識必須：①專注於對業務和組織成員的知識；②創造思考的管道以及分享知識的系統；③讓社群（組織）自行決定分享的內涵；④構建社群（組織）的支持窗口；⑤使用社群（組織）的語言來進行知識流通；⑥將知識分享整合進工作例行流程中；⑦將文化改變視為一項社群（組織）議題。葛婁（2002）認為知識轉移成效受以下因素的影響：領導階層的投入、主動解決的機能、堅強的支持結構、吸收與延續能力。狄克遜（2000）認為組織中知識轉移的成效取決於共同知識的生產、適當的知識轉移類型及科技工具。葛婁（2002）認為企業不應該短視並將知識轉移的成效鎖定在企業的營運成績，而應加強新知識的管理和推廣。克羅斯等（2000）指出，企業經常為進行知識管理把一大堆知識塞進數據庫，雖然苦心投入巨資構建有形資本試圖促進組織內知識轉移，但往往造成技術本位主義觀點，缺乏「以人為本」的知識管理意識，知識運用效率不高。實際上，借助改變作業流程或產品設計，進而通過組織學習建立記憶，這樣組織就可以將源於經驗的知識內化成組織能力的有機成分。

組織學習學派從集體學習入手強調動態能力是關於學習的穩定的集體行為，它通過系統的組織行為孕育或改善企業營運慣例以尋求業績的不斷提升。學習學派的主導分析邏輯為：面對不斷變化的企業外部環境，作為企業集體學習模式的組織學習會系統地、有組織地和持續地進行，而企業持續競爭力就源於企業組織學習行為的不斷持續。

組織學習理論經歷了4個階段的演進：第1階段主要是學習型組織的初步學習實踐。此階段的主要論著有《第五項修煉——學習型組織的藝術與實務》（森奇，1990）和《變革之舞——「學習型組織」持續推動面臨的挑戰》（森奇，1999）。這一階段研究關注了組織學習與工作時間的平衡問題以及組織知識的功能化對於企業組織學習張力的影響。第2階段為組織學習與信息技術知識管理的整合。這一階段強調通過知識創新管理與組織記憶來擴展組織學習範

疇和學習邊界。組織學習一般是指信息共享、知識獲取、信息解釋以及組織的記憶習得。此階段的組織學習論對組織創造性學習及學習邊界的討論具有典型的原創意義（休伯，1991年）。艾德勒等（1991）關於學習曲線誘發行為的描述討論了二次學習效應，認為經驗引發的學習有利於技術創新和企業營運。丁特爾等（1996）對知識轉移進行了廣泛的分析，提出轉移過程分為開始、適應、轉化、執行四個階段。第3階段為社會學視角下的組織學習。主要從社會學視角來討論組織學習的意義與價值，強調了組織與環境、知識間的內在邏輯關係。代表性理論主要有野中鬱次郎的組織學習理論。尼維斯等（1995年）描述了7種不同學習風格以及10種不同影響組織學習的因子，強調需要適當的外部環境以及合理的學習程序來誘導組織學習進程。第4個階段是渾序組織階段。不同的組織學習形態會給企業帶來不同的創新形式，知識是績效提高的根本所在，因而組織學習就意味著企業的知識創造能力（麥基等，1992）。該階段典型理論是組織的戰略規劃學習論（雷丁，1990），該理論認為組織學習具有「持續準備、不斷規劃、即興推進、投入學習」的無限螺旋發展特徵，強調組織學習應當嵌入組織的長期規劃中，認為組織學習應加強領導，將學習型組織構建作為其終極目標。野中廣務等（1995）提出了類似的觀點，認為知識從個體層面轉移到組織層面的過程是一個具有4個模式的「知識螺旋型」。艾德里安等（2007）進一步提出了知識螺旋形模型，分類描述了有形知識和無形知識的轉移途徑，其中，知識的社會化保持了知識無形的形式，具體化使得無形知識轉變為有形知識；而有形知識的合併保留了有形知識的形屬性，內部化則將有形知識轉化成無形知識。

（3）能力轉移

知識轉移的目的是能力的轉移與重構。整合含義取決於併購類型，涉及併購過程和被轉移能力的分類。整合階段的能力轉移主要是指專業技能移植、營運資源共享以及企業營運技能融。過程學派的博斯曼等（1999）關注了企業併購後整合的創造價值效應，他強調了知識整合與企業能力轉移間的匹配關係，完善的能力轉移必須同時實現能力傳遞與能力重構兩個功能。

企業的能力轉移至少涉及兩方面行動：一是面向潛在接受者的知識傳遞，二是接受者對於所獲得知識的吸收與消化（迪克鄒爾，2000）。併購後企業內部資源與能力的轉移屬於組織內部轉移，有效的知識轉移需要一定的外界環境來配合。首先是具有合作氛圍的工作環境，其次是有益於降低知識轉移難度的標準化轉移流程，最後是包括轉移計劃、評價標準在內的專門規劃（儒勒柔爾，2000）。這就要求兩家企業除了重視資源分享外，還需要注意追求組織學

習（哈斯彭塞爾等，1991）。

而跨國併購過程中的核心能力轉移一般會經歷組織間傳播與組織內傳播等4個階段：首先是將需要轉移的能力進行編譯，選擇適合接收者接收的能力與傳遞模式；其次是編譯後的能力轉移轉移階段；再次是能力的消化階段，就是能力接受者在獲得知識與能力後，再回到原組織進行被編譯知識的解碼與吸收；最後則是能力的接收者將所獲得知識進行共享與創新的過程。

吸收能力涉及4個方面，即吸收、消化、改造和利用。索爾克等（2001）提出了前兩個成分，理解外部知識的能力和吸收它的能力是相互依賴的，第三個成分則是應用知識的能力。裁爾澤爾等（2002）所提出的「公司能夠獲得和同化知識，但不一定有能力轉化和利用產生利潤的知識」認為，公司吸收知識和識別知識的能力與雇員的能力和動機高度相關，是公司吸收能力的重要方面，雇員的能力和動機促使內部知識轉移。雖然吸收能力指的是個體，但公司吸收能力不是雇員們吸收能力的簡單總和。源於戰略聯盟的知識轉移也可能增強了公司的吸收能力（古拉蒂，1999）。

知識的外部性可能成為能力轉移的一個障礙。知識轉移對涉及外商直接投資活動的企業非常重要，而成功的知識轉移需要知識轉移者有轉移知識的能力和意願，知識接受者有獲得知識的能力和意願。吸收能力的績效與知識轉移者和接受者兩者的本身都有交互關係，其過程分為理解外部知識能力、消化外部知識能力、應用外部知識能力3個層次。拉索爾森等（1998）提出，為實現併購各參與方的學習目的，企業必須同時扮演好知識接受者與轉移者的角色（巴瑞爾，2002）。知識作為一種公共產品，存在正的外部性，每位成員都可能從中受益。那麼，為什麼應該分享知識？可能存在不情願分享的情況（科爾凌，2003）。戴爾等（2000a）認為公司應該激勵雇員竭力轉移知識。出於主觀與客觀等原因，雇員不會主動分享知識，也不願被動接受知識，充當知識傳播媒介的意願很低。科爾凌（2003）指出，這些問題應該由管理團隊經過社會化、賠償、文件、忍受、溝通和輪作等方式進行解決。

野中廣務等（1995）及門尼貝瓦等（2003）提出了類似的程序觀點或者層次性觀點，認為知識的吸收能力形成必須經由傳授者和接受者相互理解，才會讓接受者吸收，進而得以在組織內部的學習機制下消化，轉化為組織的知識創造能力，這個過程是漸進的累積過程。這個漸進過程需要母子公司之間良好的信任及順利的溝通。組織吸收能力是建立在企業員工的吸收與累積能力上的，組織中員工對於母公司所傳授知識的觀察、理解和應用技能與知識轉移經驗有關。子公司所具有的從母公司獲得知識轉移的經驗將有助於增強組織學習

意願與信心，企業必須培訓員工具備相關工作的經驗，同時，如果所提供的知識能預先通過相關的處理，就能夠提高組織在學習過程中的消化與吸收能力。門泊威爾等（2003）認為組織內部的人力資源對員工的訓練及績效考核有助於提升從業員工的吸收能力。員工的訓練對員工吸收能力有顯著性相關。

4.4.4 併購企業的後續發展：經驗汲取與干中學效應

4.4.4.1 併購失敗分析

（1）併購失敗原因總結

既有研究關於併購失敗的因素談到了很多，文化衝突、文化差距、關鍵人才的損失和不匹配是最經常提到的關鍵因素（比安科，2000；費爾蘭，2000b）。其他還有很多，比如：目標不現實；處理策略倉促、規劃簡單，沒有實際經驗；無法識別隱藏的宏觀信息；潛力被損毀；政治因素替代效率因素成為驅動力；難以實現較高的協同性；未對兩家公司的文化差異進行檢驗；交易管理失敗；交易費用低估；資產流失；基於防禦性的收購動機；高管偏離核心業務；等等（查曼，1999；斯帕克斯，1999；哈默爾等，1998）。由於前面內容均有涉及，就不再贅述。

（2）併購失敗後果分析

許多跨國併購的失敗都導致了企業關閉或並入資產的剝離（波特，1987；李等，1991；卡普蘭等，1992；蔡爾德等，2001）。邁克爾（2003）對財富500強的觀察發現，在併購實現5年間，有70%以上的企業將併購後整合不利的業務進行了再次剝離。既有文獻的解釋主要集中在過高的併購溢價支付或併購後整合的失敗（蔡爾德等，2001；希特等，2001a、2001b）。由於其固有的風險和高失敗率，關於跨國併購結果的研究有可能大大促進學術研究及管理實踐。海沃德（2002）認為通過支付溢價大小描述，企業可以從小差錯中學到以往的經驗，目前沒有從較大併購失敗案例出發所做的相關研究。研究出現空白是因為結論已經很明顯：大型併購項目失敗會直接導致投資管理者的更替。作為前管理人員更替的結果，新的經理將錯過學習他們寶貴經驗的機會。對失誤問題的掩蓋隔絕了改正的機會，當企業不能正視收購失敗的教訓時，往往會做出放棄未來跨國併購機會的決定。

4.4.4.2 併購實現後的經驗總結與干中學

以往的收購經驗對企業後期學習和運用這種知識具有重大影響。有研究表明，公司從他們之前的收購經驗中學習將更可能使收購成功（希特等，1998a、1998b）。併購經驗越多的公司似乎更容易從兼併收購中學習到更多，從而鞏固

其核心競爭力。與此相反，芬克爾斯坦等（2002）指出，先前的收購知識往往被誤用於隨後的目標中，從而出現負遷移影響，其原因在於跨國併購的不確定性和複雜性比國內併購更大。第二次收購績效往往低於第一次收購（霍爾森，2000；賴利等，2000）。

向併購經驗學習可以幫助制訂規劃和跟蹤執行，但同時也必須對這個學習過程進行較好的管理，但實際上很多企業做得並不好。海沃德（2002）在考慮了吸收能力的情況下，企業從以前相同或相似的收購案例中總結經驗，其學習效果最好。但是如果以前的收購明顯與目前的收購不同，則所獲得的知識可能並不適用於這一具體情況。此外，從目前收購行為中學習可能並不容易，因為需要足夠的相似知識基礎來吸收新知識。另外，如果目前的收購非常類似，前期知識可能有用，但該公司可能無法學到很多在未來的收購中使用的新知識。

4.5　研究對象的確認與研究內容的框定

跨境併購後整合中的能力管理包括對能力的保護、轉移、吸收、擴散以及創新等方面（王長徵，2001）。併購後整合強調企業核心能力構建需要注意以下幾方面內容：第一，併購的核心是重構企業核心能力；第二，跨境併購後的整合過程是對於企業預定併購戰略的深刻理解；第三，企業需要在包括產、供、銷、研發甚至售後等各個環節在內的企業系統中貫徹核心能力構建意圖；第四，在學習型組織的建設過程中必須意識到企業不同子系統的核心能力的戰略重要性存在差異。

4.5.1　研究對象的確認

跨國併購是一個重要的戰略行動，涉及在全球經濟中的許多挑戰。雖然過去的研究得出了重要的成果，但成果明顯落後於全球化國際戰略的更新步伐。這就迫切需要更多的理論和實證檢驗。

儘管跨國併購和國內併購有一些共同點，但兩者的差異更加明顯。我們的目的是審查現有的關於跨國併購的研究，運用現有的主要理論觀點和研究結果合理預測未來的研究方向。為此我們強調以下六個重要研究領域：

（1）跨境併購的決定因素。跨國併購與新建投資，或以合資企業作為可以決定進入模式的選擇的因素。雖然關於以股權為基礎的理論與研究較之以非

股票為基礎的更強勁，跨國併購決定因素的理論基礎仍然十分薄弱。既有研究表明，在跨境進入模式選擇方面，對企業異質性資源和能力尚未受到足夠重視（麥道科爾，1997）。例如，需要考察公司的目標與東道國互補性資源間的關係。此外，目前多數研究聚焦於理論解釋。我們認為，今後更多的實證研究是有必要的。

（2）跨境併購價值來源於跨境併購後整合過程。金艾格蕾（2001）在總結既有研究的基礎上提出了關於併購後整合的7C整合模型，強調跨境併購中應當加強對於環境、溝通、成本、雇員、協調、文化以及過程控制等因素的關注。

（3）解密盡職調查、跨國併購進程和對專業顧問角色的澄清。未來研究跨界併購應更詳細地審查以確定潛在收購目標選擇過程和交易談判過程。研究應該著重於瞭解如何評價被收購外國企業的非經濟目標。更多的工作需要針對如何評價國外企業的隱性知識、目標公司持有的人力資本能力這些方面。對人力資本評估的較好理解將幫助企業明白什麼樣的員工併購後應當被保留，這方面的研究需要一個資源觀的理論基礎。因此我們需要對併購中企業價值評估和避免多餘保費的支付進行研究。此外，我們應就如何識別和評估潛在的目標公司的補充資源進行研究，還應該更好地瞭解投資銀行家和顧問在跨界併購中的作用。專業顧問在跨國併購中的作用顯而易見，但在實踐中顧問服務的增值有待商榷（英克彭等2000；波特，1987）。分析盡職調查過程，包括分析專業顧問的角色，是一個讓跨國併購研究人員充滿希望的未來領域。

（4）從成功與失敗的跨境併購中學習。從事跨境併購的企業應當從他們的前期經驗中學習（維利等，2001）。由於全球經濟中跨境併購的重要性與可能性在提升，從前期併購中學習經驗對於企業建立競爭優勢十分重要。然而，關於從現存收購經驗中學習的研究相當有限且是存在矛盾的（芬克爾斯坦等，2002；海沃德，2002）。由於跨境併購失敗的存在，企業必須對不可預料的事件進行預測並及時做出反應。幾乎沒有研究是關於從失敗的併購實踐中汲取經驗教訓，如剝離或跨國清算（清水正孝，1999；清水正孝等，2004）。雖然失敗與錯誤是十分不愉快的話題，但打開這個黑盒子並提供一種關於管理的見解將是學術研究與實踐的巨大成果。

（5）深刻理解跨境併購過程管理。波特（1990）指出，對於企業戰略的形成與績效來說，企業的所有制結構和公司治理十分重要，尤其是企業的國際化策略。各國都有不同的體制環境和不同的公司治理難題（英克彭等，2000；紹特，1994）。具體來說，併購中的治理難題需要更多的研究。例如，當收購

公司持有多數股權時，與其持有少數股權（如30%）時相比，其整合難度是不一樣的。考慮到可能實施條例（鄧寧，1993；埃拉米利等，1997）對跨境併購製造挑戰，關於不同體制環境的不同併購績效的研究十分重要。最有效的國際治理研究理論框架是代理理論，特別是在不同的體制環境中，這一領域的制度理論將是很重要的。此外，學者們還可以在今後的研究中探討組織學習和資源基礎理論的影響（希特等，2004）。

（6）重塑國內併購與跨國併購。這裡有個更根本的問題是我們是否可以概括所有跨界併購中出現的類似「跨國併購創造或破壞價值」的結論。早期的研究常常想當然地認為跨國併購是由發達國家進入欠發達國家（威爾遜，1980），經濟差別也許不能成為明顯的假設。而且正如蔡爾德等（2001）指出的，許多國內併購也從事國際業務，從而也會面臨跨境併購帶來的挑戰，特別是在整合階段。例如，惠普與康柏合併，其被歸類為國內併購，但是也涉及巨大的國際業務整合量。因此未來的研究應該重新審視我們對「跨境」活動含義的認識。

4.5.2 本書的主要研究內容

（1）引入制度因素

本書將在主流研究的基礎上，引入制度因素，考量制度因素在企業成長中的作用，並致力於制度基礎理論與資源基礎理論的交融。本書將通過制度理論進一步豐富資源基礎理論。

①我們將進一步豐富制度的內涵。另外需要說明的是，制度基礎觀與資源基礎觀並不是對立的，制度基礎觀恰恰是資源基礎觀的一種有益的補充。其原因在於，制度本身可以被視為一種資源，制度是對於資源的一種延伸認識。不同企業面臨的制度是不一樣的，如所有制形式、股權結構、宏觀制度環境約束等。

②我們認為「制度性隔絕」在企業決策中起到了重要作用。在制度性隔絕機制影響下，企業組織戰略的變化及其競爭優勢實際上取決於戰略實施過程中，企業動員內部政治和文化資源的能力。不同組織內部情景脈絡的差異將導致不同組織戰略變化過程中收斂和分化的過程與速度的差異，並最終形成組織之間戰略演進路徑與速度的差異。

③我們關於企業戰略演變的研究不僅要關注企業資源的孤立特性，更要關注的是戰略隔離與體制隔離之間的相互影響與反饋。本書的理論與傳統制度經濟學理論多強調組織在同構、收斂等方面定位有顯著差異，本書將著重關注組

織的制度性變遷過程以及在這一過程中戰略主體在其學習、表達、賦予和構建中的能動能力。

④同時我們還強調關注組織演化過程中的「脫制度化」現象（奧利弗，1992；斯本德等，1996）。這一部分我們將關注，當跨國企業面臨制度隔絕的時候是否會選擇「去制度化」或者所謂的「制度逃逸」。

（2）深入考察跨境併購後整合過程

我們認為，併購後整合的最終目的是通過對被併購企業的所有資源進行排列以實現併購後企業各項資源的協同效應，並最終實現併購目標。為了在被併購公司中建立戰略協同，併購者意圖必須嵌入被併購公司的組織設計、文化整合過程中。整合是一個複雜過程，公司內部環境、核心技術、公司規模、管理風格、文化準則和價值以及產生於外部環境的不確定性因素都將影響兩家企業的整合效果。

既有關於併購後整合問題的研究集中於資產、商業價值、人力資本、組織等方面，將跨境併購失利歸因於各併購參與方在文化適應、戰略與組織架構匹配程度等方面不足導致的協同效應的缺乏。我們認為應當將核心能力作為觀察對象，參與併購各方的能力與資源的能力、知識與資源的共享可以實現併購戰略協同效應，創造併購價值。

我們將從「基於企業資源的核心競爭力是實現合併成功的關鍵」這一觀點出發，認為跨國併購後整合過程就是併購後企業從自身戰略目標出發，尊重東道國政治、文化、社會、經濟以及法律環境，通過合併後組織的結構、風格、企業文化、生產、市場行銷以及商業元素的再造，追求兩企業間的協同效應，促進企業核心能力轉移，從而提升企業全球競爭力。

（3）突出跨境併購後企業演化分析

①網路組織模式協調機制方面的理論化研究。網路組織模式主要依靠節點之間的契約進行各種業務和組織關係的協調，然而由於搜尋信息和監督成本的關係，契約具有不完備性，因此網路節點的協調必須要建立在相互信任的基礎之上。因而組織成員之間信任生成機制與良性博弈機制需要得到進一步的研究。進一步，如何結合中國企業發展的實際情況構建跨國公司的網路組織形態，建立起適合中國國情、發展戰略的內部協調機制，從而在有效降低交易成本的基礎上平衡網路中各個節點的利益關係和資源分配仍將是今後研究的重點。

②實證方面的研究。儘管網路組織模式是組織結構發展的必然方向，但究竟在跨國公司發展到什麼階段引入該模式才會最大化網路模式的優勢，根據不

同的行業環境，何種類型的跨國公司更適合這種組織結構，以及中國跨國公司海外子公司角色界定、資源在公司內部的配置方式等方面的實證研究仍然值得進一步探討。

(4) 聚焦企業動態能力研究

首先，我們選擇企業特定能力領域作為探討企業併購後動態能力的觀察對象。一般而言，可以從兩個角度選擇企業動態能力研究對象：企業整體視角與基於特定領域視角。而事實上，擁有營運所需全部資源與能力的企業十分少見，常見企業所擁有的資源或能力都集中在一個或者幾個相關領域，因而如果將整個企業作為研究對象不僅容易造成定義不清，對於能力結構、能力實質以及作用機理描述不清，而且很難找到令人信服的參照物。因而我們選擇從企業戰略與企業模式角度進行分析。

其次，跨管理學與經濟學的理論整合將是構建更具解釋力的動態能力分析框架的前提與基礎。企業動態能力分析框架將是以演化經濟學為核心的多種理論的聚合體，尤其以演化經濟學的自組織理論為綱，最大限度地實現4個學派理論的有機融合。這一融合體的構建將是重構全面企業動態能力分析框架的主導邏輯，構建較全面的企業動態能力分析框架，將組織演變過程中穩定的力量和變革的力量和企業持續競爭力的源泉相匹配起來。

最後，本部分研究思路為：①企業動態能力是通過對多個子系統進行整合而形成的資組織系統。這裡的「動態」系指能力子系統適應外部環境的變化和繼續協同互動和共同進化的能力演變；「能力」是指戰略管理為達成特定目標而在整合、重構企業內外部結構以應對環境變化方面所具有的關鍵性作用；動態能力是具有最高級別且有實質內容的能力，主要為企業解決高層次戰略問題，如併購和企業聯盟以及開發戰略決策。②作為序參量，動態能力是各個能力子系統自組織協作的結果。每個子系統主要驅動運動演變的各個子系統，並通過互動的各種子系統，不斷實現動態能力的自我完善。所以，企業整體動態能力和各能力子系統互為發展條件。可持續競爭優勢源於企業在適應外部變化的同時，通過自組織動態能力的自我推銷的協同作用促進企業整體動態能力不斷提升。

4.6 本章小結

跨國併購是一個重要的戰略行動，跨國併購與國內併購有一些共同特點，但它也有其獨有的特徵。我們發現：

（1）從成功與失敗的跨境併購例子中學習經驗。由於全球經濟中跨境併購的重要性與可能性在提升，從前期併購中學習經驗對於企業建立競爭優勢十分重要（維利等，2001）。然而，關於從現存收購經驗中學習的研究相當有限且存在矛盾（芬克爾斯坦等，2002；海沃德，2002）。

（2）跨國進入模式選擇的影響因素是多方面的，其中，公司異質性資源和獨特的能力對進入模式選擇的影響尚未受到研究者的足夠關注（麥道爾，1997）。

（3）未來研究跨界併購應更加關注收購目標的非財務目標和非物質資源。更多的工作需要集中在如何評價國外企業的隱性知識、目標公司持有的人力資本能力等方面。

（4）企業所有制結構和公司治理對於併購企業戰略的形成與績效高低具有顯著影響（波特1990）。各國不同的體制環境對跨國併購影響意義深遠（英克彭等，2000；紹特，1994；蔡爾德等，2001）。

這些發現讓我們確認，中國企業跨境併購失敗的主要原因多源於跨境併購後整合活動的不足帶來的跨境併購的失敗，尤其值得注意的是制度環境對跨境併購後整合產生的影響。

因而，之後的兩章我們就制度對跨國投資的影響進行確認。其中，首先是母國制度對企業「走出去」的影響；接著是研究東道國制度環境對企業跨國併購的影響，即檢驗東道國母國制度差異對於企業跨國併購績效的影響。

5 母國制度對中國企業「走出去」的影響分析

企業在其成長歷程中存在兩類行為：一種是與政府宏觀政策相適應的行為，我們稱之為企業順向選擇；另一種是與政府宏觀政策不相一致的行為，我們稱之為企業適應性選擇。

這兩類行為在企業擴張中表現出迥異的行為特徵，但是其階段性均衡路徑則是類似的。在順向企業選擇中，企業可以吸納政府資源，這就暗合了資源基礎理論（RBV）的論調，其最終均衡結果是順向的選擇。逆向企業選擇則需要不斷去適應來自企業外部的干擾衝擊，不斷用企業的正向資源消耗來與政府規範行為抵消，其正熵和負熵抵消的結果就出現了階段性均衡狀態，最終其擴張結果也是順向的。此處順向的結果使之與政府引導方向一致。這兩類企業完全不同的行為特點與類似的均衡路徑彰顯了制度的力量。

5.1 制度基礎論的引入

5.1.1 制度的內涵

作為舊制度經濟學派的代表人物之一[①]，康芒斯認為，社會人在社會活動中遇到的交易活動可以分為三大類：交換的交易、管理的交易以及有關額度的

[①] 馬爾科夫·盧瑟福提出老制度主義的代表人物有：托斯坦、維斯雷·米歇爾、約翰·R.康芒斯以及克萊倫斯·阿里斯等；新制度經濟學的代表人物有：德姆塞茨、奧利弗·威廉姆森、奧爾森、阿爾欽、默勒爾、道格拉斯·諾斯以及波斯納等。詳見馬爾科夫·盧瑟福. 經濟學中的制度：老制度主義和新制度主義 [M]. 陳建波, 鬱仲莉, 譯. 北京: 中國社會科學出版社, 1999: 40-86.

交易。在這一系列活動中，有規則可以讓整個活動持續進行，有組織能使其保持秩序。他認為，一個運行中的機構也是一種秩序的體現①。從上述內容可以看到，康芒斯的制度包括組織以及組織的運行規則，其中組織由家庭、公司、工會直到國家等一系列構成。

其後，新制度經濟學的代表人物之一諾斯（1994）將制度定義為「被選擇出來的一系列的規則秩序以及行為倫理規範，其目的在於對追求個體福利和效用最大化個體進行行為上的規範」。斯庫爾茨（1963）認為制度是「一些涉及社會、政治及經濟的規則」。無論誰的定義，其總體特徵都認為制度是基於一定目的的約束，這一約束可以是規則，可以是習慣，也可以是組織體制。新制度經濟學將制度分為3種類型：憲法秩序、制度安排以及規範性行為準則。其中，制度安排指的是約束特定行為模式和關係的一套行為規則；規範性行為準則是指人們對於現實的理解，主要是指意識形態問題。本書所指制度主要是指的第2種制度類型，即制度安排。這一制度安排是指行為的規律性，它是為社會成員群體所接受的，詳細規定具體環境中的行為許可或模式，這一規律性要麼通過自我實施，要麼通過外部權威實施。

5.1.2 制度的決定作用

5.1.2.1 制度的功能

經濟學家一再證明一個經濟體的對外貿易與投資行為會對其經濟產生諸多裨益。無論是對政府、廠商還是消費者，都將帶來諸多益處。它將使政府財政收入增加，企業盈利豐厚、技術進步，消費者福利增加。

但是為什麼在有著如此多益處的前提下會存在諸如投資限制、貿易保護、市場分割等經濟發展桎梏呢？現實中，無論是發達國家還是發展中國家，這類事例都不勝枚舉，那麼這些現象存在的內在基礎是什麼呢？尤其是對於作為最大發展中國家的中國，為什麼對外投資沒有按照既定比較優勢實現類似發達國家或者其他發展中國家企業的對外投資模式，這是一個值得思考的問題。

制度視角的思考可能為此提供一個合理的解釋。

實踐中，制度基礎觀（System-based View）因被視為企業戰略理論的「第三只腳」而彌補了新古典經濟學的不足。當新制度經濟學家觀察到新古典經濟學關於市場外生的假設不當的時候，市場就被作為一種全新的制度理念引入了，這一制度被視為是一種降低交易成本的安排。在此，非正式制度與正式制

---

① 康芒斯. 新制度經濟學 [M]. 於樹生, 譯. 北京：商務印書館, 1962：36-96.

度一起對企業的市場活動產生了顯著影響，企業的戰略決策、企業的績效都因考慮了制度影響而產生了巨大差異。

經濟增長被視為人類社會發展的重要組成部分，一般經濟學理論認為，市場是資源配置的最優狀態，因而傳統的政府配置資源模式被很多經濟學理論所詬病，其認為政府配置的效率將遠低於市場配置。但是傳統經濟體，如新興的東亞地區國家的經驗與績效一再證明，市場經濟並不是那麼靈驗，轉軌後的經濟並未出現類似發達市場經濟國家的表現。原因何在？我們認為，其主要原因在於後起經濟體並未形成一套完善的內部規則。

市場本身是一種制度的組合體，由業已存在的財富和權力制度安排決定，並由此與政府發生關聯，這一制度組合體和其他制度相互作用。但是經濟則是一種比市場容量更大的制度，它包括市場得以建立和運行的一系列制度組合①。

制度作為前提的條件決定著經濟運行和社會交互的特徵。在新古典經濟學理論的市場理論中，市場的組織和控制是圍繞價格理論進行的，供需關係決定了企業特徵、市場特徵。但新制度經濟學則認為，在特定的制度環境中，特定的權力結構、技術結構決定的制度體系在一定程度上決定了市場供求特徵，這一供求特徵又決定了市場價格與市場結構，進而決定了市場配置資源的效率。因此，經濟與法律、經濟與權力構架的關係必然是制度考察的重要內容。

5.1.2.2 制度基礎論

制度基礎論是客觀存在的。在經濟實踐中，客觀上存在著對制度的需求與供給現象，這一供給需求關係決定著宏觀經濟調控的有效性和微觀主體的市場績效。

（1）經濟實踐中存在制度供給與制度需求的客觀必然

從制度供給方面看，制度供給影響著任何一項經濟活動。制度作為一個必要條件決定著經濟運行特徵，它決定著這一項經濟活動參與人的激勵程度，決定著這一活動的深度、廣度以及這一經濟活動的利益分配。相較於技術，制度所決定的所有制關係與歸屬關係更能對經濟活動與社會運作產生更現實、更深遠的影響。

實際上，某一方面的政策制定與執行是考慮綜合因素之後的結果。諸多先賢所講述的經濟學原理，在很多國別因素面前是軟弱的，甚至是無力的。誠然對外直接投資能夠給經濟帶來諸多益處，但是首先必須要說明的是，這一投資

---

① 汪洪濤．制度經濟學：制度及制度變遷性質解釋［M］．上海：復旦大學出版社，2009：5.

自由化政策的盛行給各個國家帶來的利益並不均衡，這一不均衡分配的前提就決定了各國面對投資自由化時的態度是不盡相同的。面對不同的利益分配，不同的國家在其本國國情的約束下，通過各種制度工具，採取了不同於別國的投資政策。即使是在一國內部，不同的階層、不同的利益集團也會通過自己的努力，對這一政策的形成與執行產生自己的影響。這一影響通過市場渠道與非市場渠道最終傳導到實踐部門——企業，進而造成了市場中的企業行為變形，甚至扭曲，這更加劇了制度形成過程的複雜性。因而無論是發達國家還是發展中國家，各個國家對於對外直接投資的態度都存在或多或少的差異，這就註定影響各國制定對外直接投資政策的因素是不盡相同的，這凸顯了對制度進行研究的重要性。

從制度需求方面看，一項具體經濟活動需要獲得制度的支持和制度的肯定，因而對於制度具有顯著的需求。在一定的社會環境下，在一定的經濟中，在做出一項活動決策時，首先要考慮的就是制度是否許可以及在這一制度環境下的利益分配問題。經濟活動各參與方會依據制度許可下的分配問題來考量自己的投入產出情況，進而做出決策。

需要注意的是，在這一決策過程中存在「搭便車」「道德風險」等經濟主體有限理性的可能，這帶來了成本上升問題，這一問題的客觀存在使諸多微觀主體以尋求組織幫助或承諾的方式來保證自己的利益。這一承諾的主要表現形式就是經濟團體的內部制度或者政府的制度安排。任何特定活動的績效都將成為制度影響與微觀主體之間相互作用的產物，在此，客觀有效的制度安排就成了經濟活動順利進行、市場保持有效性的必要條件。

具體來看，不同國情下企業對經濟制度的供給也提出了不同需求。如前所述，無論是國際經濟政策還是國內經濟政策，背後都存在著顯而易見的制度影響。國際流行的對外貿易開放與投資自由化並不一定符合國內經濟環境的要求，也並非在普遍意義上無差異地符合所有國家的利益訴求，因此其對經濟政策制定的需求並不總是將「看不見的手」放在第一位來考慮的。在各國不同的經濟發展階段，基於不同的發展目標，無論是從宏觀還是從微觀考慮，各國經濟對制度環境的需求都不完全相同，甚至是迥然不同的。這些不同的表現並不意味著新古典經濟學是完全錯誤的，而只是說明新制度經濟學注意到了新古典經濟學沒有注意到的企業對於制度的需求問題。正如張五常等（2003）所談到的，新古典經濟學對於如何完善市場經濟發展的穩定性收效甚微，新制度經濟學在一定程度上背離了新古典經濟學，但並沒有拋棄新古典經濟學。

（2）制度的質量決定著宏微觀主體的績效

現存企業決策理論中企業活動的制度環境不恰當地被忽視。以波特

（1980）為代表的產業組織理論和以彭羅斯（1959）為代表的企業資源基礎理論在企業決策方面都存在顯著的不足。波特認為產業結構的約束帶來了企業在市場中的不同表現，但是遺憾的是波特沒有談到市場結構形成的重要影響因素——制度。彭羅斯認為基於企業資源特徵的企業異質性決定了企業的市場績效，但是同樣的，這一理論忽略了企業發揮優勢或者獲得優勢的制度環境，將來自制度的可能約束或支持看作了市場環境的必然。

（3）制度質量決定了宏觀調控的有效性

經典的一般均衡理論告訴我們，市場活動中，對於資源配置效率最高的途徑是市場配置，但是這一理論往往由於帕累托最優的前提條件過於嚴苛而備受爭議。在這一基礎上，與新制度經濟學不謀而合的是，各類市場監管單位採取了許多補救措施來彌補市場不完善的缺憾，例如用於醫治市場失靈的政府正式的制度安排和用於矯正市場總量失衡而進行的宏觀調控。

制度安排可以分為內生制度和外生制度，凡是擁有可靠的微觀基礎的制度安排都被稱為內生制度安排。與之相對，沒有微觀基礎，完全依靠行政手段進行的制度安排則是外生的制度安排。鑒於宏觀現象是由微觀基礎構成的，因而，宏觀經濟不可能離開微觀基礎而單獨存在。顯然，沒有微觀傳導機制的宏觀制度安排必然是低效率的。只有擁有可靠微觀基礎和可以順暢表達傳導機制的宏觀制度安排，才有可能對市場主體產生良性刺激，促使其做出符合預期的反應。顯然，在市場有效邊界內的內生制度安排較之外生的制度安排必然更有效率。

5.1.3 制度基礎理論對微觀企業理論提出挑戰

前面我們已經介紹了制度在經濟活動中的基礎性作用，這裡我們討論制度對於企業的影響。目前企業管理理論中影響最大的莫過資源基礎理論和產業基礎理論了。通過對產權、交易成本以及路徑依賴等問題的強調，新制度經濟學將經濟增長問題納入制度變遷的框架。我們說，制度基礎理論的出現對產業基礎理論和資源基礎理論提出了巨大的挑戰。

第一，制度所帶來的社會供需結構和產業構成的差異對產業基礎理論提出了挑戰。市場經濟依靠來自市場的需求信號決定產品供給，在此價格傳遞機制下，市場中的企業組織形式以中小企業為主，其中民營經濟有可能獲得充分發展。民營企業一般以中小企業為主，主要分布在輕工業、服務業為主的第三產業，各行業發展均衡，來自社會各方面的關於生產與消費的各類需求都會被考慮到，社會生產部門發展均衡。而管制經濟更多的是反應政府的宏觀意願，因

此更多會向市場發出一種扭曲的需求信號。例如，東亞諸國在其經濟起飛過程中多是依賴高密度的投資來促進發展，這樣的一個直接結果是市場的供給反應集中在能源、鋼鐵以及製造業等資本密集型行業中，而來自一般消費者的醫療、保險等需求卻沒有受到應有的重視，其後果是高能耗甚至高污染企業大行其道。因而我們說，制度的差別最終很可能演化成兩種差異顯著的需求結構和供給結構，進而不同市場結構、產業結構中的企業所做出的決策也有很大差異。

　　第二，制度因素帶來的企業資源的有偏配置對資源基礎理論提出了挑戰。制度性市場中，政府通過擁有作為其代表的國有企業實現市場參與，這就存在著一個問題，政府既是制定規則的裁判員，又是參與市場的運動員。政府擁有主要決策權的國有企業，尤其是中央所屬企業，具有其他屬性企業不可比擬的資源優勢[1]。宏觀方面，作為政府持股企業，國有企業在遇到市場競爭等發展瓶頸的時候，可以通過其背後的政策行為實現對競爭對手的非市場化擠出或者利益分配調整。政府方面，在政府依靠其擁有的立法、執法和司法權進行有偏向性制度調整的時候，出現制度俘虜的可能性比較大。微觀方面，出於對國有企業背後政府擔保作用的信賴，各種稀缺資源的持有者更願意與國有企業合作，國有企業資源集中度較高。如實踐中，國有企業擁有更多的金融資源和政府職能部門的支持，傾斜性政策資源亦時有出現。歸根到底，這些都反應了在制度起決定性作用的市場中，政府在資源配置過程中裁量權過大的問題。考慮到這一因素，企業經營決策的制定和實施過程就變得更加複雜。

　　第三，中國國情決定了制度基礎理論不可避免地將會對中國特色市場經濟擁有較強的解釋力。中國經濟發展是一種顯著區別於東歐諸國巨變型轉型的漸進式改革，一直遵從著斟酌試錯的過程。中國市場結構顯著區別於西方市場經濟國家，相較於西方國家的市場經濟體制，中國式的管制經濟具有顯著的政府管制特徵，政府在很大程度上主導著經濟的走向，監管當局通過其控股的國有企業實現市場參與，這一既做裁判員又做運動員的雙重角色的扮演必然會給自己所掌握的國有企業帶來更多的自然資源、創造性資源和制度資源。

　　綜上，我們分析了制度基礎論在經濟活動中的重要作用，現在回到中國對外直接投資制度現實來分析制度對企業對外直接投資的影響。

5.1.4　中國對外直接投資中制度的重要性分析

　　我們認為中國對外直接投資呈現「一大二多三少」特徵的根源在於制度

---

[1]　這一結論我們將在後面的實證部分予以證明。

安排的影響。如我們在第 2 章中提到的，無論是發達國家對外直接投資理論還是發展中國家對外投資理論都不能完美解釋中國企業的跨境經營行為。中國對外直接投資政策的制定不僅僅是「看不見的手」在起作用，更重要的是市場規律的建築基礎——制度在起作用。需要強調的是，我們在這裡提出的主要是國內對外直接投資制度的影響。

前述中國對外直接投資實踐的顯著特徵告訴我們制度在中國對外直接投資中擁有重要影響：

（1）在中國對外直接投資中，國有企業始終佔有主導性比例。尤其是政府對對外直接投資的態度轉變之後，作為政府意圖體現的國有企業更是呈現出顯著的快速增長態勢。

這一現象提醒我們思考一個直接的問題：加入 WTO 後，中國對外直接投資猛增是中國企業競爭力增強後依照企業產品生命週期理論而自發「走出去」的，還是在政策意圖推動下國有企業的投資行為呢？

（2）中國對外直接投資行為承擔著與對外貿易不同的政府宏觀調控意圖。中國對外直接投資目的國的高度分散性與企業對外貿易目的國的高度集中之間形成鮮明對比。2009 年年末中國對外直接投資廣泛地分布在 177 個國家（地區），而與之相對，中國對外貿易則集中度很高。2009 年，中國對外貿易進口主要集中的前五位國家（地區）就占了進口額的 45.23%，出口的前五位目的國的貿易量則占了 48.3%。同為對外開放的重要途徑卻存在如此大的區域分布差異，不能不說這與中國對外直接投資所肩負的實現政府宏觀調控的目標相關。很多研究將中國對外直接投資分為效率尋求型、市場開拓型、資源尋求型與產業轉移型①。其中效率尋求型對外直接投資擔負著獲取海外市場技術的期望；資源尋求型對外直接投資承擔著解決中國資源瓶頸的任務；產業轉移型對外直接投資則承擔著進行產業轉移，實現產業升級的重任。

（3）中國早期對外直接投資制度安排在很大程度上考慮了國際關係的影響。中國對外資本輸出的一個重要作用是對外援助。非洲是中國對外援助的傳統重點地區。中國早期對外直接投資多為基於外交關係考慮的對外援助，這一時期的對外投資的援助性質顯示出制度因素在中國對外直接投資中具有的重要作用。

（4）國家諸多關於對外直接投資的制度安排帶有政治指向。商務部聯合

---

① 陳濤，鄧平，金煒東．中國公司對外直接投資——基於制度、交易成本、資源理論的視角[J]．國際經濟合作，2007（2）；陶濤，麻志明．中國企業對外直接投資的動因分析[J]．改革與戰略，2009（2）．

發布的《對外直接投資產業導向目錄》（以下稱《目錄》）就是一例。在該《目錄》的解釋性問答中就鮮明提出了能夠進入該《目錄》的國家原則上大致有5類：一是在經濟上與中國經濟具有顯著互補性質的國家（地區），二是業已同中國建立戰略夥伴關係的國家（地區），三是中國周邊的友好國家（地區），四是中國的貿易夥伴，五是世界主要區域經濟組織成員。該《目錄》已成為中國企業對外直接投資決策和中國各級政府審核審批企業對外直接投資時的一項重要指引性標準，其中第二、三、四項顯然具有顯著的政府政策意圖指向，這更體現了制度在中國對外投資中的重要性。

5.2　制度影響下的中國對外直接投資理論框架

從前面第2章對於現存文獻的回顧中我們可以看到，圍繞企業對外直接投資的決定性因素進行研究的文獻有很多，但大多是從微觀和中觀兩個層面展開的。一是企業的內部能力，如資本、資源、技術、管理水平等內部能力因素。二是企業所處的外部市場結構，如市場勢力、壟斷優勢以及產品供求關係等方面。那麼是否存在宏觀制度對企業對外直接投資決策與績效的影響呢？我們認為很可能會存在這種情況。很可能正如諾斯講的「制度啓動國際貿易」那樣出現「制度啓動國際投資」。目前尚無人具體提出這方面的觀點，因而我們在這裡將從制度修正下的國際生產折中理論入手討論制度是如何影響企業對外直接投資行為的。

傳統古典經濟學認為企業擴張問題應該同時從兩個方面進行考察，即企業內部能力和企業生存其間的市場環境，它們共同決定了企業的經濟績效。前面通過闡述制度的決定作用，我們已經明確了制度將會對這兩方面內容產生巨大影響，因而我們目前對於企業經濟活動表現的考察應從原來的內部和外部兩方面影響向制度修正型的混合制度觀轉變。同樣，對於對外直接投資企業，我們應該同時考察制度影響下的企業內部能力和企業所處的市場環境。

中國相對其他發展中國家具有不同的特點。中國轉型經濟著力要建設的目標是具有中國特色的社會主義。對於中國經濟發展既要保增長又要保證穩定的雙重焦慮使中國長期採用「摸著石頭過河」的策略，其經濟轉軌過程表現為漸進的、斟酌的試錯過程。任何試圖解釋中國對外直接投資的理論都必須考慮這一重要前提。我們必須將中國對外直接投資理論基礎建立在對中國國情與國際環境的深刻理解和對企業行為慎重考察的基礎之上。

本書的理論將主要突出以下幾點：①政府主導的企業對外直接投資；②中國企業跨境投資的優勢可以通過對外直接投資過程獲得；③中國特色的對外直接投資制度安排中企業的利潤往往從屬於政府的宏觀調控意圖，這是中國相對於很多其他發展中國家所不同的制度環境。

我們的理論基礎主要有：國際生產折中理論、小規模技術理論、資源基礎理論、制度基礎論以及組織學習理論等。

5.2.1 修正的國際生產折中理論

鄧寧（1977）的國際生產折中理論①是在綜合了內部化理論、壟斷優勢理論以及區位理論和投資發展路徑理論的基礎上產生的。他將對外貿易、專利授權與對外直接投資結合起來，試圖解釋對外直接投資的投資動因、區位選擇以及市場進入模式選擇。其核心思想是：只有同時擁有了內部化優勢、所有權優勢以及區位優勢的企業才有可能實現跨境經營。其中所有權優勢則是指一個企業能夠獲得並獨占別國企業無法獲得的資產及其所有權；內部化優勢是指企業對其所擁有的資產加以內部化使用而獲得別的企業無法獲得的優勢；區位優勢則是指由於資本輸出國和東道國特殊的地理或者其他環境因素造成的特殊區位優勢。

其後，鄧寧（1981）對國際生產折中理論進行了完善②。他認為，企業的國際化行為由企業內部化優勢、企業所有權優勢以及企業區位優勢決定。鄧寧的判斷是：僅僅擁有所有權優勢的企業只能進行技術或者專利轉讓；如果企業既擁有所有權優勢又擁有內部化優勢，則可以選擇進行出口貿易；如果企業同時擁有了這三方面優勢，則企業可以憑藉這三方面優勢實現對外直接投資。由此可以看出鄧寧試圖通過這一理論對國際化企業的所有國際化活動提供統一的解釋。

綜上可以看出，在鄧寧的理論中對外直接投資對企業能力有著很高的要求。這似乎與赫爾普曼、梅麗茨以及耶頗等（2004）的新新貿易理論有著異曲同工之妙，該理論同樣認為只有效率最高的企業才能實現對外直接投資。

該理論的另一大特點是，鄧寧所提出的三種類型的優勢是相互依存、相互融合的，其中壟斷優勢必須通過內部化優勢來實現，否則也是低效率，只能進行技術轉讓，而區位優勢則必須依賴企業跨國內部化這一前提條件。

---

① 1977年，鄧寧在《貿易、經濟活動的區位和跨國企業：折中理論探索》一文中首先提出了國際生產折中理論。

② 1981年，鄧寧出版了名為《國際生產與跨國企業》的論文集。

總的來說，這一理論既綜合了宏觀理論又綜合了微觀理論，無論是企業決策還是經濟體進行宏觀調控都可以從中悟到重要的政策含義。

　　表面上看，鄧寧的國際生產折中理論是對於前人理論的一種綜合。但是他的這種綜合是一種在合理創新上的綜合，三種優勢之間環環相扣、相互依賴、緊密結合，對一般意義上市場中的企業國際化行為擁有比較有力的解釋，尤其是他運用多變量分析企業對外直接投資的方法值得稱道。

　　但該理論也存在許多不足。實踐證明，並未同時擁有三種壟斷優勢的發展中國家業已大規模實現對外直接投資，甚至很多是對發達市場經濟國家的投資，這些對外直接投資更多地表現為技術尋求型、市場開拓型、資源尋求型以及產業結構調整型。這就表明鄧寧強調企業必須同時擁有三種比較優勢才能對外直接投資的觀點不見得合適。

　　究其原因，我們認為鄧寧對於三種優勢的理解至少可以從三方面來進行拓展：其一，企業對於三種優勢的擁有並不是絕對化的，並不是所有能夠走出去的企業都能夠同時擁有三種優勢。其二，企業對外直接投資的三種優勢應該是一個動態的過程，其優勢不是一蹴而就的，也不是永遠保持不變的，企業可能在其發展過程中獲得新的優勢。其三，企業前述三種優勢可以相互替代。對於不同的區域，面對不同的競爭對手，置身於不同的市場環境，企業的三種優勢之間可能發生相互替代。第四，企業應該是一定制度環境下的企業。離開了市場環境、制度環境，空談企業優勢是不現實的，將企業與母國、東道國之間的聯繫簡單化處理是該理論的致命缺陷，這一抽象方法對於成熟市場經濟國家可能是可行的，但是對於發展中國家這一抽象方法可能並不適用。

　　所以我們有必要對其進行擴展和修正。具體涉及以下幾方面：

　　（1）企業三大競爭優勢可以相互替代。類似的觀點林葉也曾在1992年提出①。由於歷史的原因，發展中國家的企業一般難以同時擁有三種優勢，但是可以憑藉其中的某一項或者某兩項實現對外直接投資。例如當內部化優勢較為明顯的時候，就可能會出現以內部化優勢替代所有權優勢和區位優勢的情況，因而就出現了最大限度地發揮內部化優勢的對外投資，如中國典型的資源尋求型對外直接投資。又如，當所有權優勢較為顯著的時候，就會出現以所有權優勢替代其他兩種優勢的對外直接投資形式的，如產能過剩企業的對外直接投資②。再如，當企業的資本輸出相對方位於欠發達地區的時候，以小規模技術

---

① 林葉. 中國跨國公司論 [M]. 濟南：山東人民出版社，1992：5-8.
② 劉易斯（W. A. Lewis）曾提出發展中國家資本累積過剩與對外直接投資存在的關係。

為代表的區位優勢就在前述三種企業優勢中獨占鰲頭了。

（2）企業對外直接投資的優勢應該是相對的。企業狀況對於不同的競爭對手其競爭優勢的來源應該是不一樣的，這一優勢既可以是來源於東道國企業，也可以是相對於母國企業。事實上，很多發展中國家企業，包括中國企業，雖然相對於發達國家企業具有的優勢並不明顯，但是相對於母國企業則有比較明顯的優勢，這樣一旦對外直接投資機遇就出現了，這一類企業就自然率先走了出去。另外，依據發展中國家的對外直接投資理論，如小規模技術理論和技術地方化理論等，中國企業對於發展中國家企業也具有一定的優勢，這也是中國企業能夠「走出去」的一個重要原因。

（3）企業在成長中可以補充壟斷優勢。國際生產折中理論中的三種優勢不必在事先全部擁有，可以通過企業發展，通過企業對外直接投資過程中的經驗累積來解決問題，即在境外獲得。尤其是經歷了本次國際金融危機，當前各類資產價格偏低，可以通過對外直接投資實現企業競爭優勢的境外獲得。這可以有效地解釋為跟隨式對外直接投資。對外直接投資實踐中，一些發展中國家企業的國際化經營過程往往呈現出一種跟隨式戰略，即由於企業合作夥伴的國際化，自己也不得不被動地走向世界市場①。

經過修正的國際生產折中理論對發展中國家尤其是中國將更具解釋力。

5.2.2　資源基礎理論及其擴展

資源基礎理論的提出與發展離不開一個重要的參照物：壟斷優勢理論。

海默於1960年提出了壟斷優勢理論②。從對美國企業的觀察入手，海默試圖用微觀經濟學中廠商的壟斷競爭行為來解釋企業對外直接投資動因。他認為，面對陌生的東道國經濟與社會環境，跨國公司必須擁有不同於本地企業的競爭優勢才能在更大空間裡獲取利潤。這些競爭優勢主要有：①技術優勢。作為至關重要的中間產品，技術具有顯著的市場不完全性。②先進的管理經驗。跨國經營可以有效輸出其先進管理經驗，形成對東道國企業的競爭屏障。③規模經濟優勢。跨國經營一方面避免了市場（無論國內市場還是國際市場）對規模經濟的限制，另一方面降低了資本邊際收益遞減的速度。

金德爾伯格、卡沃斯等人對這一理論進行了改進，他們從跨國企業特有優

---

① 錢德勒（1962）在《戰略與結構——工業結構發展的歷史階段》中提出了企業跟隨戰略。
② 海默（1960）在《國內企業的國際經營：關於對外直接投資的研究》中從1914—1956年美國對外投資的微觀企業資料出發，基於產業組織理論分析法，提出以壟斷優勢解釋美國企業的跨境投資行為。

勢的跨境擴散角度來解釋跨國公司的國際直接投資行為。跨國公司利用母國不完全性的市場結構，首先通過寡頭競爭與合謀獲得母國市場壟斷優勢，當這一優勢達到一定臨界值時，跨國公司自然就傾向於將累積的壟斷優勢擴展到境外，即實現企業壟斷優勢的跨境複製與跨境優勢運用。

應當說，壟斷優勢理論突破了國際貿易理論運用資源稟賦差異與國際分工來解釋跨國企業的模式。與國際貿易理論所遵從的完全競爭、完全就業、市場出清等假設相比，壟斷優勢理論對於市場結構並非完全競爭的假設更貼近市場實際。

該理論存在一定的爭議。按照壟斷優勢理論，企業跨國擴張的基礎是壟斷優勢，那麼一個直接的推論就是：跨國公司的擴張將導致創新停滯與福利損失，這一推論難以解釋為什麼跨國公司目前普遍推行全球本地化政策，如研發本地化、採購本地化等。

觀察後可以發現壟斷優勢理論和企業國際生產折中理論有一個相通之處：兩者都強調對外直接投資企業必須擁有對壟斷優勢佔有的初始狀態，離開了一定的初始壟斷優勢就無從談起企業對外直接投資。從前述討論中我們已經知道，必須擁有足夠的壟斷優勢才能實現對外直接投資的理論對於發展中國家並不合適。

因而，1980年以來許多學者開始另闢蹊徑尋找跨國企業競爭優勢的來源，在此基礎上產生了資源基礎的企業理論。

彭羅斯（1959）較早提出了資源基礎理論，其後沃夫（1977）以及沃納菲爾特（1984）等紛紛豐富了這一理論，最終形成了資源基礎理論。這一理論的核心思想為企業是一組資源束組成的集合體。這些能力包括內部資源和外部機會。企業資源的構成差異與企業資源運用方式差異決定著企業的競爭優勢特徵。具體來說，也就是企業的成長決定於企業的內部資源與外部機會，沃納菲爾特認為企業組織架構的組織能力、企業內部資源的累積，尤其是知識的累積對企業會產生重要影響。

從上述理論可以看到一個可喜的變化，這一理論中的企業競爭優勢已經變成了內生的，內生因素成為企業擴張的關鍵因素（沃納菲爾特，1984）。

對外直接投資的資源基礎理論為發展中國家展示了一條可能的道路：即使沒有同時擁有全部壟斷優勢、內部化優勢與區位優勢，仍然可以對外直接投資，企業可以通過對外國際直接投資過程中的資源獲取來逐漸解決其他壟斷優勢的缺失問題。

本書認為可以從以下幾方面對資源基礎理論進行拓展：

（1）企業跨境成長所需資源應當擴展到全球各個行業。跨國企業應當加強對全球範圍內各個行業資源的整合。這一整合包含3方面內容：第一，對外直接投資的競爭優勢所需資源可以通過對外直接投資的過程中獲得。第二，這些資源應當是可以產生協同效應的資源，只有企業原有資源和新獲得的資源之間可以產生顯著的協同效應，這些才是對跨國企業有用的資源。第三，跨國企業應當既重視橫向擴張又重視縱向擴張。僅僅關注橫向資源，就往往會使企業陷於原有生產經營方式中，很難獲得在生產線上的轉移，並更多地表現為橫向一體化。縱向擴張可以幫助企業實現垂直一體化，而目前縱向一體化的不足是中國企業對外直接投資的一項顯著短板。

（2）跨國公司母子公司之間的資源可以相互轉移。從資源角度看，企業是由分布在不同區域的資源束所組成，這些資源可以在跨國公司的母子公司之間相互轉移。也就是說跨國公司的營運能力決定於跨國公司對其各類子公司資源的整合優化。進一步，由於跨國企業進行的是跨境經營，這就意味著跨國公司可以有效整合東道國和母國資源。企業對於不同區域資源的整合將使這些資源得到更高效的利用，使各類資源間實現協同效應成為可能。這是企業面對全球競爭態勢變化時進行的一種適應性調整。跨國企業在進行了全球資源整合後，可以將資源在母子公司之間進行轉移，進而促進企業成長，為企業提供長期競爭優勢，這就強調了企業獲取資源並進行內部轉移的能力對於企業成長的重要性。

（3）應當拓寬對於資源的認識。我們一般認為的資源主要包括兩種，其一是自然資源，如能源、礦產等稀缺資源。其二是創造性資源，如技術、人才等。我們應當進一步將其拓展至另外兩種資源。一種是制度資源，另一種是外部機會。

首先，我們應當認識到制度也是一種資源。各個國家基於不同文化背景，基於各自特殊的發展歷程以及監管當局的執政理念，形成了短期或者長期的政策目標。為平衡經濟、保持發展，在這些目標的激勵下，各級政府會從凱恩斯的理論出發產生積極干預經濟的衝動，會出現各種風格的政策，這些政策就形成了各自不同的制度環境。1990年以來，各個發展中國家響應世貿組織的號召，積極推行投資自由化，紛紛推出各類優惠的引資政策，以求大力促進投資自由化，大力吸引外國直接投資。從廣義上看這種優惠的引資政策也是一種制度資源。例如，中國各級政府給予各類來華外企的「超國民」待遇是吸引跨

國公司的重要因素。這些制度環境對於跨國經營的企業來說也是一種資源。我們稱之為制度資源。中國有實力的企業應當善於識別制度資源，充分利用各個國家推出的優惠政策資源，通過發展對外直接投資進一步擴大對發展中國家的市場份額。

其次，我們應當認識到機會也是一種資源。如制度環境可以被當作資源一樣，我們認為同樣可以把企業遇到的外部機會視為一種資源，並將它作為一種重要的外部資源形式。例如這次全球範圍的經濟危機對很多企業來說就是一種不可多得的「走出去」的機會，中國民營企業吉利集團對於 VOLVO 的收購就是企業抓住機會「走出去」的一個成功範例。

最後，我們應當更多地從動態的視角來看待資源。資源基礎理論（Resource Based View）更多考察的是企業保持可持續競爭優勢的資源狀況，而很少關注企業資源的動態問題。我們應當從動態的視角來看待企業的競爭優勢，充分重視「干中學」在企業營運中的作用①。要意識到企業對外直接投資的競爭優勢不是一蹴而就並且保持長期不變的，而是在企業成長過程中逐漸累積下來，並伴隨企業的繼續成長而不斷優化組合。如前所述，從長期來看，企業的資源可以通過兩種途徑獲得，一是跨國企業外部資源的獲取，二是企業內部資源在母子公司之間轉移的過程。這些資源在獲取和轉移過程中伴隨著資源的重新整合和資源的價值再創造。期間起到巨大作用的是組織學習，組織學習在整個資源整合過程中起到潤滑作用，幫助資源由外部轉到內部，進而幫助企業在母子公司之間轉移，在全球範圍探索有利條件，以取得更大的優勢，體現了企業的動態成長。

我們認為，通過拓展的資源基礎理論可以為發展中國家對外直接投資提供理論上的可能性，企業可以在原有比較優勢的基礎上，通過對外直接投資，獲得各種資源以促進企業成長，進而完善國際生產折中理論所涉及的三種壟斷優勢。

5.2.3 制度基礎論

將制度環境納入經濟學分析框架內生地考慮制度的作用是新制度經濟學的一項主要貢獻。尤其是面對後經濟危機時代，各個經濟體紛紛重拾凱恩斯主義，主張政府積極干預經濟，這就使得制度因素再一次受到重視。

制度在經濟學上的意義是指被制定出來的規制、程序以及規範體系，它表

---

① 本書後述部分將運用一個戴蒙德模型來對政府主導型對外直接投資的特徵進行描摹。

現為一組規則，社會經濟活動各參與人都將依據其成本收益分析來決定是遵守這一規則還是突破這一規則，即進行所謂的「制度創新」，制度的規範引導作用通過交易成本的比較來實現，一個有效的制度就是能夠規範交易成本並使其降低的制度。諾斯認為，能夠對市場參與人提供足夠激勵的制度是經濟增長的關鍵，其在西方的興起正是受益於其高效的組織結構。①

哈爾、瓊斯、若德瑞克和崔瑞比進一步加強了對制度基礎論的闡述②。他們認為，制度對經濟績效的影響是內生的，產權制度和法律體系對於經濟發展有著重要的決定性作用，政府制度體系的差異造成了資本累積、生產效率的差異，進而決定了各個國家間的經濟績效差異。

如前所述，目前的企業資源基礎理論過多地注重自然資源以及創造性資源的整合利用，但是對於制度資源這一企業外部環境資源認知較少，因而將企業孤立於制度環境之外，很少考慮來自外界環境的支持或者約束，這一想當然的假設顯然是不符合企業發展客觀規律的，特別對於中國而言，制度尤其擁有重要的解釋力。

中國正處於從傳統的計劃經濟向中國社會主義特色市場經濟轉型的時期。這是一個漸進的轉型過程，這一過程中的對外直接投資呈現出顯著的多樣性，投資動機多元化、投資模式多元化、投資主體多元化、投資行業多元化等諸多特點突出，因而更需要合適的制度去引導和規範這一過程。

下面，我們將在國際生產折中理論基礎上具體考察制度對於企業在跨國經營中存在的各種壟斷優勢的影響。

5.2.3.1 制度影響企業所有權優勢

制度環境將顯著影響企業所有權優勢。我們主要從企業內部制度安排和企業外部制度環境兩方面來分析：

（1）企業制度對於企業所有權優勢的影響。現代企業制度主要包括產權制度、管理制度與組織構架，這些制度均在一定程度上對企業的所有權優勢產生影響。主要包括：①企業制度影響著企業人力資源狀況。產權明晰、責權利相結合的現代企業制度可以對人力資本產生顯著推動作用。一是可以推動企業吸收新鮮的高技能人才。二是可以推動企業重視員工培訓體系的建設，避免可

---

① DOGLAS NORTH. The Rise of the Western World [M]. Cambridge University, 1976: 63-89.

② ROBERT E HALL, CHARLES I JONES. Why do Some Countries Produce so much more Output per Worker than Others [J]. NBER Working Papers, 1999（6,564）; RODRIK, SUBRAMANIAN, TREBBI. The Colonial and Geographic Origins of Comparative Development [J]. Swiss National Bank Working Papers, 2008（8）.

能的經理人激勵不相容。三是可以激勵企業現有人力資本主動提高自身技能。②企業制度影響著企業技術狀況。這首先表現為制度對企業現有技術的保護。明晰的產權制度可以支持企業有理有力地保護自己的知識產權，實踐證明重視技術保護的企業有足夠的積極性參與到 R&D 中去，否則企業就會長期依賴於技術模仿，進而導致企業技術落後，失去技術優勢。其次，制度激勵企業進行研發。有效的產權機制可以激勵企業員工與研發部門積極參與到研發活動中去，促進企業技術進步。再次，明晰的現代企業制度可以激勵企業積極參與企業間、行業間研發競合。現代企業技術研發往往需要多部門合作，這需要諸多縱向和橫向部門的參與，合理的收益分配機制和完善的知識產權保護機制可以激勵企業參與橫向的或縱向的企業間技術研發競爭與合作。③企業制度影響著企業規模效益。按照古典經濟學理論的觀點，企業規模在一定程度上決定著企業成本狀況，進而決定著企業的收益。合理的決策機制可以幫助企業在進行內部化與市場交易之間求得平衡，使企業在合適的規模水平上營運，進而求得規模效益最大化。④部門細分合理的制度將顯著提高企業效率。一個高效運轉的企業必定擁有一個合理的企業架構。企業內部分工制度的合理性將使企業各個部門的運轉更加合理，諸如信息搜尋與處理、投融資、企業研發、人力資本升級以及知識產權保護等將得到更順暢的配合。

（2）政府政策環境影響著企業所有權優勢。主要表現為：①政府的相關政策將顯著影響企業的人力資本狀況。政府對於企業人才培養的鼓勵政策包括普適性政策和引導性政策，政府往往出於其產業發展政策而對某一行業推出傾斜性政策。這些政策將激勵企業積極參與人力資本升級培育，實踐中表現為企業營運過程中經常出現的產學研相結合的人才培養機制。②政府相關政策將顯著影響企業的技術水平。就像內生增長理論所講的技術的重要支持作用一樣，目前各類國家，無論是發達國家還是發展中國家，都意識到了技術的重要性，紛紛出抬技術促進政策來鼓勵企業參與研發。實踐中這些政策更多地表現為產業政策與科技政策的結合。這些產業政策的輻射性往往很大，不僅會影響到政策指向的行業，還會影響到相關行業。③政府政策會顯著影響企業資本狀況。增長理論告訴我們，資本狀況在經濟活動中起著重要作用。一個經濟體發達的資本市場會給企業發展不斷提供完善的資金支持。④政府政策影響市場結構。政府制度環境可以有效地影響市場結構，不同的市場結構會對企業績效產生巨大影響。前面在對外直接投資理論分析部分我們得到了一個重要結論：目前諸

多跨國公司的投資選擇都是以目標國市場結構不完善為出發點的①。這些在市場勢力基礎上建立起來的市場主體會受到市場結構的根本性影響，例如西方市場經濟國家十分重視的反壟斷問題就是一例。而在中國，國有企業的市場化進程與中國的市場體制改革進程更是息息相關。

5.2.3.2　制度影響企業內部化優勢

首先，企業自身制度影響其內部化優勢。企業制度主要通過影響企業交易成本來影響企業內部化優勢。這裡所關注的交易成本主要是由不同企業制度帶來的企業所特有的「國際制度接軌成本」。企業對外直接投資時，必須要考慮不同企業類型與企業內部架構的影響。不同的企業內部架構意味著不同的企業文化，這些企業文化甚至可能是隱性的管理等，這些都會對企業內部化過程的詢價、談判甚至盡職調查產生顯著影響，對這些企業內部制度的搜集與適應自然會產生更多的交易成本。

其次，資本輸出國宏觀制度影響企業內部化優勢。目前母國制度可以大致分為兩類。其一是規制性資本輸出國的制度影響。各個國家可以通過市場准入規定、資本支持途徑等對企業國際化產生顯著影響，而這些影響又將對企業對外直接投資決策產生顯著影響。其二，母國措施促進企業內部化優勢。常見的母國促進性措施主要有三種類型：金融支持、保險支持以及財政支持。其中金融支持主要指融資便利、股權參與等。保險支持主要是針對政治風險等非商業因素的不確定性的防禦。財政支持主要指的是優惠稅收政策。

再次，東道國制度影響內部化優勢。東道國對於投資與貿易的相關政策將顯著影響企業內部化優勢。東道國對於貿易的限制性政策或貿易一體化組織，如區域經濟一體化組織，將會促使企業在國際化過程中更傾向於選擇對東道國進行直接投資，以避開可能的貿易壁壘。例如歐盟成立以後歐盟以外的國家對其直接投資顯著增加。

最後，國際制度環境影響企業內部化優勢。這裡所講的國際制度環境主要指的是有關投資自由化的雙邊與多邊協定。這些協定從公平公正的角度要求各個協議國對構建一個穩定、透明的國際制度環境做出公開承諾。這些制度的出抬將減少企業對外資本輸出風險，降低交易成本，因而將有效促進企業內部化優勢的形成。此類協議有很多，常見的具有普適性的協議有：《與貿易有關的投資措施協議》《多邊投資擔保機構公約》以及《關於解決國家和他國國民之間投資爭端公約》。這些協議分別從禁止東道國設置投資障礙、為企業提供投

---

① 例如市場勢力、寡頭競合等。

資保險以及為企業提供國際糾紛解決途徑等方面促進企業對外直接投資。

5.2.3.3 制度影響區位優勢

一個經濟體的各種制度都將影響企業的區位優勢。

（1）首先是政治制度的影響。不同的國家政治體制將會顯著影響監管當局的立法、行政以及司法。這些制度將涉及企業的市場准入、業務開拓以及股權結構等，必然會對企業對外直接投資產生積極或者消極的影響。並且，政治制度的穩定性將影響企業的對外直接投資決策，穩定的政府會保持其制度的穩定性，進而會給企業一個穩定的政策預期以及安全的企業發展環境，這些都將顯著地影響到企業經營決策的長期性與穩定性。

（2）其次是法律制度的影響。①普通法的影響。這些大多是規範企業行為和維護社會福利的法律，如保護消費者權益的法律、環境保護的法律等，此類法律的完善意味著對於企業的規範要求升高，因而會無形中推動企業「走出去」，尋找規範程度相對低的區域進行經營，造成所謂資本的制度逃逸。②針對企業國際化的專門法。這些法律包括企業對外直接投資的審批法、日常監管法以及對外直接投資的支持性法律體系。這些法律的完善與規制力度將為企業對外直接投資提供一個清晰的、可預期的政策引導，指導企業獲得更強的區位優勢。

（3）再次是經濟制度對於企業的影響。不同市場體制的經濟制度將對企業國際化的區位優勢產生顯著影響。企業在進行國際化決策時會首先考慮經濟體制的影響，市場經濟國家基本上按照市場規律配置資源，能給企業帶來較大的自主權，來自市場經濟國家的企業在母國相較於來自計劃經濟體制下的企業擁有顯著區位優勢，這類企業受母國政府干涉較少，母國會較少出現類似投資指南之類的規範性文件，而來自市場經濟國家的企業則沒有這類優勢。

（4）最後是非正式制度的影響。對於不同國家，非正式制度往往存在於其社會輿論、風俗習慣和組織管理之中，沒有直接通過制度宣示出來，正式制度的執行依賴於各類參與者對這些潛在制度的認識。企業往往會在非正式制度差異較小的國家（地區）擁有區位優勢，如來自阿拉伯國家的跨國企業相較於其他阿拉伯國家企業擁有顯著的區位優勢。

綜上，制度基礎論讓我們更貼近對外直接投資實踐，能夠更加客觀地看待企業的跨境投資行為，將企業歸還給一定的社會制度網路。

5.2.4 小規模技術理論

威爾斯提出了小規模技術理論①。威爾斯通過綜合運用產品壽命週期理論和技術差距說來分析發展中國家對外直接投資的特點。威爾斯提出發展中國家也具有自己的技術優勢，他強調發展中國家跨國企業擁有自身的特質，其母國所擁有的獨特的市場環境決定了其有別於發達國家的比較優勢：①具有適合滿足需求量有限市場的小規模生產技術，這些技術多是源於對成熟生產工藝的局部改進，適用於小規模生產。②發展中國家生產的民族特色產品擁有廣泛的國際市場。③發展中國家產品擁有價格優勢。④發展中國家跨國公司可以高效地實現在東道國的本地化。

這一理論從宏觀視角出發研究了微觀企業的國際化行為，較好地將發展中國家（新興市場國家）獨有的市場結構特徵融合在企業的跨國發展過程中。補充了傳統國際直接投資理論無法解釋的發展中國家對外投資現象，從理論上論證了發展中國家對外直接投資的可能性。在貿易主導的國際分工正逐步讓位於貿易與投資一體化的國際分工形勢下，國際市場層次豐富的需求情況決定了發展中國家企業可以在所謂的「夾縫中」生存，即使技術優勢和生產規模一般的發展中國家企業仍然可以利用已有的技術累積、市場特點來形成競爭優勢，在世界範圍內配置資源，以獲取更大的利潤空間。

中國企業現有狀況比較符合小規模技術理論的要求。中國企業對外投資動機多樣化、技術構成多層次、參與主體豐富，較符合小規模技術設定的優勢條件。主要表現如下：

（1）投資動機多樣化。中國是一個經濟發展不平衡的發展中大國，兼具了發達國家和發展中國家特點，正處於從傳統的計劃經濟向社會主義特色的市場經濟漸進的轉型過程中，發達的東部地區與欠發達的西部地區呈現顯著區域差異。這一漸進轉型過程中的對外直接投資必然呈現多樣性的對外直接投資動機，概括起來可以分為資源尋求型、效率尋求型、市場拓展型以及產業結構調整型。

（2）技術構成多層次。從技術密集型到資本密集型再到勞動密集型，中國企業目前的生產技術涵蓋了所有的產業類型，其中間技術、傳統工藝以及高附加值的下游技術為中國企業對外直接投資提供了多層次的技術，這些技術保

---

① 劉易斯·威爾斯. 第三世界的跨國企業 [M]. 葉剛，楊宇光，譯. 上海：上海翻譯出版公司，1986：2-6.

證了中國企業在對外直接投資中擁有一定的技術優勢。

（3）投資參與主體多元化。從企業所有制性質看，中國對外直接投資企業從國有到集體再到私營、合資等所有制企業都有。從企業規模看，雖然在對外直接投資中大企業占了較大的比例，但仍然有部分中小企業參與到了對外直接投資行列中去。

上述特徵決定了中國對外直接投資區位選擇的全方位性，既可以對發達國家投資，也可以對一般發展中國家投資。這保證了中國企業在跨境經營中能夠滿足不同層次、不同形式的來自東道國的消費需求和制度約束。

5.3　中國企業對外直接投資理論框架

綜上，我們認為，在中國企業「走出去」的理論框架如下：中國企業原有一定的比較優勢，這一優勢大多是單一優勢而非全部三種優勢都具備，在此基礎上，資源基礎理論提供了通過干中學（Learning by Doing）這一路徑實現對外直接投資的可能性。在此前提下，對外直接投資制度安排對企業現有優勢進行再造。在具有中國特色的政府主導型對外直接投資中，企業原有比較優勢通過制度影響再造後，可以實現對外直接投資。此時的企業可以通過跨境經營過程獲取新的創造性資源，實現自身能力的進一步成長，將原先具有的單一優勢擴展為多元優勢，進而完善自身各種壟斷優勢，推動企業的進一步擴張。其理論基礎分析路徑如圖5-1所示。

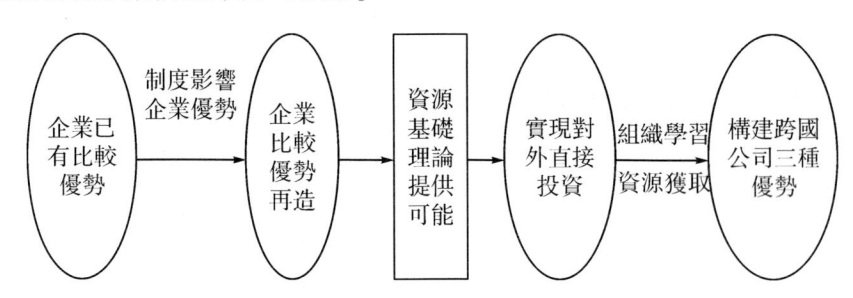

圖5-1　制度影響下的企業對外直接投資流程分析圖

5.4 制度對中國對外直接投資影響的經驗分析

前面我們對現存對外直接投資理論進行了分析與評價，認為現存對外直接投資理論具有一定的借鑑意義，但是並不能很好地解釋中國對外直接投資現象，其主要原因就是忽略了對制度環境的考慮。因而我們可以參考閻大穎等（2009）的研究，綜合採用制度基礎論、國際生產折中理論、小規模技術理論和資源基礎理論討論制度因素對中國企業對外直接投資的影響。

5.4.1 假說提出與模型設定

前面我們已經展示了制度是如何影響對外直接投資企業的競爭優勢的，在這裡需要進一步說明的是，中國作為一個從計劃經濟向市場經濟轉型尚不徹底的國家，制度對於企業行為的影響尤其重要。正如我們在前面所講，這些企業外部制度環境應當被視為企業對外直接投資的特殊制度資源，進而成為中國企業對外直接投資決定因素之一。這些制度資源主要表現為如下幾方面。

5.4.1.1 假設的提出

（1）政府扶持程度不同對於企業對外直接投資的影響

政府對企業的不同扶持程度對企業對外直接投資行為具有顯著影響。

在對外直接投資中，非國有企業往往會受到來自不同方面的區別性政策對待。如果將中國對外直接投資企業分為中央所屬企業與地方政府所屬企業以及非國有企業，那麼相對國有企業來說，非國有企業在其經營過程中獲得的政府支持往往不如國有企業多，甚至會出現受到區別性政策對待的情況。而國有企業則往往會得到更多的來自監管部門的支持，如便捷化審批、投資保險、用匯頭寸傾斜等。20世紀90年代以來，亞洲許多國家流行的政府主導型經濟模式為其經濟起飛做出了巨大的貢獻，其間企業的快速擴張很大程度上得益於母國政府的政策支持。中國作為轉型中的社會主義市場經濟國家，這一特點尤其突出，政府必須保持一定的國有企業存量。同時，政府更看重國有企業的原因可能更多在於國有企業更能直接體現政府宏觀經濟調控的意圖。因而，長期以來國有大型企業集團一直是中國海外投資的主體，由於所有制的天然聯繫，在政府主導的對外直接投資實踐中，企業與政府之間有著千絲萬縷的聯繫，中央所屬企業擁有更多的監管部門關係資源。因此也更易於獲得政府政策的傾斜和制度便利，其中尤以中央所屬企業得到的制度支持為多。

與中央所屬企業所獲得的支持類似，地方政府所屬企業也會獲得較多的來自地方政府的扶持，同樣這些支持力度是遠高於非國有企業的。

綜上所述，我們提出假設1：中國企業對外直接投資水平與企業屬性有關，預期符號為正。

（2）社會資本對於企業對外直接投資的影響

20世紀70年代以來，經濟學、社會學、組織行為學以及政治經濟學等多個學科都不約而同地開始關注社會資本（Social Capital）。社會資本強調個人利用自己所在特定組織結構中的特殊位置獲取利益的能力。一般指個人的親友、同學以及同鄉等組成的關係網，這一關係網可以被視為一種資源，我們稱之為社會資本。一個人能從這些關係中獲取的利益越多，那麼他的社會資本就越豐富。社會資本理論認為，由於市場在有些情況下難以完全實現資源的配置功能，需要通過社會資本獲得一定的源於市場外的對於其競爭的支持。跨國公司雖然從事的是跨境經營，但同樣需要通過社會資本獲取當地支持，以減小經營風險，獲取當地市場認可，這其中華裔人口所組成的當地資源網路就是一種重要的社會資本。鄧寧將這一資本視為跨國企業進入東道國市場的一項重要資源，並將其作為所有權優勢的一種納入企業壟斷優勢中去。我們認為，企業從事跨國經營決策的時候往往傾向於向文化環境類似的國家（地區）投資就是緣於此。

實踐中，正如我們在第1章中所描述的那樣，長期以來，中國企業對外直接投資更多是選擇以亞洲周邊國家為目的地，2009年年末中國對外直接投資存量中的近80%分布在亞洲國家。國別上更以中國的近鄰如新加坡、日本、俄羅斯等較多。這些國家的華裔人口分布既廣且多。因而企業「走出去」後可以依賴這些華裔人口獲得廣泛的社會資本。這些社會資本將幫助跨國企業增強資源整合能力，降低信息搜集成本和談判成本。因而我們認為，對外直接投資目的國華裔人口的多寡也是決定企業「走出去」的重要因素。

因而，我們接著給出假設2：中國企業對外直接投資規模與投資目的國的華裔人口數量相關，該變量預期符號為正。

（3）融資能力對於企業對外直接投資的影響

由巴克利和卡森（1976）內部化理論可知，較之對外貿易行為，企業對外直接投資以科層結構替代市場行為，因而能有效降低因企業外部交易帶來的交易成本，這實際上體現了企業跨國經營目的本源：在全球範圍內高效配置資源。在企業融資方面也是一樣，母公司的實力越雄厚，越有利於其海外分支機構以組織內部資本市場替代對外部資本市場的依賴，降低在國際市場融資的不

確定性，進而在對外直接投資實踐時可以在區位選擇、行業選擇上擁有更大的自由度。

事實上，中國不同類型企業融資存在較大差異。對於中國監管當局來說，由於長期處於儲蓄與外匯的雙缺口狀況，因而無論是對人民幣市場還是對外匯市場都採取了從嚴管制的形式。對於銀行來說，由於中國開始大規模地支持對外直接投資是在 2000 年以後，因而各種所有制銀行現在對支持企業「走出去」尚採取的是謹慎態度，當前明確負有為對外直接投資資金支持的銀行只有進出口銀行一家。大多數銀行面對企業對外直接投資時提出的用匯申請，都不同程度地存在「惜貸」現象。這在很大程度上造成了企業對外直接投資中實際的資金門檻，企業融資渠道的暢通與否成為決定企業能否「走出去」的一個重要因素。

這在一定程度上造成了非正規渠道融資的出現。實踐中由於難以通過正規融資渠道融資，因而部分企業會尋求從非正規渠道尋求資金支持，例如民間借貸、私募資金等，同時即使是通過非正規渠道進行的融資也會因企業不同而不同，這形成了具有中國特色的企業融資特點。所以我們認為，融資能力是企業「走出去」能力衡量的一個重要指標。

因而，我們提出假設 3：中國企業的對外直接投資與企業融資能力相關，該變量預期符號為正。

5.4.1.2　模型設定

綜上，本書選擇設定如下檢驗模型：

$$LNOFDI = C + \alpha_0 YEAR + \alpha_1 DMOTHERCAPTA + \alpha_2 DLAB + \alpha_3 DDIS + \alpha_4 DCHI + \alpha_5 CHAR + \varepsilon$$

5.4.2　變量選取與數據採集

5.4.2.1　變量選取

（1）因變量。我們以每個企業數據樣本中的對外直接投資規模為因變量。為了剔除可能存在的系統性影響，我們採用該樣本與所有樣本中發生頻率最高的中值之差作為投資規模，並取自然對數，記之為 DOFDI。

（2）解釋變量

①有待觀察的制度變量

首先是政府對企業的扶持程度特徵。前述假設中我們以虛擬變量表示樣本企業所享有的潛在政策扶植程度。本書樣本中的企業包括三類：一是非國有企業，二是地方政府所屬企業，三是中央所屬企業。該指標取 1 表示企業為非國有

企業，取 2 為地方政府所屬企業，取 3 為中央所屬企業。該變量記為 *CHART*。

其次是企業社會資本狀況。前述已經表明，對外直接投資目的地較多的華裔人口分布可以為外來企業營造文化氛圍類似的環境，進而減小文化差距。因而本書選取各個對外直接投資東道國的華裔人口數量作為一個代表其華裔社會資本的變量。數據主要取自美國俄亥俄大學（Ohio University）圖書館專題數據庫，該數據庫採集了世界各國（地區）現存華裔人口數量的相關數據，並被廣泛地運用到對華裔人口世界分布的考察上，在與「全世界海外華人分布總表」數據進行比對後，最終得到中國對外直接投資目的國華人分布數據。我們將該數據對所有國家華裔人口的中位數取差並取自然對數，記為 D 布魯瑟斯。

最後是企業融資能力。前述已經說明，由於中國資本市場開放時間較短加之發展尚不完善，企業一般通過各種融資渠道（包括非正式渠道）進行融資，這一融資能力也是影響中國對外直接投資的重要變量。因而我們將其作為制度影響下企業融資能力的反應加入到模型中去。數據選取就以該樣本跨國企業的母公司實收資本對所有企業母公司實收資本的中位數取差值，並取自然對數來衡量其在對外直接投資行為中的融資能力，將該變量記為 *DMOTCAP*。

②控制變量

為增加模型的可控性，我們將在前述變量的基礎上加入一些有關對外直接投資企業的一些其他相關變量對企業對外直接投資特徵進行控制。

首先是地理距離。引力模型告訴我們兩個國家的雙邊貿易流量和資本流量是兩國經濟規模以及兩國之間距離的函數。20 世紀 40 年代斯蒂瓦特首次將引力模型應用於社會科學①，而最早將其應用於國際貿易的是廷伯根（1962）②。格倫菲爾德和莫科斯尼斯（2003）③ 將引力模型應用於雙邊服務出口和 FDI 流動，其後程慧芳、阮翔（2004）④ 運用引力模型分析了中國對外直接投資的區位選擇。因此我們將用兩國地理距離作為控制變量之一，具體選擇以該國距北

---

① 普雷斯頓·詹姆斯，杰弗雷·馬丁. 地理學思想史 [M]. 李旭旦，譯. 北京：商務印書館，1989：481-482.

② TINBERGEN J. Shaping the World Economy, an Analysis of World Trade Flows [M]. New york: Twentieth Century Fund, 1962.

③ GRUNFELD, MOXNES. The Intangible Globalization: Explaining the Patterns of International Trade and Foreign Direct Investment in Services [J]. Norwegian Institute of International Affairs Papers, 2005.

④ 程慧芳，阮翔. 用引力模型分析中國對外直接投資的區位選擇 [J]. 世界經濟，2004（11）.

京距離為準進行分析。我們通過距離測量器進行測量，將該數據對所有國家距離的中位數取差值並對該數據取自然對數，記為 DDIS。

其次是企業規模影響。隨著企業規模的增大，企業的平均管理成本降低，經濟效率提高。由於規模經濟的作用，管理成本的高低與公司規模密切相關，會直接影響企業對外直接投資水平。因而我們將樣本企業母公司員工人數對所有企業母公司員工人數的中位數取差值，並取自然對數作為企業規模的控制變量引入模型，記為 DLAB。

最後是企業對外直接投資的年度特徵。在樣本數據覆蓋期間內發生了人民幣大幅升值、國際經濟危機以及其他涉及國際資本流動的特定因素，因而，我們採用年度特徵變量 Year 來反應對外直接投資行為發生年份的制度特徵，設定 YEAR=1 表示投資發生於 2007 年，YEAR=2 表示投資發生在 2008 年，YEAR=3 表示投資發生在 2009 年。

5.4.2.2 數據採集

本書選用了來自商務部的中國企業對外直接投資微觀企業庫數據。該數據庫記錄了 2006—2009 年 4 年間的共計 6,800 餘起中國企業（非金融類）對外投資的樣本信息。我們將該數據與中國工業企業數據庫、全球金融分析與各國宏觀經濟指標庫（BVD）中的全球上市公司分析庫（Osiris）數據，以及萬得金融證券數據庫（Wind）數據進行比對，最終獲得了 1,300 起信息充分的對外直接投資事件作為考察樣本。

5.4.3 檢驗過程與結果分析

5.4.3.1 檢驗過程

通過 R-i386-3.0.3 軟件計量包處理後得到的實證結果如表 5-1 所示。

表 5-1　　　　　中國企業對外直接投資計量結果

變量	系數	T 統計量	P 值
DMOTCAP	0.130 193	5.936,029	0.000,0
CHAR	0.322,231	1.910,896	0.056,2
DLAB	0.078,533	2.382,812	0.017,3
DDIS	0.196,695	2.843,907	0.004,5
YEAR	1.099,424	8.374,220	0.000,0

5.4.3.2 結果分析

如上，我們對樣本進行了多因素迴歸。根據表5-1的結果，三種制度性因素中，融資能力、社會資本以及政策扶植都較為顯著。因而結果有力支持了假設1、2和3。這意味著，政府政策支持、企業自身融資能力以及海外潛在的網路關係是對外直接投資得以實施的重要影響因素。

唯一的遺憾是該迴歸中的可決系數較小，但是按照李子奈「當整個迴歸方程的F檢驗通過的時候，考慮到方程的經濟解釋，我們可以對可決系數不過多苛求」的觀點①，我們接受該檢驗結果。

控制變量中東道國距離和歷年年度特徵值具有明顯的正相關性，說明引力模型在對外直接投資行為中也具有可以參考的價值。企業規模也是影響對外直接投資水平的另一重要因素，說明企業規模越大，實施對外直接投資的概率越高。企業規模結合融資能力的突出作用進一步表明目前積極從事海外投資的仍以大中型企業為主。前述這些結果均符合商務部近兩年對外直接投資公報的統計特徵。

上面我們結合中國經濟轉型時期的制度環境，對傳統的國際折中理論加以拓展，歸納出在中國經濟轉型的制度環境下，與企業對外直接投資決策密切相關的一系列特殊的制度因素，在此基礎上建立一個中國企業對外直接投資決策的理論分析框架。然後我們以近幾年中國企業對外直接投資的微觀數據為樣本，對中國企業對外直接投資決策進行了多因素迴歸分析。實證研究結果表明，本國政府的支持（政策扶植）、海外華裔人口（社會資本）及企業資金的來源（融資能力）在很大程度決定了中國企業在資源和能力方面的特徵，因而這也是能否成功實施對外直接投資的特定制度優勢。此外，投資企業的自身規模是影響中國企業對外直接投資水平的另一普遍因素。

5.5 本章小結

本章我們從理論和實證兩個方面出發，考察了作為初始制度條件的母國宏觀制度對於中國企業「走出去」的影響。

首先，我們提出資源基礎理論為發展中國家適時實施對外直接投資提供了可能。企業可以通過到境外投資，獲取企業發展所需的戰略性資源，進而構建

---

① 李子奈. 計量經濟學[M]. 北京：高等教育出版社，2008：69.

企業跨境發展的競爭優勢。

其次，我們分析了中國對外直接投資制度安排對於國際生產折中理論的影響，並對企業對外直接投資折中理論進行了修正，認為中國對外直接投資制度安排全面影響了企業的跨國經營所應具備的各項優勢。

最後，我們對中國企業對外直接投資中制度因素的影響進行了實證檢驗。檢驗結果表明，在區別性扶持政策影響下，母公司制度特徵、母公司企業規模、母公司企業資源狀況、企業以及中國制度環境的年度特徵與中國企業對外直接投資規模呈顯著的正相關。

本章就母國制度作為初始條件對企業「走出去」的影響進行分析後，下一章我們將跟隨企業「走出去」的腳步，深入觀察東道國制度環境對外來跨國併購企業併購績效的影響。

6 制度環境變動對跨國併購績效的影響：母國與東道國差異視角的經驗分析

　　企業海外併購制度環境具有顯著的複雜性特點。首先是跨境性。跨境併購面對母國與東道國雙重制度約束，不同國家對同一個經濟行為的管轄權很可能出現衝突，出現法律適用問題。此外，全面理解雙方在驗收、程序等方面的差異也會存在很多困難。中國和西方國家之間的法律制度、經濟發展程度、政府職能等方面存在顯而易見的差異，熟悉外商投資法律制度成為中國和外國的重要命題。其次是環境複雜性。具體來說，跨境併購至少會面臨併購安全審查、產業政策、准入政策、競爭政策、環境政策等方面政策的約束。併購的每一個步驟都很複雜，而部分的複雜性本身就決定了整體的複雜性，現在似乎只是掌握各個方面的政策已經不能滿足市場需求的要求，否則會影響全局。如中鋁對力拓收購案，我們顯然沒有注意到澳大利亞的勞工政策，其直接後果是引起了工會的強烈抗議，進而觸發澳大利亞啓動安全審查，其後果十分嚴重。最後是利益靈敏性。從市場角度來說，收購和被收購只要當事人雙方獲得對價平衡即可，交易就能達成。但是，從國家層面上講，併購可能意味著國家間的競爭，為了保護國家的經濟安全、民族產業安全，政府往往對跨境併購十分謹慎，甚至是一開始就致力於遏制對手，要求進行繁復的併購審查。而實際上，部分西方國家還在用有色眼鏡看待崛起中的中國企業，人為地設置障礙來限制我們企業的發展。

　　這些特點集中反應在東道國政治、經濟、文化、制度甚至風俗等方面因素上（阿加瓦爾，1992）。其中，參與跨國併購各方母國制度環境差異會顯著影響併購的最終價值。企業獨有的物質資本、融資渠道以及人力資源是企業長期競爭優勢的核心基石，這些異質性資源的可持續發展都有賴於企業創新體系、

組織架構以及員工培訓體系，而這些都與各參與方的母國文化緊密相關（霍夫施泰德等，1990）。

6.1 幾個概念

制度環境可以大體分為正式制度環境與非正式制度環境兩類，正式制度多指一國政治環境、法律環境，非正式制度多指文化環境。

6.1.1 政治環境

政治環境一般是指一個主權國家一定時期內的國內政治背景，而實際上，國內外各類因素變動都會在政治環境上得到體現，如政府更迭、政策變動、國外危機、恐怖主義、地區衝突等。政治環境的穩定性直接影響著企業的組織及戰略變革的內容及成效，如果東道國政治環境不夠穩定，企業往往會選擇比較保守、中性的策略，不敢進行大膽的嘗試、創新，相較於政治環境穩定的國家，存在更多不穩定因素影響其策略的成效。政治環境是影響併購後企業績效的一個重要因素，有學者認為東道國政治風險是企業在跨國經營中所面臨的最大環境風險（趙銀德，2006）。

6.1.2 法律環境

在全球經濟一體化的浪潮中，國際資本開始大規模流動，各國為吸引外來投資，積極在軟硬件環境上下功夫，這裡的硬件環境是指一個國家的經濟發展情況，如資源、交通、物流、科技、稅收、地理和基礎設施等；軟件環境則是勞工素養、服務水平，政治穩定性以及制度環境等不可定量的指標。

法律環境是本書所提到的制度環境的重要體現之一。法律環境是投資主體面對的來自國內和國際規範的總和（史建三，1999；劉偉，2006）[1][2]。因而，中國企業跨境併購的法律環境則是指中國企業進行跨境併購時所面對的規範和約束中國企業的規範的總稱。

一般來說，經濟越發達的國家，經濟自由度越高、市場化越完善，相配套的經濟法律法規也比較完善，市場環境也更有利於企業的公平競爭、健康發

---

[1] 史建三. 跨國併購論 [M]. 上海：立信會計出版社，1999.
[2] 劉偉. 風險管理科目 [M]. 北京：中國發展出版社，2006.

展。價格在市場經濟中起著重要作用，價格機制下，經濟秩序自我調節，可以實現有序運行。市場化程度的提升有助於提高市場信息透明度，有助於企業獲得市場第一手資料，進而通過產品與技術創新來滿足市場需求，這使各個企業之間的競爭加劇，促進企業創新與發展。而計劃經濟中政府會較多地干預經濟，抑制了企業的競爭，容易出現尋租，尋租行為顯然會危害企業長遠發展。尤其是對於對東道國環境不熟悉的併購企業，這些當地特色經濟環境更容易導致他們「水土不服」。

6.1.3　文化環境

文化問題是併購後整合的核心。邱毅（2006）認為文化差異涉及國家、組織和職能文化 3 個層次，企業的組織文化在併購中起著舉足輕重的關鍵作用。本書所涉及的文化環境則是指國家層次的文化環境，國家文化差異會加劇組織文化差異對企業併購績效的影響。國家文化指的是一個國家或民族關於「生存」的一種假設。文化是一個複雜的整體，包括知識、信念、道德、習俗和其他作為社會成員的人們具有的能力與習慣。從管理者的角度來看，文化是一個社會與另一個社會區分開來的人們的集體化程度或「思維的軟件」（阿爾佛雷德，1952）。文化是一種歷史現象，每一個社會都有與其相適應的文化，與民族和國家緊緊聯繫在一起，具有民族性和國家性。由於各國、各民族在歷史演變過程中的差異，又決定了世界各國文化存在著各種形式。國家文化對管理的影響表現在以下方面，如權力的集中和非集中化的程度，公司中員工承擔風險的意願，如何獎勵員工，員工對於變革的興趣，員工對他們的工作場所的忠誠度如何等。因此文化影響著跨國併購環境，也影響著併購公司對被併購公司管理的內部環境因素，它還會直接影響到計劃、組織人員匹配、指揮、控制、協調與激勵這樣一些管理職能。

6.2　文獻分析

這裡先是文獻回顧，主要關注組織變革與制度環境變遷對跨境併購績效的影響。

6.2.1　關於組織變革對企業績效影響的研究

在關於組織結構演化與企業績效的研究中，組織結構慣性是常被提起的一

個概念。既有研究關於組織結構慣性對企業績效的影響的結論存在兩種不同的觀點。一方面，有理論認為，組織結構慣性與企業績效間呈現顯著正相關。資源基礎觀認為，長期發展使得組織結構具有一定的慣性，路徑依賴使得企業形成了一定的企業風俗、企業流程甚至秘不外宣的技術秘訣，此類組織慣例具有異質性、價值承載性以及默會性，企業依此路徑實現其對長期競爭優勢的維持（巴尼，1991）。另一方面，亦有惰性觀與之持對立的觀點。組織結構所累積的大量慣例能夠在一定程度上承受外來壓力，但也可能造成企業故步自封、對企業外部環境變動不敏感、反應遲鈍、難以接受新事物和企業家精神蛻化等特徵（利文索爾等，1994）。

將這種理論應用於跨國併購後的企業組織結構演化中，跨國併購後企業面臨的外部環境及內部結構都有所變化，因此一般來說，應該更適合應用更強調外部變化的惰性觀。同時，被併購方企業規模、併購後各方角色也會顯著影響企業績效。如果被併購企業的規模遠小於併購企業且所發揮的職能也只是整個企業生產經營鏈條的一個環節，那麼對併購方來說，跨國併購所帶來的外界環境及內部結構變化可能是微不足道的，企業保持這種慣性可能更有利於保持原有的競爭力，同時省去了進行變革的各種成本耗費，不進行組織變革似乎更有利於企業績效的提高。

6.2.2　關於制度環境對企業績效影響的研究

6.2.2.1　政治穩定性與企業績效

政治環境一般是指一個主權國家一定時期內的國內政治背景，而實際上，國內、外各類因素變動都會在政治環境上得到體現，如政府更迭、政策變動、國外危機、恐怖主義、地區衝突等。政治環境的穩定性直接影響著企業的組織及戰略變革的內容及成效，如果東道國政治環境不夠穩定，企業往往會選擇比較保守、中性的策略，不敢進行大膽的嘗試、創新，相較於政治環境穩定的國家，存在更多不穩定因素影響其策略的成效。

政治環境是影響企業併購後績效的一個重要因素，有學者認為，東道國的政治風險是企業在跨國經營中面臨的最大環境風險（趙銀德，2006）。根據委託代理理論，企業對於契約的監管，無論是書面契約還是口頭合同，都是很困難的，監管成本也很難控制。因此，引入政府利用其所掌握的監管工具進行調控是非常必要的，當然這意味著制度生產與實施的成本，而伴隨政治穩定性的

提高，交易成本也將相應降低（溫蓋斯特等，1988）。①具有更高政治穩定性的國家具有更高的制度質量，這可以有效降低市場不確定性風險，可以大大減少外來企業在該國活動的交易成本，提高併購效率。而制度質量較低的國家由於法律體系不健全，跨境併購實施過程中，不穩定的政治導致政府行政效率低下，該國商業活動交易成本激增，增加了併購失敗的可能性。例如2014年的越南針對中國企業的打砸排外事件必將打擊包括中國在內的外來企業的投資熱情，降低預期收益。

6.2.2.2 文化環境與企業績效

文化問題是併購後整合的核心。邱毅（2006）強調組織文化主導著跨境併購的成敗，認為文化差異會直接引發跨境併購中的組織信賴、人力資源以及跨組織溝通問題。在跨國併購情形中，文化差異包括國家、組織和職能文化三個層次。本書所涉及文化環境則是指國家層次的文化環境，國家文化差異會加劇組織文化差異對企業併購績效的影響。國家文化指的是一個國家或民族關於「生存」的一種假設。文化是一個複雜的整體，包括知識、信念、道德、習俗和其他作為社會成員的人們具有的能力與習慣。從管理者的角度來看，文化是一個社會與另一個社會區分開來的人們的集體化程度或「思維的軟件」。文化是一種歷史現象，每一個社會都會有與其相適應的文化，與民族和國家緊緊聯繫在一起，具有民族性和國家性，由於各國、各民族在歷史演變過程中的差異，又決定了世界各國文化存在著各種形式。國家文化對管理的影響表現在以下方面：如權力的集中和非集中化的程度、公司中人們承擔風險的意願、如何獎勵人們、人們對於變革的興趣、雇員對他們的工作場所的忠誠度如何等。文化影響跨國併購環境，也影響併購公司對被併購公司管理的內部環境因素，直接影響計劃、指揮、控制、協調與激勵這樣一些管理職能。

文化差異對於併購影響的結果存在一定分歧。一方面有文獻認為，文化差異經常被作為影響併購績效的一個關鍵（巴克瑪等，1996；羅等，1999），而另一些文獻則得出了相反的結論（李，1995、2001；帕克等，1997），還有一些文獻認為兩者不存在顯著關係（克勞瓦等，1998；莫羅西尼等，1998）。我們認為結論不一致的原因可能在於企業環境條件是變動的，文化差異可能在不同國家存在著不同的效用遞減。而且全球一體化進程中的各國文化呈現逐漸融合的特徵，但我們依然不可否認文化差異在經濟活動中的作用，而且即使地域相鄰、文化相近的國家，政治體制、市場體制以及制度環境仍然存在顯著的差

---

① 馬駿. 交易費用政治學：現狀與前景 [J]. 經濟研究, 2003 (1)：80-87, 94.

異，如東亞部分國家，很可能僅僅用文化難以很好解釋制度對於經濟活動的影響，尚需要引入其他因素進行補充（梅茨雅思等，2002；迪莉爾莉等，2003）。

6.2.2.3 法律環境

經濟環境指的是一個國家的經濟發展水平和經濟制度政策。一般來說，經濟越發達的國家，經濟自由度越高、市場化越完善，相配套的經濟法律法規也比較完善，市場環境更有利於企業的公平競爭、健康發展。

制度經濟學的企業契約把企業內部和外部關係統稱為合同關係。無論是外部的市場交易還是內部業務管理同屬合同關係的一類，因而企業也成為總合同關係。內部交易方通過各種措施表達合同，實現行為。跨境併購發起方與目標企業處於不同的經濟環境，經濟自由度或市場體差異導致不確定性增加，這直接帶來信息不對稱，導致內部合同執行不順暢，外部合同從簽訂之初就存在契約不完全性。不完全契約的履行將產生一系列顯著增加的交易成本，如談判成本與監督成本。交易成本雖然並非直接源於生產過程，但也會耗費社會資源，降低企業併購中的投資效率。企業為了提高投資效率，節省生產成本，必須注意最大限度地節省交易成本，實現資源優化配置目的。為降低交易成本，客戶需要設計一套機制激勵代理人採取行動來最大限度提升客戶利益，這反應為公司治理問題。

公司治理包括治理結構與治理機制。威廉姆森（1985）強調，所謂治理結構，實際上是組織機構之間基於完整性和可靠性而構建的契約實施關係。青木昌彥等（1995）提出，公司治理是一種制度安排，用於協調本企業的各類關係，一般包括管理人員、一般雇員以及股東間的經濟利益。公司治理則是通過契約來配置控制權與剩餘索取權，形成自我約束機制和平衡機制，以實現組織各部分間的長期合作，進而實現企業的帕累托最優。因此，交易成本理論強調，適當的公司治理模式的選擇可以降低交易成本，從而提高跨境企業併購績效，交易成本經濟學引入公司治理來緩解與併購績效之間的關係。東道國和投資國之間的差異使得環境的不確定性和信息不對稱問題超出了企業的控制範圍，進一步增加了契約的不完全程度，從而增加了交易成本。由於公司治理是解決合同不完全性的有效途徑，所以公司治理直接與經濟環境差異有關。交易成本理論關注了經濟自由、治理結構與性能之間的關係，認為跨境企業的契約效率既取決於內部組織相容性，還取決於治理機制與經濟環境。當跨國企業處於不同經濟自由度環境下的時候，激勵與約束機制也不相同，這會直接影響參與者的努力，並產生不同的交易成本，從而導致不同的企業績效。

6.2.3 關於跨國併購績效測算的研究

目前關於跨國併購績效的研究集中在兩類，一類是為考察跨境併購財務績效而進行的基於財務分析的會計研究；第二類是為考察跨境併購市場效應而進行的股票價格市場分析。具體研究方法集中在事件研究法、個案研究法、EVA與MVA分析法、數據包絡分析法。

（1）會計研究法。該方法採用財務信息進行比較分析，用於衡量跨境併購對企業中長期績效的影響。一般包括銷售規模、盈利空間、投資收益比、利潤率等指標。

既有研究結論並不一致。一方面是正向結論，希利等（1992）對50例美國併購案的分析、安姆德（2001）對美國2,000例併購案的觀察發現，投資回報率與現金流顯著提升。特莫提爾（2002）對日本46件併購案的觀察發現，併購後長期中存在不顯著的正績效，並且多元兼併長期績效更加顯著。張孔宇（2004）對2000—2004年間的22家上市企業跨境併購行為的觀察、王謙（2006）對2000—2005年間進行對外併購的30家企業的觀察、吳鬆等（2010）對2000—2007年間中國上市公司的36起跨國併購事件的觀察，一致地發現併購對於企業績效產生正向影響。另一方面則是負向結論，米克斯（1977）在觀察了英國233件併購案例後發現，併購企業當年出現顯著盈利，但之後的5年盈利下降。文斯克羅夫特等（1987）對美國471件併購案例的觀察、羅（2004）對美國592起併購案例的觀察發現，併購直接導致公司市值下降。國內方面，王海（2007）對聯想併購IBM商用機的分析、胡飛等（2008）對中國上市企業2003—2004年間跨國併購案的分析、劉彥（2011）對2003—2008年間中國上市企業25起跨境併購案的分析，也都得出類似的負向結論。值得一提的是，普爾泰普森等（2011）對56件印度併購案的分析強調，與傳統金融理論強調企業收益增加源於生產能力提升和淨值收益增加不同，企業對其營運成本、利潤率以及資本收益率的控制才是企業投資者收益增長的源泉。

（2）事件研究法。在成熟資本市場中一般運用事件研究法考察企業股價對股東的影響，以識別併購是否存在價值創造效應。既有事件研究結論基本上傾向於併購為負向收益。米切爾（1990）對1980—1988年間美國700餘項併購案例的觀察發現，幾乎不存在顯著併購收益。沃克（2000）對1980—1996年間的600起併購案例的觀察也得出超額收益不顯著的結論。康恩等（2005）對1984—1998年間英國近4,000起併購案例的觀察發現併購收益基本上顯示為負向。李善民、朱滔（2005）對中國1,672起上市企業併購案例的觀察、希

亮等（2008）對 1998—2007 年間中國企業換股併購案例的分析發現，短期內併購發起方獲得了正收益，但長期則變成了顯著的負收益。宋吳鬆等（2010）對 2000—2007 年間中國企業的 36 起跨國併購案例的分析、毛志宏等（2010）對 1998—2004 年間中國上市企業的分析顯示市場績效弱於對照組樣本。僅有少量事件研究認為跨國併購存在正向收益，如宋維佳等（2011）對 2008—2010 年間中國資源型海外併購案例的觀察發現整體績效良好。

（3）個案研究法。個案研究在併購中的運用主要是通過對具體案例的解剖分析來深入觀察併購過程與機理，有助於深入瞭解併購過程的歷史演化。克勞米爾斯等（1998）對美國中西部 1992—1994 年間的銀行間 9 大併購案的分析顯示銀行業內橫向併購還是有效率的。

（4）EVA 指標法和 MVA 指標法。EVA 即經濟增加值法，它綜合考慮了利潤和成本，並對企業貸款利息、聲譽及稅收等費用進行了積極調整，試圖通過降低會計信息影響觀察企業資本收益真實情況。溫妮爾斯（1997）使用 EVA 評價兩個對照組發現，使用 EVA 比不使用 EVA 的投資整體業績表現更好、更謹慎、股息更多、回購更多。王喜剛等（2003）對 400 餘家中國上市企業進行傳統會計法和 EVA 法的比較分析後，發現後者更便於解釋企業市值的波動。陸桂賢（2011）觀察了 37 家發生併購業務的上市企業 EVA 指標，其結論是多數企業併購後兩年內績效下降，三年後才有所回升，EVA 顯示，關聯性交易與併購企業績效關係不穩定。

MVA 即市場增加值，主要是通過度量企業市值與資本投入間差額，可以較客觀地反應企業的市場價值，近距離觀察企業資本的價值創造效應。較典型的研究由肖翔和王娟（2009）做出，該方法強調 EVA 評價法能降低經理人可能的道德風險。

（5）數據包絡分析法（DEA 法）。數據包絡法又稱 DEA 有效性法，由黑姆斯等（1978）提出，是一種通過對規劃模型輸入多組或輸出多組數據來比較其有效性的方法。它是一種基於財務數據為基準的企業併購績效評價方法。黑姆斯（1992）、庫珀爾（2001）、費若爾斯（2002）就運用 DEA 進行了上市企業參與併購前後績效的比較。李心丹等（2003）以滬深 100 餘家企業併購案為樣本的討論發現，併購總體上提升了上市企業營運效率，併購後幾年內績效一直提升，股權結構差異影響顯著，國有企業參與併購效果不理想，而法人股較多的企業併購則好得多。另外，魏旭丹（2005）、厲宏雷（2006）、敖丹（2007）、林炳文（2004）、劉芬（2006）、周靖（2008）將 DEA 法引入中國企業跨境併購績效的討論中。

6.3 宏微觀制度變動對跨國併購績效的影響：一個二元選擇模型檢驗

上一章規範分析顯示制度環境變動可能對企業績效產生顯著影響，這一影響有多大，其影響途徑是怎樣的，成為一個直接的問題，本章我們將對此予以檢驗。檢驗路徑如圖6-1所示：

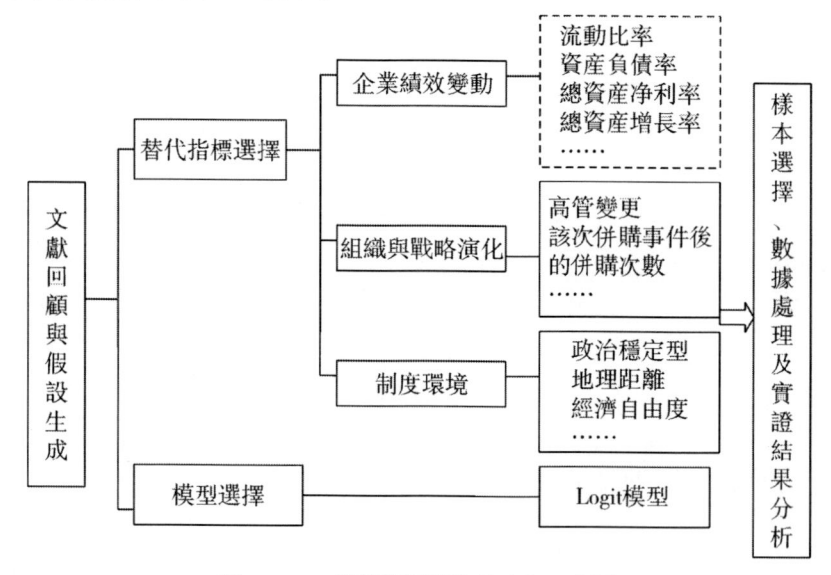

圖6-1　二元選擇模型檢驗路徑示意圖

6.3.1　變量選取與假設生成

由前面的綜述出發，我們提出以下六個檢驗變量。

6.3.1.1　企業組織結構變更

跨國併購後整合伴隨著企業組織結構變動，我們選擇企業高管變更進行表徵（記為GG）。企業高管更替是企業進行組織變革的重要方式，高管人員的年齡、學歷、專業背景、個人風格等都會對其決策產生重大影響，進而影響公司的組織結構，他們對公司組織結構的選擇不可能完全相同，如密斯汀等（2006）[1]提出文科類專業背景的管理者會側重組織效率的提升。公司高管更

---

[1] MUSTEEN M, BARKER V. CEO Attributes Associated with Attitude Toward Change: the Direct and Moderating Effects of CEO Tenure [J]. Journal of Business Research, 2006, 59 (5): 604-612.

替受到國外學術界的特別關注，因為這是股東或董事會所做出的最重要的決策之一，其直接影響著企業架構與公司營運狀況。委託代理理論強調，作為企業管理層的管理人員會因追求業績而呈現風險規避特徵，所以企業併購績效必然與高官更替有關。在有效的激勵機制下，董事會的合理激勵應該使得管理層採取合理的動作，進而保證企業績效與管理層的變動直接相關。

在衡量企業績效過程中，會計信息是一項重要的度量工具，經驗分析顯示，會計業績可以有效顯示管理層工作績效，這意味著會計績效指標與管理層薪酬直接相關[1]。目前會計信息已經在企業管理過程中充分展示其度量與評價功能[2]，成為風險判別、責任劃分、戰略執行、履約核實以及資源分配的重要指標（霍爾特豪森等，2001）[3]。由此我們提出如下假設：

H1：公司組織架構變更與企業績效之間負相關。

6.3.1.2 企業跨國併購經驗

企業跨國併購經驗在一定程度上決定著跨國併購價值創造過程的效率。我們採用跨國併購次數（MAA）進行表徵。儒爾夫（1997）的戰略變革研究將戰略分為兩類：大戰略、小戰略。顧名思義，前者的影響程度將顯著大於後者。大戰略包括企業併購的實施，企業框架變動；小戰略包括價格策略、產品服務模式、分銷渠道、推廣方式等方面的變動。此類大、小戰略的結合尤其適用於在中國這類大市場中推廣（陳傳明等，2005）[4]。本書選取企業在進行樣本選取的該次跨國併購後所進行的併購活動作為企業戰略變革的代表變量。波士頓經驗曲線強調，反覆執行的任務可以帶來成本的顯著下降，組織累積的經驗會幫助其提高效率。企業豐富的併購經驗將通過豐富的信息幫助企業做出更為理性的選擇與併購規劃，如果能夠總結出從併購目標篩選到企業整合的一整套管理方案，即可以認為企業的併購技巧越發嫻熟、決策更為理性，這種情況應該會對企業績效產生正向影響，因此，本書做出如下假設：

H2：企業績效與企業跨國併購次數之間的關係為正相關關係。

---

[1] ROBERT BUSHMAN, QI CHEN, ELLEN ENGEL, ABBIE SMITH. Financial Accounting Information, Organizational Complexity and Corporate Governance Systems [J]. Journal of Accounting and Economics, 2004, 37 (2): 167-201.

[2] RICHARD A LAMBERT. Contracting Theory and Accounting [J]. Journal of Accounting and E-conomics, 32 (1-3): 3-87.

[3] ROBERT W HOLTHAUSEN, ROSS L WATTS. The Relevance of the Value Relevance Literature for Financial Accounting Standards Setting [J]. Journal of Accounting and Economics, 2001, 31 (1-3): 3-75.

[4] 陳傳明，劉海建. 企業戰略變革：內涵與測量方法論探析 [J]. 科研管理，2006 (3): 67-74.

6.3.1.3 政治穩定性

政治穩定性作為東道國重要的宏觀環境深刻影響著跨國併購企業的發展，我們採用政治穩定性指標（PS）進行表徵。結合前文分析，我們選取世界銀行發布的全球治理指標（Worldwide Governance Indicators，WGI）[①] 中的政治穩定性（Political Stability and Absence of Violence）作為代表變量，並做出如下假設：

H3：企業績效與東道國政治穩定性之間為正相關關係。

6.3.1.4 文化距離

文化差異對跨國併購後企業的本地化過程具有重大影響。經驗分析中常使用文化距離來代表它，既有研究一般會用僑居東道國的母國人數與地理距離兩個變量來表徵地理距離[②]。考慮到後者難以獲取，本書採用前者來代表文化差異（DIS）。根據文獻回顧，有關文化差異的實證分析比較多，結果也不盡統一，因此做出如下假設：

H4：企業績效與東道國—母國文化差異之間為負相關關係；

H5：企業績效與東道國—母國文化差異之間為正相關關係。

6.3.1.5 經濟自由度

一國經濟自由度代表著其對外來併購企業的基本態度，我們採用IEF，即經濟自由度來進行表徵，不同學者運用不同方法對其進行了度量，目前《華爾街日報》與美國傳統基金會合作發布的涵蓋全球161個國家和地區的經濟自由度指數（Index of Economic Freedom）在全球具有較大的影響力和公信力。從該指標的分類[③]來看，包括產權、貿易政策、政府對經濟的干預程度、政府對外資企業的限制、貨幣政策等方面的細化指標，具有全面性、可信度。基於前述理論做出假設如下：

H6：企業績效與東道國經濟自由度之間為正相關關係。

6.3.1.6 績效指標體系

以不同的財務指標代表公司不同的發展狀況，記為（FA）。根據國泰安中國上市公司財務分析數據庫分類，本書選取了以下幾個指標：流動比率

[①] WGI對全球200多個國家和地區1996—2008年的政府治理狀況從六個方面進行了測度：公民參政與政治問責（Voice and Accountability）、政治穩定性（Political Stability and Absence of Violence）、施政有效性（Government Effectiveness）、監管質量（Regulatory Quality）、司法有效性（Rule of Law）、貪腐控制（Control of Corruption）。

[②] 胡彥宇，吳之雄. 中國企業海外併購影響因素研究——基於新制度經濟學視角的經驗分析[J]. 財經研究，2011（8）：91-102.

[③] 共包含10大類、50個獨立變量。

（LDBL）（短期償債能力）、總資產週轉率（ZZCZZLA）A（營運能力）、資產負債率（ZCFZL）（長期償債能力）、銷售淨利率（XSJLL）（盈利能力）、總資產淨利潤率（ZZCJLRLA）A（盈利能力）、總資產增長率 B（發展能力）、營業收入增長率（YYSRZZLB）B（發展能力）。

6.3.2 數據採集與樣本基本特徵

6.3.2.1 數據採集

本書數據取自兩部分數據，一部分為上市公司數據庫。一部分是非上市公司樣本，上市公司數據來源為：國泰安併購數據庫、銳思數據庫、部分年份的中國企業併購年鑒、各公司年度財務報表。非上市公司數據來自 2006—2008 商務部外事司跨國併購數據庫。在剔除難以獲得所需全部變量數據的樣本以後，本書共選取了 136 個 2000—2010 年間發生的中國企業海外併購事件為樣本。並收集這些企業併購當年及併購後兩年的財務、併購事件及高管變更方面的數據，主要政治穩定性數據來源於世界銀行數據庫。地理距離依據國際通用的經緯度大圓公式（數據來源於 CEPII），測量了東道國與母國首都之間的距離，單位為千米。經濟自由度由《華爾街日報》和美國傳統基金會（Heritage Foundation）發布。

6.3.2.2 樣本基本特徵[①]

樣本基本特徵如表 6-1 所示。

表 6-1　　　　　　　　　　樣本結構特徵

特徵	分類	個數（個）	占比（%）
企業屬性	國有企業	96	71
	民營企業	22	24
	外資獨資	8	5
產業分布	第一產業	21	15
	第二產業	106	78
	第三產業	9	7

---

① 關於印發中小企業劃型標準規定的通知（工信部聯企業〔2011〕300號）中小企業劃分為中型、小型、微型三種類型，具體標準根據企業從業人員、營業收入、資產總額等指標，結合行業特點制定。

表6-1(續)

特徵	分類	個數（個）	占比（%）
企業規模	大型企業	48	35
	中型企業	69	51
	微型企業	19	14

6.3.3 實證過程與結果分析

6.3.3.1 模型設定

初始模型為：$T^{**} = c + \beta_1 MAA + \beta_2 GG + \beta_3 IEF + \beta_4 PS + \beta_5 DIS + u$

其中，被解釋變量包括：表徵短期償債能力的流動比率（記為 LDBL）和總資產週轉率（記為 ZZCZZLA），表徵營運能力的資產負債率（記為 ZCFZL），代表盈利能力的銷售淨利率（記為 XSJLL）、總資產淨利潤率（記為 ZZCJLRLA），代表發展能力的總資產增長率營業收入增長率（記為 YYSRZZLB）。解釋變量包括：併購次數（MAA）、高管變更次數（GG）、經濟自由度（IEF）、政治穩定性（PS）、文化距離（DIS）。

6.3.3.2 檢驗過程

首先進行逐步迴歸分析，之後進行多元迴歸分析。

（1）逐步迴歸

採用二值選擇的 Probit 模型，將被解釋變量分別和解釋變量逐一進行迴歸。根據顯著性逐漸剔除變量，得到最終模型，並觀察期望預測表（EPT）檢驗分組是否恰當，最後進行擬合優度檢驗。檢驗結果如表6-2 所示。

表6-2　　　　　　　　　諸變量一元迴歸

解釋變量	被解釋變量					
	LDBL	ZCFZL	XSJLL	ZZCJLRLA	YYSRZZLB	ZZCZZLA
C		1.000,671		-0.718,066		
MAA	0.138,721					
GG						0.300 126
IEF		0.387,141				
PS			-0.357,379			
DIS		-0.999,297		0.046,215		
LR stat	3.920 1	6.979,310	12.854,9	4.170,283	0.163,8	2.506,8

表6-2(續)

解釋變量	被解釋變量					
	LDBL	ZCFZL	XSJLL	ZZCJLRLA	YYSRZZLB	ZZCZZLA
Prob（LR stat）	0.547,7	0.010,7	0.703,0	0.046,9	0.685,7	0.113,4
McFadden R-squared	0.021,6	0.057,455	0.071,0	0.035,870	0.000,9	0.013,8
Total	136	136	136	136	136	136

註：①*** 為1%顯著水平，** 為5%顯著水平，* 為10%顯著水平；②LR stat 在所有斜率均為零約束下的似然比；③括號內為 P 值。

（2）多元迴歸分析

本書將被解釋變量對五個解釋變量併購次數（MAA）、高管變更次數（GG）、經濟自由度（IEF）、政治穩定性（PS）、地理距離（DIS）進行多元迴歸。結合前述分析，剔除了不顯著變量及多重共線性量，得到最終的估計式如表6-3所示。

表6-3   多元迴歸結果

解釋變量	被解釋變量					
	LDBL	ZCFZL	XSJLL	ZZCJLRLA	YYSRZZLB	ZZCZZLA
C		1.298,732		-9.910,35		
MAA	0.150,779 (0.901,7)			0.218,649 (-0.781,4)		
GG	-0.450,779 (-0.003,5)***		-1.239,436 (-0.913,5)			-0.183,902 (-0.025,1)**
IEF	1.652 (0.008,4)**					
PS	2.367,491 (0.034,9)***					
DIS	0.528,270 (0.009,2)*	-0.128,49 (-0.987,1)				0.394,675 (0.051,3)**
LR	3.920 1	7.017,341	0.001,733	2.129,742	0.349,7	2.337,8
McFadden	0.079,109	0.057,451	0.211,910	0.021,870	0.091,94	0.021,638
Total	136	136	136	136	136	136

註：①*** 為1%水平上顯著，** 為5%水平上顯著，* 為10%水平上顯著；②括號內是 P 值；③LR stat 是以所有斜率係數等於零為約束條件而計算得到的似然比統計量的值。

6.3.4 實證結論

綜上，二元選擇模型檢驗顯示：解釋變量中，東道國政治穩定性、經濟自由度顯著影響跨國企業併購後績效，尤其是經濟自由度以 1.652 的彈性影響了跨國併購績效。代表企業內部制度的解釋變量中，企業跨國併購經驗對跨國併購績效的影響並不顯著，與既有研究結果存在較大差異。高管更迭次數則以較弱的顯著性以 0.109 的彈性對跨國併購績效產生影響。關於跨國併購經驗對跨國併購績效影響不顯著的原因，我們認為可能是樣本的關係，表現為所採集數據年份較集中、時間較短，難以累積足夠的併購事件，從而導致瞭解釋力的不足。

6.4　本章小結

本章我們通過 Probit 模型檢驗對從母國到東道國的制度變遷對跨國併購企業併購績效的影響進行了檢驗。檢驗結果顯示：東道國政治穩定性、經濟自由度顯著影響跨國企業併購後績效，其中，經濟自由度以 1.652 的彈性影響了跨國併購績效，企業微觀制度解釋變量中高管更迭次數則以較弱的顯著性以 0.109 的彈性對跨國併購績效產生影響。東道國法律、經濟、政治及文化都對跨國併購績效有顯著影響。

因而，下一章我們將根據跨國併購進程，跟隨跨國企業進入東道國，近距離觀察東道國制度環境對外來併購企業的影響。

7 跨國併購所面臨的東道國制度環境分析

參與跨國併購的企業經歷了東道國複雜環境的考驗後自然提升了對複雜環境的適應能力，提高了企業對於未來績效的期望。外部環境迫使企業改變適應環境變化的壓力，外界倒逼下的行為可能會瓦解企業原有的剛性機制。知識的累積可以幫助跨國企業更好地利用現有的資源去探索和發現新機會、累積新知識、實現技術創新。東道國宏觀制度會對參與跨國併購的中國企業產生顯著影響，當然，正如前面文獻所述，這一影響可能是正向的也可能是負向的。

7.1 跨國併購中經濟租的尋求對東道國的影響

通過跨國併購進入東道國的跨國企業更有可能獲得東道國各類戰略性稀缺資源，這可以給母公司帶來更大的收益與獨有的競爭優勢，伴隨這一資源獲取過程的是跨國併購企業的經濟租尋求。

7.1.1 基於跨境併購的企業經濟租尋求

7.1.1.1 中國企業跨境併購動因分析

東道國對外來併購資本的審慎態度讓我們困惑。按照錢納裡雙缺口理論所講，東道國，尤其是處於既缺資本又缺技術的發展中國家東道國，應該是十分歡迎外來資本的，但是為什麼對於跨境併購進入的資本挑三揀四呢？這讓我們不禁想到，是不是跨境併購動了東道國的蛋糕，又是觸動了東道國的什麼利益呢？這需要通過觀察跨境併購企業動因來得知。這一方面有助於我們理解東道國嚴苛要求的來歷，另一方面有助於從動因方面解釋中國掀起跨境併購高潮的原因。

现有文献多将跨境併購動因分為四類：資源尋求型 FDI、戰略資產尋求型 FDI、市場尋求型 FDI 以及效率尋求型 FDI。

國外研究中，最初的小島清認為跨境併購的動機可以劃分為三類：自然資源導向型 FDI、市場導向型 FDI 和生產要素導向型 FDI。鄧寧（1993）則進一步提出，處於不同生命週期的跨國企業的國際化動因是不同的，企業初始跨境併購的主要動因是資源導向與市場導向，而效率導向和戰略資產導向則表現為企業進一步成長過程中的追加投資，其目的在於促進企業全球戰略一體化。其後，鄧寧（1998）進一完善說：「過去的 20 年中，跨境併購動機的最顯著變動就是出現了大規模的戰略資產尋求型投資。」此類投資目的是從東道國獲取新知識或戰略資產，強調以投資逼近東道國創新中心，企業進行跨境併購的影響因素可以大致分為市場規模與結構、跨國貿易成本、併購成本、外界環境、併購可行性五方面。國內的早期研究中，王元龍（1996）將企業跨境併購動因細分為追求高額利潤、資源導向、市場導向、效率導向、分散風險、技術導向、追求優惠政策、環境污染轉移和全球戰略九類。王躍生（2007）認為跨境併購動因可分為尋找低成本型、擴大市場型、尋求資源型及利益驅動型，其中占較大比重的是利益驅動型跨境併購。在前述規範分析的引導下，部分學者進行了實證檢驗。伊頓等（1996）使用美國和日本 1985—1990 年的數據發現日本跨境併購是成本導向型，美國則是市場導向型。

關於中國企業跨境併購動因的實證分析在 2000 年以後才出現。巴克利等（2006）發現中國加入 WTO 後跨境併購動因出現顯著變化，業務方向顯著多元化，市場尋求型跨境投資顯著增加，原有資源為導向的跨境投資在發展中國家盛行，並出現向政治風險較高的國家擴展的趨勢。劉陽春（2008）基於問卷調查的研究顯示，中國企業跨境併購的動因表現為市場拓展、企業成長、戰略性資產尋求、市場勢力移植、自然資源尋求以及跨越貿易壁壘等幾類。邱立成等（2008）基於 1978—1980 數據的研究發現對外貿易、資源需求、工資水平等宏觀因素對中國跨境併購有顯著的影響。同期的代中強（2008）關於中國省際面板的分析亦得出類似結論，認為中國企業所有權、技術優勢、經濟發展和貿易壁壘規避是主要動因，代中強（2008）明確提出，壟斷優勢論、鄧寧的經濟發展與跨境併購關係說、規避貿易摩擦的動機理論能夠解釋中國企業的跨境併購行為，而威爾斯的小規模技術優勢理論和拉奧的技術地方化優勢理論並不能夠解釋中國跨境併購行為。張建剛（2011）關於中國 2003—2009 年的省級面板分析發現，中國跨境併購動因存在區域非均衡特徵，其中東部地區內部差異是引起中國跨境併購總體分布差異的主要因素，經濟發展水平對各地

區跨境併購均有重要影響，東部地區表現為自然資源尋求型、效率尋求型和戰略資產尋求型動機，中部地區為市場尋求型和自然資源尋求型動機，西部則主要是市場尋求型動機。董莉軍（2011）則強調了始於 2007 年的次貸危機對資本跨境流動的影響，認為國內生產總值、戰略性資源依賴性、出口貿易以及外匯儲備對中國企業跨境併購影響顯著。

但也存在不一致的實證結果。張為付（2008）的研究顯示出口規模、國內生產總值、民營經濟比重、政府支持力度等經濟、政策因素對中國企業的跨境併購有顯著的正向影響，而人民幣匯率、進口規模、遭受反傾銷頻次和國際化人才對跨境併購有較顯著的負向影響。黃靜波等（2009）認為出口、能源需求、國民生產總值、製造業 RCA 與 OFDI 顯著正相關，其中出口、能源需求的變化對中國的跨境併購影響最大，而貿易壁壘規避和經濟制度變化對其的影響則不顯著。

綜上，可以說中國企業對外投資的基礎基本明確，現有對中國跨境併購動因的研究主要是前述發展中國家模式。而《世界投資報告 2006》明確提出，發展中國家跨國投資的動因一般會包括母國企業營運成本、母國國內競爭、東道國市場環境、母國與東道國國政策環境比較、企業全球化意識、企業戰略和政治動機等，尤其是資源的獲取動機。實際上，早期中國跨境併購事件多是出於中國的國際聲譽與國際地位進行的國際政治合作與經濟援助，其後主要表現為兩種類型：貿易促進型和資源導向型。後期則多是基於資源尋求進行的跨國投資，但是伴隨著發展中國家民資意識的覺醒，中國的跨境併購開始日漸注重對本國資源的合理開發與利用，更多的企業不得不冒著各類風險進行追求企業利潤的投資行為，當然其中很大部分是在政府宏觀政策引導下的行為，2000 年以後才逐漸出現貿易壁壘跨越型和成本導向型對外投資。

7.1.1.2 跨境併購動因共同點：經濟租的尋求

以上是很多學者認為的跨國公司投資動因，然而，這些企業跨境併購的出發點多是基於核心戰略的全球資源搜尋。

資源基礎理論的觀點告訴我們企業所擁有和控制的戰略資源是持續競爭優勢的來源。伴隨著全球大市場的逐漸形成，獲取持久的全球競爭優勢是跨境企業全球經營的重要戰略目的之一。而戰略性資源的累積具有路徑依賴和漫長演變的特點，因此現實的情況是很多跨國公司通過在全球範圍內進行戰略資源搜尋來適應其跨國經營的需要。戰略資源尋求表現在以下幾方面：

第一，通過全球資源搜尋與累積，追求全球範圍內的經濟規模，構築基於高額沉沒成本的可置信進入威脅策略，從而使跨國企業獲得壟斷利潤，即所謂

張伯倫租金（Chamberlinian Rents）①。

第二，通過全球資源的搜尋與累積，實現全球稀缺資源的內部化整合，使跨境企業獲得超額利潤，即所謂李嘉圖租金（Peteraf Rents）②。

第三，通過全球知識和技能等高能力量資源的搜尋與累積，獲取基於系統性創新的超額利潤，即所謂熊彼特租金（Schumpeter Rents）。作為企業持久競爭力的核心，知識與技能在行業內分布呈現顯著聚集特徵，資源稀缺性特徵明顯且難以複製，因而通過全球併購搜集，可以獲得典型的熊彼特租③。

第四，跨國公司全球戰略資源搜尋的另一個目的是獲取全球範圍內的協同租金（Synergistic Rents）。不同區位、不同行業戰略資源具有各自的獨特性，即所謂異質性資源，全球範圍內異質性戰略性資源搜尋累積可以使這些戰略資源相互結合，進而產生顯著協同效應，可以提升系統整體資源戰略價值，進而獲得協同租金或者增效租金。

7.1.2　跨國併購對東道國國家利益的影響

既然跨境併購過程中產生了各類經濟租，而經濟租的目的都是逐利的，都是為了超額利潤，那麼這追求超額利潤的經濟租生產過程會對東道國產生什麼樣的影響就是我們必須要關注的下一個問題了。

7.1.2.1　跨國併購帶來「跨國控制」

正如前面關於企業全球資源尋求所講的，併購是依賴建立長期關係，追求持久利益與企業營運控制的投資，而跨境併購則意味著投資者對其東道國居民、企業甚至政府的管理施加外部影響，即無論併購還是跨國併購都是基於控制所表現的影響力。

傳統跨國公司理論強調，這種跨境控制影響的對象是企業，但企業作為市場經濟基本活動單元，跨境併購方對其的控制可以通過企業傳導到東道國國家本身，進而形成外來資本對東道國的跨國影響。雖然跨境兼併行為可能會給東道國帶來技術溢出效應和資本累積效應，但是伴隨外來資本的「跨國控制」卻讓東道國躊躇於其外溢，這一點值得我們關注。

---

① 張伯倫和羅賓遜夫人1933年同時提出，他們認為，壟斷者往往通過價格上的戰略協同或協同行為來獲取一個利潤最大化的價格和產量，並最大限度地擴大其短期利潤。

② 李嘉圖1993年提出，租金的創造是企業擁有獨特資源要素的結果，這種獨特資源要素具有價值性、稀缺性和不可替代性3種特質（康納，1991），它是早期租金理論的重要特徵。

③ 熊彼特1942年提出，競爭是一種創造性破壞的過程，熊彼特租反應了企業對競爭這種客觀存在行為的回應方式。

基於跨國併購產權交易的各類租金會增加東道國市場交易成本：
（1）跨國併購的主要動機是控制。

在跨國併購實踐中併購模式並非總是一目了然，可能有很多變種，但獲得產權，進而實現對企業控制權的爭奪是跨國併購企業一個無可辯駁的基本特徵，如最近湧現出來的典型新型併購模式——三角合併、反三角併購、買斷兼併、母子合併等。

①三角合併。三角合併是指收購發起方全資建立一個子公司，之後將被收購公司兼併進該全資子公司。這樣做可以達到兩個目的：一是收購發起方獲得了被收購方全部或部分股份；二是收購發起方不需要為被收購方的債務承擔責任。

②反三角併購。相較於三角併購，反三角併購則稍顯複雜，併購發起方企業通過設立新的全資子公司並將其合併進併購目標企業，而實現目標企業吸收新設子公司股份的目的，使得這些股份成為被收購企業股份。當被收購企業獲得收購發起方企業股份時，被收購企業就成了收購發起方的全資子公司。這類交易的突出特點是目標公司所擁有與當地政府簽訂的不可轉讓資產不會轉移到收購企業，而是保留下來，同樣，覆蓋被收購方企業的稅收優惠也不會受到該交易的影響。

③買斷兼併。買斷兼併亦稱擠出兼併，是為了驅逐不受組織歡迎的股東，在這些交易中，股東將被迫出讓其股份。一般此類併購的發起方就是原來的母公司，母公司併購其原有子公司後，原有部分子公司股東獲得債券，而組織想要驅逐的股東則按所占股份價值給付現金後解除其公司所有權關係。通過這種交易既可以倒逼不受歡迎的股東退出，又可以實現通過拍賣清除持有非流通股股東的目的。

④「母子」併購和「子母」併購。顧名思義，併購後存續的是子公司就是子母併購，存續的是母公司就是母子併購。一般此類併購的目的是試圖實現註冊地或成立地點的變更，在此過程中可以通過母公司註資在新址成立全資子公司，接著通過子母併購實現變更註冊地的目的。

無論資源尋求、市場尋求還是效率尋求，都是通過產權交易實現各類資產控制的。新制度經濟學從企業有效邊界入手，將跨境併購的討論引向了企業邊界的討論，認為跨國併購是產權交易形式下的，基於交易成本變動的微觀制度變遷現象。按照新制度經濟學觀點，企業併購實質並非單純的資源配置問題，而是企業的制度邊界重構。無論是基於外部市場不完全的跨國服務延伸，還是為了發揮企業既有所有權優勢而進行的跨國併購，其本質都是產權交易，其交

易對象，無論是資源還是技術抑或是品牌，都是企業產權的交易，其實質是對企業控制權的爭奪。企業一體化過程直接確定了產權控制的統一範疇，進而明確了企業邊界所在。作為國際範圍內資產配置方式的跨境併購要求跨境併購參與者必須通過掌控一定企業股來實現對所投資企業營運的掌控①。作為市場活動組織形態的一種，企業本質上是一種產權配置方式和契約設計安排。不同產權安排決定了不同的權、責、利關係以及相對應的治理結構，從而也要求與特定的激勵機制、外部約束及行為目標、方式相對應，並最終深刻體現在企業運行效率上。

（2）這類控制減少了跨境企業內部交易費用，但卻導致了企業與東道國間交易費用的上升。

顯然，上述所列舉的新型併購類型雖然節省了企業內部交易成本，但是卻給監管方帶來交易成本的顯著上升。交易成本是新制度經濟學的核心理論。跨境產權變動帶來的交易成本變動是判斷併購效率高低的一個標準。科斯（1937）強調為達成交易而產生的所有的搜尋成本、信息成本、談判成本與簽約成本總和構成了企業交易成本，其最大特徵是指生產過程中不直接產生成本。

制度變動首先表現為交易成本的變動。跨國併購涉及顯著的交易成本變動。產權的界定與資源配置的改變帶來包括企業治理在內的企業微觀制度變遷，併購後產權配置次序決定了主體間交易費用的大小，也決定了經濟活動參與者的交易、知識的獲取、創新，甚至決定了制度變遷推動力的大小。一方面，跨境併購後企業內部交易成本將顯著下降，企業在尋求國際化過程中，會面臨諸如信息不對稱的問題、資源控制權帶來的定價難問題，必然希望通過內部化過程實現交易成本的降低，因而跨國併購就成為一個直接的有效途徑。另一方面，企業與外部市場間的交易成本卻會顯著增加。跨境併購發起方通過股權交易獲得併購方全部或部分企業控制權的行為直接反應了代表外來資本的發起方，將東道國企業資源納入自己的自利籌劃中的企圖。

7.1.2.2 「跨國控制」影響東道國國家利益

伴隨跨國併購進入東道國而來的跨國產權交易直接與東道國國家利益息息相關。

---

① 關於擁有多少股份才能構成直接投資，各國的立法並不一致，但多數國家認為持股數必須達到一定比例。中國法律規定，在外商投資企業中外商出資不得低於25%；日本與美國目前均以出資比率10%為基數，出資比率在10%以上的投資為直接投資，出資比率在10%以下的投資為間接投資。

（1）國家利益具有多層次與多面性。國家是自然人和組織構成的利益團體，其利益主體是國家。單個自然人是利益集團，不同利益集團也可組成利益集合體，國家是利益集團，企業也是利益集團。利益集團必須要滿足其成員的福利改善需求。國家利益涉及所有自然人與法人，國家利益是對各類主體需要的滿足或對各類主體設定目標價值的達成。人的需要涵蓋各個方面，因而利益具有多層次性和多面性，大體表現在以下幾方面：

①國家利益具有顯著多層性和多面性特徵。國家利益的功能是保證國家作為利益分配主體的存在、發展，並按照承諾改善其各類成員的福利狀況。

②國家利益具有顯著的主體特徵，並且國家利益顯著獨立於其他主體利益，各國對國家利益的認識在具有相通之處的同時也具有各自的主體特性。

③國內利益分配機制變動可能給國家利益帶來影響，國家代表自然人和各類經濟體維護國家利益。

④國家利益具有動態特徵，將伴隨國際與國內政治、經濟、社會變動而演變。

⑤不同利益集團之間的利益有相通之處亦有一定差異。集團利益與成員利益具有一定的相對性，利益集團首先要保證自己利益的達成，之後才能實現改善其成員福利狀況的功能。

（2）稀缺性背景下的國家利益內涵十分豐富。由於相對有限的資源不足以滿足各類主體的需求，所以利益是動態的，在不斷變化之中，是建立在比較概念上的，表現為主體利益的時序性與相對性，既要與主體過去利益比較又要與第三方其他主體利益進行比較。與跨國併購問題相關的國家利益應當且不止包括如下含義：

①國防利益。國防是確保國家作為利益分配團體存在的物理條件，由於利益主體的存在決定了其利益的存在，所以這一利益至關重要。

②經濟利益。國家的存在意義之一是確保各類國民主體的福利獲得不斷改善，而國家經濟利益則是確保國民利益獲得改善的保證機制。

③基於國際關係的國際利益。國際利益是國家的必然組成部分，作為平等主體，國家間利益分配需要確定的國際秩序來維繫。

④基於相對實力的國家利益。國家作為利益主體在與其他利益主體的比較中實現其自身利益，擁有相對強大實力的國家能夠設計並控制各類利益分配機制，進而借此改善自己及國內各類主體的利益格局。

⑤基於文化認同的國家利益。作為主權組織存在的國家多是民族國家，即使是多民族國家，也都有特徵明確的國家文化或者民族文化，這是國家作為獨

立主體的本質特徵之一，因而伴隨文化認同而來的國家利益就越發受到各國的重視。

（3）有序的利益分配機制是國家利益分配所必需的。利益主體的理性反應是致力於保證自己的利益增加或至少避免自己利益受損，這驅使各類主體追逐其自身利益的最大化，但是無序的追求可能使得所有主體的利益都無法保證，因而合理的利益分配機制成為必須。

利益分配控制機制呈現顯著多樣性特徵。科學的利益分配控制機制可以使各類利益主體收益增加，不合理的利益分配控制機制會造成利益的損失。政治制度是利益分配控制機制，法律是利益分配控制機制，風俗習慣亦是利益分配控制機制，這些利益分配控制機制可以表現為公司治理、契約安排甚至是軍事行動。實踐中，這些控制機制的表現各不相同，企業層面的控制機制表現為企業重大事項的控制權，涉及跨境併購的利益控制機制則表現為對損害國家利益的控制權。當較高層次的利益受損時，這一狀態就被稱為不安全狀態。

（4）正如前述所講跨國併購可能為主權國家提供跨國控制的平臺，而跨國控制可能對東道國利益帶來損害。

①跨國控制可能威脅東道國國家政權的存在。一個典型案例就是智利與美國的銅礦之爭。智利銅礦保有量居世界前列，作為重要戰略物資，這引起了美國的跨國公司的窺視，20世紀60年代，來自美國的兩家跨國企業控制了智利近80%的銅產量，為擺脫美國對本國支柱產業的控制，1958年，智利宣布對外資銅礦進行全體國有化，這直接影響了美國對銅的需求，導致了所謂的產業安全問題。美國政府在對智利進行經濟封鎖的同時資助皮諾切特發動軍事政變，甚至直接刺殺其總統阿基諾，這直接威脅到了東道國的主權獨立與完整。

②跨國控制可能威脅東道國的經濟整體。邁哈色爾（2000）強調：併購使得原先就很強大的企業更加巨大，部分大型企業的力量已經超過中小國家。我們在歡迎外來資本投資的同時也開始擔憂毫無節制地引入外來資本可能會對本國市場帶來毀滅性打擊①。

③跨國控制直接損害東道國競爭力。20世紀初，美國外來資本主要源於德國，一戰爆發後的1915年，一名德國外交官遺失的公文包中的公文顯示，在美的德國企業擔負著刺探美國及其協約國情報、削弱其戰鬥力的任務。

④跨國控制可能損害東道國民族企業和主導產業利益。UNCTAD在《2000

---

① UNCTAD: World Investment Report 2000, Cross-border Mergers and Acquisitions and Development [R]. New York and Geneva, 2000.

年世界投資報告》提到:「作為全球市場供應壟斷者,跨國併購方可以控制東道國市場,可能會嚴重影響東道國市場競爭程度,甚至導致外來資本對全行業的控制。」

(5) 有鑒於跨國併購帶來的東道國利益損害的可能性,各主權國家都積極設置制度性防禦工具來防止跨國企業損害國家利益。這些工具廣泛分布在政治領域、法律領域甚至文化領域。常見的規範手段包括產業政策、市場規則甚至對外來資本的直接限制。其中,產業政策通常表現為法律、法規和條例等形式,多集中表現為國家允許、限制或禁止外國投資進入的行業領域的列舉上。市場規則主要在反壟斷或其他違反行業競爭等方面發揮作用。直接限制則往往容易導致以偏概全,忽視跨國併購帶來的積極意義。

這些對外來資本的規範散見於東道國各類制度中,形成了跨國併購企業進入後必須要面對的制度環境。

7.2　跨國併購面臨的東道國政治環境分析

政治風險是跨國併購進入企業必須要考慮的問題。風險是不確定性事件發生的可能性,《對外投資合作國別(地區)指南》(2009)將中國海外直接投資所面臨的外部風險大體分為如下幾類:主權風險、政治風險、法律風險、安全風險、利益相關者風險、文化風險以及環境保護風險。其中政治風險主要是針對跨國企業在東道國的宏觀營運環境提出的,目前的概念尚不夠成熟(哈塔布等,2007)。

早期關於政治風險的研究源於亞瑟(1965)和魯特(1968)的討論。他們較早關注了部分國家湧現的主權獨立運動,這些國家的政治動盪與國有化趨勢所導致的政治風險凸顯,對外來資本造成了重要影響,這些研究最早將投資風險從商業風險領域引入宏觀因素領域。他們認為該風險多指國際經濟活動中因政治因素而導致經濟損失的風險,是與東道國政治、經濟、文化及制度有關的較難預測與控制的非商業風險,一般認為會涉及宗教、紛爭、種族、抗爭、戰爭衝突等方面的風險。這個相當寬泛的定義目的是捕捉跨國公司在海外可能遇到的非經濟風險。在亞瑟(1965)、魯特(1968)研究的基礎上,羅博克(1971)、科布林(1979、1983)進一步引入了新興市場國有化與政治動盪對外來資本的影響。

近些年關於政治風險的研究出現了許多新特點。發展中國家風險凸顯,政

府的強制干涉、東道國低效率的官僚體制、東道國腐敗與官員尋租、恐怖主義活動、第三國干預風險與技術型貿易壁壘風險引起了大家的關注。

梅爾德（2009）認為政治風險源於政府控制、社會結構以及其他非經濟因素波動，甚至可能源於各階級在國家中的地位、政府決策程序乃至國家傳統。顯然梅德爾已經將政治風險的外延擴展到了宏觀因素方面，源於東道國政治、經濟、文化等風險因素會致使外來資本的債權收益蒙受巨大損失。

7.2.1 政治風險對外來資本的影響

進入21世紀後，國際經濟金融動盪的加劇對跨國併購企業的影響更為明顯，更多研究關注了政治風險對外來資本的影響（璐恩比拉，2005；亨普希爾，2008；杰嘉爾克，2007）。

既有文獻關於政治風險對資本流動的影響大體分為兩類：一類從政治風險構成角度進行，一類研究則側重考慮國別風險對OFDI的影響。

理論上，政治風險的存在對跨國公司進入當地市場具有顯著抑製作用，這一風險一般通過增加跨國公司經營財務結果的不確定性實現其負面影響。一國政局動盪、罷工或騷亂、執政腐敗、法治缺失、政府契約失信都會大大降低東道國對外資的吸引力。同時，對於政治風險多樣性認識不足的企業一旦選擇跨境進入，政府規制缺失產生的創租行為、利益集團的院外活動、法治薄弱帶來的契約修改等政治風險的顯現將對跨國公司投資產生不利影響，將可能出現財務損失、人員傷亡、經營連續性喪失、計劃外開支或營運計劃意外調整，企業必須為此投入一定資源以管理政治風險，由此便造成了政治風險機會成本的上升。

規避政治風險首先要考慮將東道國利益與訴求納入企業決策範圍。東道國政治風險帶來了徵用風險，徵用風險的威脅程度取決於跨國企業的進入方式（哈尼什，2000）。拉姆凱蘭（2002）在對26個歐洲國家1992—1994年的跨國投資風險問題進行觀察後發現，內戰、資本外逃、金融環境不穩定以及腐敗與政治風險顯著相關，穩定的政治與經濟環境有助於降低跨國投資的不確定性。瑪麗爾等（2008）運用動態博弈模擬了東道國徵用、東道國福利以及外來資本三者間的關係，強調對東道國利益的關注將減小政治風險出現的可能性。

辛格等（2008）發現，國家對於出口的態度決定著引進外資程度，政治風險因素的重要程度隨時間而變化，目前政治風險對外來資本的影響已經成為除東道國政策、貿易壁壘和資本約束外的首要因素。格洛伯曼等（2003）提出官僚作風嚴重程度反應了官僚主義性質及極端情況下的腐敗受賄程度，這無

論對跨境資本還是出口都非常重要。璐恩比拉（2005）、阿格沃爾等（2007）、勁嘉爾克（2007）、王（2010）及克利克（2005）亦得出類似結論。

實證方面的研究傾向於找到政治風險對企業實現利潤最大化目標產生存在負面影響的證據。亨普希爾（2006）對於南方共同市場成員國的觀察發現，21世紀初類似玻利維亞、委內瑞拉以及厄瓜多爾等以能源行業國有化、私營企業無償徵收及限制外來投資為特徵的國家，其執政黨外資政策轉向降低了這些國家對外資的吸引力，也降低了外來投資對未來的預期，有損其市場經濟國家聲譽。辛格和瓊（2008）利用發展中國家混合模型的實證發現：政治風險以及商業環境對企業跨國經營將產生決定性作用，國家外資流入較少的重要原因就是政治穩定性較低。豪澤（2008）對20世紀90年代前後中東歐和蘇聯等轉型國家的觀察發現，東歐劇變後的中東歐國家放鬆了外資管制政策，但是在這些國家的外資企業仍面臨著不穩定的法律環境、薄弱的私有資產保護、利潤匯回風險、匯兌風險以及宏觀經濟不穩定等風險，面對這些潛在危機，外商會推遲投資。哈爾姆（2002）、依艾尤（2007）也有類似結論。

阿格沃爾等（2007）對1998年亞洲經濟危機中馬來西亞、日本、中國香港地區及臺灣地區的觀察提出，東道國外資政策、法律制度、政治環境以及母國對資本外流的態度直接影響著跨境資本輸出，這些地區對投機者的投資行為以及匯率政策的限制加劇了外商投資者利潤匯回的難度和風險。

尤其值得一提的是，最近政府對恐怖主義活動的態度對OFDI的影響引起了學界的注意。曼庫索（2010）基於全球恐怖主義指數①的角度討論的恐怖活動風險對外來資本的影響顯示，東道國防、控恐怖主義活動的實際能力直接影響著外來資本的投資決策。同期的弗雷等（2010）強調，外來企業很容易受到恐怖主義活動的影響，恐怖主義活動對外企經營的影響預期將直接影響到外來資本的區位選擇，一般來講，企業都傾向於進入恐怖主義風險預期較小的國家或者地區。

不幸的是，不同檢驗結論依然存在。鄧寧（1981）基於遞進多方成分區域間聚類分析相接的研究提出，政治風險不會對外來資本進入造成影響。惠勒等（1992）、喬恩等（1996）及比斯瓦斯（2002）亦提出了類似結論。艾格等（2005）關於77個國家1995—1999年的樣本觀察甚至提出了更加有趣的結論，其認為腐敗有可能在過度管制前提下扮演著鼓勵外來資本通過尋租進入的角色，而這顯然與魏（1998）的結論形成鮮明對比。

---

① 英國世界市場與研究中心編制。

國內學者宋清華（1993）、杜奇華（1995）、傅磊（2007）及劉旭友（2008）等亦從國家風險角度觀察了政治波動對跨境資本流動的影響。

綜上，雖然認識並不一致，但是基本上可以得到以下幾方面結論：首先，國家經濟風險中的經濟風險和金融風險對 OFDI 都產生了顯著影響，相對於金融風險，OFDI 對於經濟風險的反應更為敏感；其次，相對於發達國家，外來資本更易受到發展中國家東道國政治風險影響；最後，母國政治風險對 OFDI 也有實質的負向影響。

7.2.2　區域政治風險對外來資本的影響

目前關於對外直接投資的政治風險研究集中在兩個議題上：其一，是否值得去高風險區域投資；其二，如何劃分區域投資風險。

目前區域政治風險研究多集中在與中國存在地緣、文化淵源，並且在經濟結構方面存在互補性的國家（地區）。成（2004）、璐恩比拉（2005）、亨普希爾（2008）對非洲、拉丁美洲等地區的研究，豪澤（2006）、愛伊澤曼（2002）對轉型經濟體如蘇聯和東歐國家的研究都關注了類似主題，強調進入 21 世紀後，發展中國家日漸覺醒的民族主義情緒給跨國企業帶來了新的政治風險。中國企業對部分高風險地區投資是顯著的收益與風險同在的情況。伴隨經濟快速發展與資源詛咒的進一步迫近，跨國經營已經成為企業獲取資源的重要途徑，但資源豐沛國家（地區）往往政治風險頻發，宗教衝突、政權動盪以及地區矛盾頻發。帕杰羅（2008）明確提出非洲、西亞、南美、中亞以及亞洲南部國家的政治風險較高，而北美、歐盟、大洋洲、中東地區以及東南亞國家的政治風險相對較小。

部分研究強調區域投資政治風險的構成，認為主要有戰爭、腐敗、政權動盪、宗教衝突及恐怖主義等因素會引發跨國企業境外子公司經營環境變動，並導致跨國公司預期收益發生顯著波動（麥德倫，2000；阿格沃爾，2007）。目前中國企業跨國併購多集中在礦產、能源、水利以及農業上，這類行業存在高污染、高能耗甚至存在掠奪性資源開發行為，屬於較高的政治風險影響領域（王倩，2013；上官朝鋒，2012；蔣妲，2011；陳煉 2008；許梅，2011；李全勇，2009；趙明東等，2013；李明思，2007）。

7.2.3　思考：政治風險影響下跨國併購企業怎麼辦

顯然，既有文獻給出了這樣一個共識：發達國家政治風險稍小，但是國家經濟安全審查較嚴格，發展中國家的國家經濟安全審查意識較弱但是腐敗及政

治動盪較嚴重。不一樣的實證研究拋給我們一個重要問題：我們是否應放棄去高風險地區投資？

實際上我們認為，無論是發達國家還是發展中國家，這都不是問題的關鍵，其關鍵是我們能否適應這一政治風險對跨國併購企業的影響。

宏觀上，有人提出應優先選擇經濟相對困難但有能力維持全國局面總體穩定的東道國。但是實際上，即使總體上堪稱外資政策最自由商業環境良好的美國，仍然存在社會動亂、政府官員敲詐勒索等在發展中國家常見的問題，而且更加值得擔憂的是針對外資的政治安全審查以及泛政治化傾向突出的特徵，因此目前關於政治風險與 OFDI 關係的實證研究結論並不明確。

微觀上，無論前述對外直接投資動因有多少種，企業的出發點都是追求高額利潤。實際上跨國經營的相對高利潤是比較國內投資收益而言的，是追求利潤最大化的企業對於投資環境的一種反應，而舊有的國內市場容量實際上扮演了制約企業對高額利潤追求的角色（王元龍，1996）。在此動因下，理性企業為追求利潤最大化，將自投資決策之初就從源頭上考慮降低政治風險的影響。

因而實際上我們需要做的是進一步明確政治風險對外來企業的影響是通過什麼樣的渠道產生的。下一章我們將從這一角度出發試圖在以下方面做出貢獻：將政治風險的影響內生化。我們將著重考察政治風險對於 OFDI 影響的傳導路徑。實際上正如前述所講，風險將對有意投資的企業產生一個顯著預期，這一預期將會顯著影響企業投資動因，這就實現了政治風險影響過程的內生化。而對於風險的預期將促使企業對政治風險採取事前控制，這將比事後控制更有效。

7.2.4 世界各國投資風險現狀

關於各國的詳盡投資風險分析多採用治理指數進行的，當前較為流行的治理指數多採用的是世界銀行發布的全球治理指標（Worldwide Governance Indicators，WGI）。該指標對全球 200 多個國家和地區 1996—2008 年的政府治理狀況從六個方面進行了測度：公民參政與政治問責（Voice and Accountability）、政治穩定性（Political Stability and Absence of Violence）、施政有效性（Government Effectiveness）、監管質量（Regulatory Quality）、司法有效性（Rule of Law）、貪腐控制（Control of Corruption）。因為這不是本書研究的主要內容，故不再贅述，感興趣的讀者可以登入 IMF 網站瞭解該指數的詳細內容。

7.3 跨國併購面臨的法律環境分析

本部分所涉及的企業跨境併購的法律環境主要是指東道國執行的國家經濟安全審查。對於跨境併購審查的關注很有必要，即使本書主要關注的是跨國併購後整合，但事後反壟斷審查制度的存在使得我們不得不從一開始就關注反壟斷審查，這本身就是跨國併購籌劃之初必須要考慮的一件事。

7.3.1 國家安全的含義

安全一詞源於拉丁語 securitaso，意為脫離危險的安全狀態，以及免除危險或憂慮之物。無論在什麼層次上，安全都是利益，安全是利益的延伸和具象化。國家安全是從安全中脫胎出來的，它既是國家利益重要內容，但又並非一般意義上的利益，它是國家基本利益與最高利益結合的體現，國家安全利益是國家利益的重要組成部分。因而，國家安全的內容絕不應當僅僅局限於國防，還應該囊括所有維護國家順利發展、繁榮昌盛的方方面面。

7.3.1.1 國家經濟安全的含義

正確理解國家經濟安全含義對企業適應跨國法律環境有著顯而易見的重要性。跨國併購經濟安全審查的初始目的是維護東道國的經濟安全。

國家安全包含國家經濟安全[1]，國家經濟安全又屬於國家利益的範疇，是國家安全的延伸與發展，但國家利益又不僅僅指的是國家的經濟安全。

經濟全球化背景下，國家經濟安全的內涵伴隨著時間的改變而發生顯著演變，主權國家對外來跨國併購審查的態度反應了該經濟體對國家利益範疇的認識。

冷戰期間，以美國為代表的發達市場經濟國家認為經濟安全主要由兩個核心議題組成：①首要安全問題是經濟安全還是國防安全；②環境變動情況下美國是否應當實施更具戰略性的產業政策。1971 年第一次經濟危機則給出了直接的回答，「能源危機、通脹、工業成本上升、國際收支平衡」都應該屬於國家經濟安全範疇（泰勒，1974）。進入 20 世紀 80 年代後，迅速崛起的日本讓美國產生了擔憂，甚至一度覺得日本的經濟發展遠甚於蘇聯的核威脅。

---

[1] 楊智勇. 跨國併購中的國家安全法律問題研究 [M]. 北京：中國商務出版社，2011：144.

第一次正式提出國家經濟安全的是日本於 1980 年發布的《國家綜合安全報告》。歐美也緊隨其後相繼將國家經濟安全列入國家安全範疇。此後國家安全的含義愈加豐富，成為一個靜態與動態的結合，其應該是一種客觀存在與主觀能動的結合，是主動安全與被動安全互動的融合。一國經濟與政治體制格局、經濟發展程度、軍事力量對比、對外開放程度、自我保護能力等都已囊括進國家安全審查中，其中經濟安全作為物質基礎佔有重要地位，經濟安全在很大程度上對一國政治與軍事安全有著顯著的先決性影響。

國家經濟安全維護能力反應了一個主權國家的綜合實力，一般來說，這種綜合實力試圖保證主權國家的根本經濟利益不受侵害，它包括但不限於國際競爭力、風險抵禦能力以及國家可持續發展能力。這一理解下的國家經濟安全至少應包括兩層含義：一是此狀態下，國家不受任何來自內外部因素的侵害；二是此狀態下，國家有能力維護自己功能的正常發揮，有能力保護自己的功能正常發揮，可以實現可持續發展。

7.3.1.2 國家經濟安全在國家安全中的地位

根據侵害主權國家經濟安全的不同來源，可以將國家經濟安全分為外源性與內源性安全問題。所謂內源性安全是指反應在國內經濟運行障礙中的問題，如支柱產業缺乏競爭力、國有資產流失、嚴重通貨膨脹以及經濟泡沫等。外源性安全則是源於外來資本或者對外貿易領域的不確定性因素，如跨國公司影響、國際熱錢、對外貿易關係變動、輸入通脹等。

經濟因素作為生產方式與生產力的體現，在社會發展中起著核心作用，作為國家安全的核心環節，國家經濟安全在政治、經濟與軍事三大國家安全領域中起著決定作用，其關係如圖 7-1 所示。

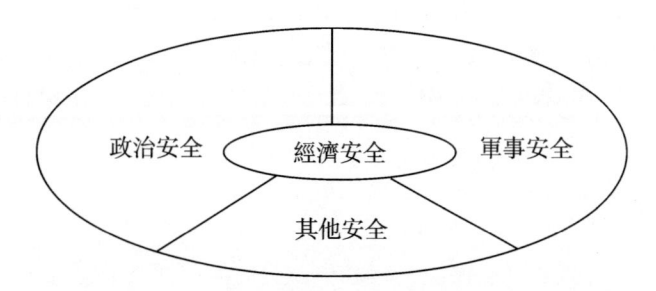

圖 7-1　經濟安全在國家安全體系中的位置示意圖

經濟活動作為生產力、生產關係相互作用的重要途徑，對主權國家的經濟與社會發展起著關鍵作用。學者關於經濟安全與其他兩個領域內安全關係的認識基本上可以分為三類：國家經濟安全是政治安全與軍事安全的附屬品；國家

經濟安全是經濟安全的根本利益；國家經濟安全是經濟全球化背景下的非經濟安全問題（張幼文，1999；馬奇克，2006）。

國家經濟安全、國家政治安全以及國家軍事安全三者之間互為因果關係。作為國家政治安全及國家經濟安全的載體，政治權力不過是一種用於實現經濟利益的手段①。國家經濟領域的安全狀況不僅直接關係到其在經濟領域內的利益，還關係到其在其他領域內的收益，經濟利益的損失將直接反應在其他領域中。

目前各國對於經濟安全的依賴前所未有。作為主權國家經濟實力的象徵，國家經濟安全這一實力可以創造有效的軍事能力，軍事能力又維護了經濟環境，創造了穩定的政治秩序，這一切對於維護自身戰略優勢、維持穩定的國際關係具有重要意義（艾希禮等，2000②）。

另外，作為國家經濟安全的重要目標，主權國家的國家經濟安全必然包含通過經濟措施實現國家安全的含義。如果沒有足夠的經濟實力，就無從談起強大的軍事實力，更無從談起軍事現代化（莫瑞爾莎瑪，2008）。

此外，在國際交往中，國與國之間的政治關係、軍事關係甚至國際產業鏈分工位次的決定也都建立在相互間經濟實力基礎之上，伴隨經濟全球化，國家經濟安全在國際經濟關係中已被視為國際經濟競爭力的重要象徵。

綜上，國家經濟安全的作用至少體現在以下三方面：

（1）國家經濟安全首先意味著經濟獨立、完整。主權國家經濟獨立要求牢牢掌控關係國計民生的支柱產業與戰略性物資，為達到平等參與國際事務的目的，必須實現本國所需產品基本上自給自足，進而保證其國際交流活動的有效性。地球村時代的重要特徵是國與國之間的經濟聯繫日益加強，彼此的依賴也深深加強，這是全球分工深化的表現，但是這也意味著經濟系統的不確定性增強，一旦出現衝擊，很可能帶來系統性風險，尚未過去的全球金融危機就是一例。因而，經濟安全的隔絕風險功能已經成為主權國家實現經濟獨立的主要途徑。

（2）國家經濟安全要求一國經濟至少能可持續發展。可持續發展最早出現在1980年的世界自然保護聯盟、聯合國環境規劃署、世界野生動物基金會共同發表的《世界自然保護大綱》中，我們目前對它的認識是「可持續發展

---

① 恩格斯. 路德維希·費爾巴哈和德國古典哲學的終結 [A]. 馬克思恩格斯選集 [M]. 1972（4）：247.

② 阿什利·泰利斯，等. 國家實力評估 [M]. 門洪華，黃福武，譯. 北京：新華出版社，2000：26-27.

模式要求既能滿足當代人的需要，又不對滿足後代人需要的能力造成危害」。一國經濟安全的重要內容涉及經濟的長期平穩發展、資源的可持續利用以及一定水平國民生活福利的維護，這些集中表現為國家經濟的可持續發展。經濟可持續發展關乎一國經濟的未來，是在近期發展與遠期發展之間的一種權衡。

（3）維護國內市場秩序、保護競爭環境亦是國家經濟安全的應有之義。一個保持持續增長的經濟至少應該是一個市場環境良好、各種市場主體經濟活動互為補充的體系，行業壟斷，尤其是外來企業、對外貿易中的壟斷現象是一個主權國家決不允許的。外來資本對經濟環境，尤其是競爭環境的影響近年越來越受到主權國家的關注，因而成為國家經濟安全關注的重要領域。

7.3.1.3　跨國併購對國家經濟安全的影響

理論界就跨境併購對東道國影響的結論並不一致。無論新設投資還是併購投資，跨境投資的根本目的都是試圖控制新企業的產權，儘管這一交易的對象是企業，但企業是一經濟體主要活動單元，一旦形成對企業的成規模控制，往往就會對東道國造成影響，因而母公司就有可能通過跨境併購對東道國產生跨國控制影響。一旦跨國影響產生，就有可能將跨國併購對東道國的技術進步與資本累積作用抵消。因此，我們應將跨國併購對東道國的作用一分為二，考察其兩面性，而不能以偏概全。

1. 跨國併購給東道國經濟增長帶來的促進作用

（1）跨國併購可以給東道國帶來技術進步。寸有所長，尺有所短，無論外來併購方是來自發達國家還是發展中國家，都有可能給東道國帶來不同的技術，這一技術涵蓋了生產技術和管理技術。

（2）跨國併購能給東道國帶來資本累積。跨國併購所引入的資本可以直接給東道國帶來資本的累計增加。

（3）跨國併購能夠給東道國帶來更多就業崗位。外資的引入自然需要更多勞動力，這給東道國就業帶來重要幫助。

（4）併購行為帶來的資金與技術盤活了東道國數量可觀的存量資金，挽救了瀕臨破產的企業。

（5）外來併購的進入促進了東道國國內產業結構調整和企業組織重構。外來企業的進入可能帶來鯰魚效應，這一效應將會有助於東道國企業增加危機感，積極提高自身競爭力。

2. 跨國併購對東道國經濟帶來的負面效應

跨國企業在給東道國帶來益處的同時也會帶來值得關注的負面效應，這些影響主要是源於併購發起方的市場勢力。

(1) 行業壟斷，尤其是對關鍵行業的壟斷控制。跨國企業憑藉其區外優勢、內部化優勢以及所有權優勢可以進入東道國核心產業乃至控制支柱產業，這顯然是東道國所不願意看到的。這也是美國禁止「基礎設施」和「核心技術」行業外資進入的重要原因。尤其值得注意的是，進入支柱產業的企業即便是為東道國培訓了一部分技術人員，也不會願意將技術本地化，而是通過工作契約將對方捆綁在企業上，防治技術外泄，從而使得東道國技術出現邊緣化可能。

(2) 濫用市場勢力，影響東道國市場競爭環境。企業跨境投資的動機之一就是追逐市場份額，外來跨國併購企業往往借引入資本與技術之名，擴大東道國市場份額，進而將其母國壟斷優勢移至東道國，進而實現對東道國市場的壟斷。

(3) 導致東道國企業家成長減緩。東道國，尤其是發展中國家東道國，經濟增長的重要推動力在於本土企業家的成長，而跨國企業的進入很可能對這一成長過程產生顯著影響。跨境併購企業為發揮其市場勢力，肯定會對其競爭者採取排擠打壓的手段，本土民族企業家的成長過程可能因此受阻，從而導致東道國發展後勁不足。

(4) 導致東道國財富外流。跨國企業為實現利潤匯回與避稅，可能通過轉移價格實現財富轉移，這可能給東道國造成稅收流失和就業崗位的減少。

(5) 跨國併購企業有可能擔負著傳達母國對外政策的功能。跨國企業通過併購東道國企業可實現對東道國企業和行業的控制，進而有可能對東道國發展產生控制與影響，甚至削弱東道國主權與領土的完整。歷史上就不乏此類例子，遠有東印度公司的跨洋殖民行為，近有美國為了其在海灣國家石油企業的利益而對海灣國家發動戰爭的例證。

綜上，跨國併購企業的進入可能是一柄雙刃劍，既有其有利的一面又有其不利於東道國的一方面，所以東道國，包括發展中國家，都已經開始有了這方面的意識，對外來資本的進入採用了審慎的態度，這就突出了以反壟斷審查為監管手段的法律措施。

7.3.2　跨國併購安全審查制度概述

跨國併購是目前對外直接投資的主力軍。雖然跨國併購與綠地投資都是有效的對外直接投資途徑，但是由於跨國併購具有效率高、速度快、企業資源獲取多等特徵而被很多希望進軍國際市場的企業所採用。《世界投資報告 2011》顯示，2010 年全世界跨國併購投資占跨國直接投資的 70%，展示了跨國併購

的魅力。

跨國併購往往會引發東道國對國家經濟安全的憂慮，最早是發達國家開始構建一系列法律法規來約束跨國併購，後來發展中國家也轉變了最初的無條件歡迎外來投資的態度，轉而對跨國併購採取了審慎的歡迎態度，尤其是 1998 年的東亞經濟危機給多數發展中國家上了深刻的一課，使其認識到需要對外來資本採取一定的准入約束，這些反應在跨國併購上就是跨國併購企業所面臨的東道國法律環境。

公司跨國併購的申報分為 2 類 2 種：一類是自願申報，另一類是強制申報，強制申報又分為事前申報和事後申報。

其中併購事宜申報制度始於 1949 年的日本，其後歐美發達市場經濟國家先後提出申報制度。凡是滿足併購反壟斷標準的都屬於此法律體系的規範範疇。無論是事後審查還是事前審查，應該說都具有一定優點。

顧名思義，事前申報就是要求併購實施前就向監管機關進行申報，獲准後才能進行交易。這一方式對於官方和企業都有很大裨益，一是可以減少企業跨國併購實施過程中的不確定性，二是可以降低監管成本，三是減少了因突發監管審查導致的跨境併購過程中交易的中斷及由此而來的併購價值下降的可能性，有利於股東把握投資機會。

相較於事前申報，事後申報也有顯著優點。一方面有助於企業抓住投資機遇，不會因為審查而喪失併購機遇；另一方面事後申報有助於監管當局對併購企業的擴張戰略有所瞭解。

7.3.2.1　跨國併購安全審查的概念界定

跨國併購能促進東道國經濟增長，但伴隨跨國併購則可能出現「跨國控制」。跨國併購首先意味著對東道國企業的控制，當這種控制達到一定程度，跨國企業就可能通過對企業的控制實現對東道國經濟社會的影響。因此，無論發達國家還是發展中國家，都要求對跨國併購執行有效審核，並及時做出是否禁止或限制外來資本跨境投資的決定，此類規範統稱為跨境併購國家安全審查制度。跨境併購安全審查概念的重點在於是否存在實質性威脅，一般表述為：一經濟體按照標準程序對外來企業的跨境併購行為進行判斷，並審核其行為是否會對該國的國家安全造成實質性損害。

7.3.2.2　跨國併購安全審查制度分類

跨國併購超越國家地域在全球範圍優化資源配置，是全球分工深化與生產國際化的必然結果。但跨國併購也給東道國帶來了一系列問題，如市場壟斷、妨礙市場競爭等，這些問題日益引起了東道國的注意，紛紛構建跨國併購安全

審查體系以干預跨國併購行為。規制跨國併購既需要東道國努力，更需要國際合作，具體分為單邊管制和國際合作管制。

1. 單邊國內法管制

跨國併購涉及多空間、多行業，因而對跨國併購進行規範的行為亦涉及多個領域。歐美成熟市場經濟國家的跨國併購安全審查體系一般會涉及反壟斷法、外國投資法、稅法、公司法以及國際法等幾個方面。

（1）外資法方面

作為全篇關注外來資本的法律，外資法是很多國家外資管理領域首要的法律。

外資法一般會規定外資待遇、出資控股比例、外資增資擴股以及東道國市場准入等方面的內容。其中，外資待遇一般分為相對待遇與絕對待遇，絕對待遇一般是要求締約方按照國際法來公平、公正對待外來資本，所以又稱無條件待遇標準。相對待遇強調東道國給予其條約締約國的待遇，分為最惠國待遇與國民待遇。這一待遇要求做到非歧視，即對來自締約方的投資要像對待本國國民一樣。因此，國民待遇和最惠國待遇又被統稱為非歧視原則。顯然，絕對待遇與相對待遇間的區別在於：相對待遇關注的重點是保證一締約國在非歧視基礎上對待來自另一締約國的投資，而絕對待遇關注的重點則在於確保一締約國為另一締約國國民提供至少不低於國際法要求水平的公平與公正待遇。外商出資比例的要求反應了東道國對外來資本的關注度。宏觀上外商出資比例反應了東道國的政策導向與社會利益訴求，微觀上外商出資比例反應了跨國併購後企業的利益分配狀況。各國的國情、民族企業狀況不同，反應在外資法上就是外資比例要求不同。增資擴股的要求實際上是外資出資比例要求的延伸。由於外來投資的重要特徵是資本雄厚，雄厚的資本時時顯示出其力量，很多企業在跨國投資後會通過增資擴股實現對原有合資企業的控股，甚至爭取實現外資獨資化。這一行為有可能對東道國市場競爭帶來影響，產生外資的市場勢力。中國膠卷行業被柯達全行業併購就是一例。市場准入方面，按照世界貿易組織的要求，其成員國必須按照其對世界貿易組織的承諾開放市場，但這往往是東道國最不願意踐諾的，且會以法律的形式明確其對外來資本的審慎態度。即使是號稱十分開放的美國市場也藉併購安全審查之名規定了十幾個外資敏感行業。

（2）反壟斷法方面

跨國企業憑藉其所有權優勢、區位優勢以及內部化優勢很容易形成市場勢力，進而限制市場競爭，剝奪東道國企業利益，削弱東道國市場管制力度，因此多數成熟市場經濟國家都出抬了相應的反壟斷法，雖然這一壟斷法可能並不

以專門針對外來資本的形式出現，但是跨國企業卻是必然包括在內的。

部分國家針對跨國企業的跨境壟斷優勢提出了反壟斷規制，即外來企業不得影響東道國市場秩序，不得濫用跨國母公司的市場勢力。最早的反壟斷立法是美國1890年的《謝爾曼法》，之後日本於1947年出抬了《禁止私人壟斷和確保公正交易法》，德國於1957年出抬了《反對限制競爭法》，歐共體理事會於1989年出抬了《歐洲共同體企業合併控制條例》，義大利在1990年也出抬了《反壟斷法》。

但反壟斷法覆蓋面僅限於市場競爭，對涉及國計民生的其他領域則難以提供充足保護。並且，多數反壟斷審查原則性太強，缺乏相應的司法解釋以及實施細則，多局限於外資准入與經營、外資保護以及引進外資等內容，規範的核心不在於產業安全和國家經濟安全。這就需要各國出抬針對跨國併購的專門規範程序，即所謂跨國併購安全審查。

(3) 稅法方面

跨國公司稅收問題歷來是各方關注的重點。跨國公司稅收問題多源於其社會責任的履行問題。一方面，跨國公司社會存在轉移價格問題，因而本身就容易出現所謂的利益輸出，逃避在東道國社會履行企業社會責任。另一方面，跨國投資後，東道國原有企業可能因為身分由內資變為外資，可以減免一部分稅收負擔，但這卻會使得東道國稅收減少，因而跨國投資後企業身分的認定與經營情況的核實是稅法關注的重點。對於併購發起方來說，併購行為如果按照內資企業行為進行認定，那麼併購後新生成的企業就享受不到東道國可能的外資優惠政策。此方面目前存在爭議的領域主要在於被併購企業以前所欠稅款是否歸入債務範疇，如果歸入，那麼併購中及併購後企業的成本、費用以及收益的核算又會顯著不同。而實踐中，很多評級機構在做盡職調查時往往會容易忽略這一問題，造成未來併購後企業的潛在不確定性因素。因而各國稅法對此都明確進行了規定。

(4) 公司法方面

公司法是所有企業都要面臨的基本法律規範。跨國併購涉及的公司法內容較多，一般體現在：如何認定公司資本、如何保護股東權益、如何規範反收購行為、如何轉讓股份等。

併購案中公司資本認定直接關係到跨國企業併購資格的認定，多數國家公司都規定跨國併購的影響應當集中反應為國際金融資本。例如，中國就不允許外資進入A股市場，因而跨國資本往往通過併購國內上市公司借殼上市，以達到短期牟利的目的。

股東權益保護方面主要涉及的是如何保護中小股東權益。企業中小股東權益與大股東權益往往不一致，出於保護自身利益的目的，公司在跨境企業計劃階段往往會按照自己的想法制訂併購計劃，這增大了大股東出現道德風險的可能性，對企業中小股東利益的保護在各國公司法中都有一定體現。

反收購措施分為事前和事中兩類措施，在公司法中都有所涉及。公司法在事前防禦措施方面多要求企業提高自身經營管理的縝密性，防止被蓄意併購方盯上，事中則強調企業被列為併購對象後才實施反併購舉措。

（5）產業政策方面

各國依照其近期與遠期產業規劃都設定了自己的產業政策，並以法律與行政法規形式加以明確。然而，產業政策並不足以全面保護東道國利益，原因有以下幾方面：

①全球蔓延的投資自由化進程削減了產業政策的指導力量。隨著全球貿易與投資自由化大趨勢的深化，WTO 成員方都對 WTO 承諾了市場開放日程表，能夠明確提出不允許外資進入的行業越來越少，產業政策尤其是外商投資產業政策、外商投資目錄之類的限制措施作用將越來越少。

②產業政策多數反應在跨國併購進行前、進行後就疏於監管，對跨國併購後交易完成後損害的發生，產業政策往往是無力顧及的。

單邊法律規範遇到的最大問題可能就是單一某國提出的單邊管轄更多考慮的是母國效益，而對東道國效益考慮不足。這可能會引發很多不便：一是審查過程中東道國赴母國取證難；二是域外管轄權的實施往往可能引發國際摩擦；三是跨國併購東道國與母國間容易出現管轄權爭議，從而引發跨國司法糾紛。

因此，雙邊與多邊審查應運而生。

2. 雙邊合作管制

跨國雙邊合作可以有效避免跨機構併購審查帶來的誤會與矛盾。目前，德國和法國之間、美國和歐盟之間、美國和加拿大之間所簽署的反壟斷審查信息通知和事務諮詢系統就是一例。這些諮詢系統明確要求：第一，對於多邊擁有管轄權的案件可以進行聯合審查；第二，雙邊合作各方均可要求對方制裁損害本國利益的市場壟斷行為；第三，法律適用方面要求一國在進行審查時應當考慮另一方的利益。

3. 多邊合作管制

伴隨著全球化趨勢的進一步深化，出於跨境併購實踐的需要，出現了很多多邊合作管制機制。例如亞太經合作、北美自貿區等。其雛形源於 1995 年亞太經合組織的一份聲明，它明確提出：29 個亞太經合組織成員應當在採取任

何具有域外影響力的反壟斷舉措時及時進行相互協調，在審查過程中如遇需要域外取證與信息溝通的時候應當基於必要協助或者代為取證。其後，1980年聯合國在《控制限制性商業實踐的多邊協議的公平原則和規則》中明確強調了多邊合作4方面內容：首先，各成員國應做到，在限制商業活動的同時不會影響到全球貿易便利，不會增加針對發展中國家的關稅與非關稅壁壘；其次，積極保護自由市場競爭，控制資本集中度與行業壟斷程度，鼓勵創新，促進各國尤其是發展中國家的國際貿易發展；再次，保護促進各國福利，尤其是一般消費者的福利；最後，消除跨國企業和其他企業做出的限制競爭的商業行為時，應當盡力維護國際貿易自由，注意避免損害發展中國家利益。歐盟在這方面也做出了值得注意的努力，歐盟規定歐盟法律在法律效力上高於各個成員國的國內法律，1985年歐盟的《羅馬公約》以及1989年《合併控制條例》中都對跨境併購規制的國際合作做出了多項規定，這為整個歐盟內部的跨境併購提供了有序、高效進行的法律環境。

7.3.3 主要發達國家跨國併購安全審查制度示例

7.3.3.1 跨國併購交易參與主體特徵

跨國併購雖然表現為很多形式，但交易本質無非兼併與控制，併購雙方的法律關係是平等的，應當遵從平等、公平的原則，且交易內容應該是合法的。

（1）跨國併購交易主體。跨國併購交易方中，一方是東道國企業，另一方則是外來併購發起方，兩者具有平等法律地位。

（2）跨國併購的客體。跨國併購交易的客體是東道國被併購企業的財產權和經營控制權。

（3）跨國併購中的權利義務關係。跨國併購交易雙方分屬不同國家或地區，是依照各自母國法律設立的企業法人，因而，在各自法律適用過程中，不同國家（地區）法律對雙方權利義務的規定亦不盡相同，原有企業的權利義務也有很大差異。多數國家將跨國併購理解為收購發起方企業將被併購方企業股東所持有的股份予以購買，並變更形成新的外資企業的過程。

7.3.3.2 主要發達國家跨國併購安全審查示例

跨國併購最早流行於發達國家，但發達國家與發展中國家之間的經濟發展程度都有不同，因而各國審查制度差異很大，並且，歷史的原因導致發達國家的審查體制相對發展中國家更加嚴密。下面我們就幾個有代表性的國家的國家安全審查制度進行比較。

經濟發展史的差異導致各國對外來資本的認識不盡一致，加之各國法律體

系差異較大，因而各國的跨國併購申報標準、監管機關、審查程序與審查流程側重點各有不同。作為發達國家代表的美、德、加企業併購審查制度發展較早，相對發展中國家自然更加成熟，其具體審查情況詳見附錄。

7.3.4 發達市場經濟國家跨國併購安全審查制度評析

7.3.4.1 主要發達市場經濟國家跨國併購安全審查制度比較與評價
1. 總體評價

跨國併購審查制度已經成為主權國家利益保護工具，審查目的在於全面保護東道國國家利益。由於國家經濟安全與國家安全的其他內容息息相關，所以各國往往根據需要解釋安全審查制度，這就導致併購安全審查涵蓋了幾乎所有國家安全範圍，併購安全審查成為國家安全維護的重要補充手段和有效工具。

國家安全審查的內涵趨向國家整體安全利益考量不見得總是好的。這一轉向意味著國家安全觀的邊界變得十分寬廣，源於防禦性功能的安全審查變成了進攻性的工具。這一工具運用與防止跨國資本損害本國行業與市場利益是值得肯定的，但是如果被用於影響世界大市場合理競爭，甚至實現某些大國的國際企圖就不好了。從根本上講，雖然從立法動機到審查程序，各國跨國併購審查制度差異較大，但其立法原則始終不能偏離國家經濟安全這一出發點與核心動機。

很多國家安全審查體系為東道國預留了充分的自由裁量權，最終使得安全審查制度淪為監管當局，甚至某些利益集團的工具，使得國家經濟安全審查工具變成了無所不能的進攻性武器。

事實證明，部分對東道國與母國都有利可圖的跨國併購被某些國家拒絕了。例如中國民營企業華為參與的跨國併購案，這些併購涉及的行業不屬於敏感行業也不屬於核心技術行業，被拒絕的原因只能解釋為東道國希望借此來維護本國民族企業的市場，保持其民族企業的市場份額，甚至有可能是西方國家遏制中國崛起的一種手段，這對參與公平競爭的企業是極其不公平的。

一個可以考慮的辦法是構建國際跨國併購多邊協作標準，即由國際機構牽頭，對申報標準、審查流程以及審批標準等核心內容建立類似 ISO 標準一樣的國際審查標準體系。這一審查體系可以為跨國併購企業提供可預期的併購審查標準，減少跨國併購交易中的不確定性，同時可以避免東道國借國家安全審查之名行國家干預市場之實，減少國際市場的不公平競爭。

2. 具體流程分析

各國對審查流程的制度解讀靈活性較強。由於跨國併購是一個複雜且耗時較長的交易過程，其影響可能在很長時間以後才顯現出來，所以各國往往會對跨國併購審查制度採取一種較為靈活的審查制度。比如，可以對已經結束的併購交易採取事後審查制度；再比如，西方發達國家可以直接提出禁止來自某些特定國家的併購，如所謂來自美國的「支持恐怖主義國家」的跨國併購就會受到「特殊待遇」①；又比如可以不公布禁止交易的原因及證據資料等。而這些行為多是遭到國際法譴責的。

（1）申報制度

併購事宜申報制度始於1949年的日本，其後歐美發達市場經濟國家也先後提出申報制度。凡是滿足併購反壟斷標準的都屬於此法律體系的規範範疇。公司跨國併購的申報分為兩類：一類是自願申報，另一類是強制申報。強制申報又分為事前申報和事後申報。世界主要國家申報制度見表7-1。無論是事後審查還是事前審查，應該說都具有一定優點。

表 7-1　　世界主要國家跨國併購反壟斷申報制度分類表

自願申報	必須事先申報	必須事後申報
斯洛文尼亞、丹麥、南非、歐盟、韓國、愛沙尼亞、瑞典、芬蘭、瑞士、法國、臺灣地區、德國、泰國、希臘、突尼斯、匈牙利、土耳其、愛爾蘭、烏克蘭、以色列、美國、義大利、烏茲別克斯坦、日本、南斯拉夫、哈薩克斯坦、阿爾巴尼亞、肯尼亞、阿根廷、拉脫維亞、奧地利、立陶宛、阿塞拜疆、馬其頓、白俄羅斯、墨西哥、比利時、薩爾瓦多、巴西、荷蘭、保加利亞、波蘭、加拿大、葡萄牙、哥倫比亞、羅馬尼亞、克羅地亞、俄羅斯、塞浦路斯、斯洛伐克、捷克	西班牙、前南斯拉夫、馬其頓、突尼斯、阿根廷、希臘、印度尼西亞、日本、韓國、俄羅斯、南非	挪威、巴拿馬、英國、委內瑞拉、澳大利亞、智利、科特迪瓦、印度、新西蘭

資料來源：《貿發會議競爭立法手冊》。

---

① 迄今為止，美國共出示過6份恐怖主義組織名單。包括：①恐怖主義的國家支持者。這是最引人注目、影響最大的，它是根據美國《1979年出口管理法》第六條的規定，由國會授權國務卿制定，其標準就是「向國際恐怖主義活動反覆提供支持」。②特別認定的恐怖主義分子。其產生依據是《緊急國際經濟權力法》，1995年1月由克林頓頒行。③外國恐怖主義組織。這是1997年10月美國國務院公布的。④特別認定的全球恐怖主義分子。2001年9月，布什總統發布行政命令，宣布凍結恐怖主義及支持這些恐怖主義的個人與組織的財產。⑤特別認定以及應受到財產凍結的個人。反恐戰爭以來，美財政部外國資產管理辦公室將前述4個恐怖主義名單合併為此總名單。⑥應驅除的恐怖主義。這一訂單是根據2001年《美國愛國者法》第四百一十一條所制定。

表 7-1 顯示，不同國家的不同申報規定集中反應在市場開放程度上。對於類似德國、日本這些一向以謹慎著稱的國家來說，實行事前申報是理所當然的。而對於貿易與投資政策自由度較高，且本身為移民構成的國家來說，事前申報不但會提高行政成本而且會違反美國一貫的開放自由形象。而對最近剛剛對外來資本提高警惕的發展中國家來說，自然就應該採用事前申報了。

（2）申報標準

市場結構理論告訴我們，適度的集中有助於企業發揮規模效應，但是過大的企業規模又有可能導致企業市場勢力的濫用，所以確定合適的申報標準對提高併購審查效率具有重要意義。過低的申報標準會帶來較高的行政成本，過高的申報標準則容易消減併購審查的覆蓋面。各國一般會綜合考慮本國經濟狀況、支柱產業集中度、市場競爭情況等因素，針對不同行業，規定一定銷售規模、資產規模、交易標的額及市場份額來確定併購交易申報標準。這類規模主要靠交易參與方規模與交易額來確定。其中交易參與方規模一般以交易參與方資產總額和年度銷售總額為基準，交易額則以併購交易計劃標的額為準。

（3）審查標準

無論是發達國家還是發展中國家，都採用列舉法列舉出了外來企業不得進入或限制進入的行業。這些行業多為涉及國計民生的基礎行業和涉及機密和先進技術的重點行業。並且各國對外來資本的准入額度進行了限制，既有上限又有下限。這顯示了目前大多數國家對外來資本的態度：既想借助外來資本累積發展所需技術和資本，又想盡力避免外來資本對本國產業的控制，即所謂有控制地利用。

（4）審查執行機構

前述發達市場經濟國家多數都採用了審查與裁決機構分離的機制，其優點在於可以實現兩者之間的相互牽制，相較於發達國家，發展中國家則多無此預防性設置，其體制一般都採用審查機構與裁決機構一體的體制。

（5）審查程序

多數國家都對外公布了審查程序，並對各程序審查時間進行明確，要求被審查方按照規定及時全面提交申報資料，同時根據對等原則，給予被審查方申請復議和上訴的權力。

（6）審查後處理意見

本著有控制地利用原則，多數主權國家對不符合要求的外來跨境資本提出了整改要求，對於經過整改後仍達不到標準的將不予批准。

7.3.4.2 給發展中國家安全審查制度的啟示

相較於發達市場經濟國家，跨國併購是發展中國家吸引外資的重要途徑，

但發展中國家審查制度尚不夠完善。發展中國家市場經濟機制普遍不夠成熟，既缺資金又缺技術，而外來跨境併購則同時能夠滿足發展中國家這兩方面的要求，既可以為發展中國家累積資金，又可以為發展中國家帶來技術溢出，因此多數發展中國家都在相當長時期裡積極制定外資優惠政策以吸引外資。

最近十年，跨國併購對發展中國家的影響顯著大於其對發達國家的影響（布勞內勁，2005）。一方面，部分發展中國家出於歷史原因尚未形成完善的法律體系，本國法律體系本就不完善，更談不上對外來資本的管控了。另一方面，其法律不完善有可能是發展中國家有意為之。發展中國家在南北貿易中長期處於不利的國際分工地位，經濟長期依附於發達國家的發展中國家因其歷史原因，經濟發展比較落後，產業結構不完善，直到最近數十年才逐漸走上獨立自主的道路。這樣的發展道路使得發展中國家對於外資的態度發生了顯著變化，最初是十分謹慎的閉關鎖國，接著是積極對外開放，通過「超國民待遇」大量吸引外來資本，這兩個階段的政策使得發展中東道國在獲得資金和技術幫助的同時，已感受到了外來資本對本國經濟甚至政治的影響，這直接帶來了第三階段的外資政策，即民族意識萌發下的自我保護意識，各發展中國家紛紛開始制定或完善外資管理法規，審慎地選擇外商並規範其行為，這才出現了較為系統的發展中國家的安全審查。例如，泰國先後制定了《1960年獎勵工業投資條例》《1972年外資企業活動限制法令》和《1972年外僑職業限制法令》以及《1977年投資獎勵法》等；又如印度制定的《1956年印度公司法》《1961年印度所得稅法》《1991工業政策》以及《1999年外匯管理法》等。

7.4　跨國併購面臨的東道國文化環境分析

伴隨著人類社會發展，文化作為一種典型的非正式制度與經濟水乳交融。兩者彼此依存、相互促進、共同發展，文化因素已成為影響企業跨境成長的重要因素之一。一方面，文化滲透入一切經濟領域，所有經濟活動都依照一定文化模式進行，飽含著各類文化底蘊，直接或間接體現了一定時間與空間的文化基因特徵，對經濟走向產生了根深蒂固的影響。另一方面，作為具有空間與時間特色的特殊資源，文化又在實際上起到了推動與潤滑作用，這一潛在的文化底蘊又通過其無所不在的影響力成為經濟發展的深層推動力。

從宏觀上看，跨境文化差異的討論對從中國傳統文化「走出去」的跨境併購企業意義重大。在中國數千年傳統文化與數十年計劃經濟雙重約束下的中

國企業，尤其是國有企業，無論思想觀念上還是行為模式上，其承受能力和價值評判標準都與國際市場參與者有顯著不同，因而加強對文化差異適應的討論對來自中國的跨國企業可能更有引導意義。

從微觀上看，一方面，企業文化深刻影響著企業競爭優勢。企業核心競爭優勢多突出表現在企業所獨有的資源方面，企業基本生產要素諸如資本、技術及人力資本都有賴於企業完善的創新體系、合理的戰略、適當的企業結構和員工成長體系，而這些都與企業乃至企業所在國家的文化氛圍直接相關（桑德斯等，1990）；另一方面，企業文化具有顯著黏性，緩慢變遷的企業文化可能帶來併購雙方的文化衝突。作為一個緩慢變遷的過程，不同特質企業文化在一段時間內有其自身穩定性。而跨境併購後企業中，兩種迥然不同的企業文化必然發生碰撞，如果併購後文化整合不恰當，簡單的文化衝突可能誘發經營思路、價值評判、工作模式、規章制度等各方面的全方位衝突，甚至可能造成企業內部出現小的利益集團。

從跨境併購後未能順利開展併購後活動的案例來看，多是因不適應東道國當地文化環境而引起的文化衝突，深化對文化在跨國併購後整合中作用的認識，提高企業跨境文化適應能力已成為跨國併購成功的重要因素之一。企業跨境併購過程中除了需要直面正式制度的影響，還要迎接東道國陌生文化環境這一非正式制度的檢驗，減少外來文化與東道國本土文化的衝突、融入東道國文化環境、適應東道國非正式制度的約束已成為跨國併購企業必須克服的難題。

文化差異可能降低企業在新環境下管理行為的有效性（霍夫施泰德，2001），但跨國併購同樣為企業提供了一個在文化衝突背景下適應制度環境提高管理技能的機會（杰米森等，1986），借此，跨國併購又有可能幫助企業提高跨國併購績效，此時的國家文化差異不再是一種障礙，而是一個機遇（莫羅西尼等，1998；史等，2000）。目前有研究證明，國家層面的文化差異不但不會損害併購績效反而會促使併購後企業價值大幅增加，並且併購雙方文化距離越顯著，管理制度和技能差別越大，跨國併購後的協同效應可能越顯著，當然這都有賴於跨境併購後成功的文化整合與適應。

因此，對跨境併購企業跨文化適應要素及其影響路徑的系統性分析，將有效幫助跨境併購進行有效的跨國併購後整合活動。

目前關於跨國併購後整合中文化適應因素的研究集中在三個方面：文化不適應的表現、文化衝突的影響因素以及文化衝突對跨境併購績效的影響因素分析。

7.4.1 跨文化衝突表現

文化環境涉及文化差異程度、東道國經濟發展與吸引程度、東道國文化吸引程度以及東道國物質條件與服務便利性等。在大量針對文化適應階段的研究中提到了跨文化適應、員工滿意程度、員工績效、需達成的目標間的關係，其中的跨文化適應被廣泛認為是影響外派員工工作生活的因素（布萊克等，1999；艾斯考柏斯，1997）。

初入東道國的跨境併購企業經常遭遇東道國文化衝擊，這是一個漸進的適應過程，對東道國文化衝擊的適應速度會顯著影響企業績效以及雇員的跨國適應速度。例如，很多女性員工不願意赴阿拉伯地區履職，多數可能是因為阿拉伯國家文化對女性有著嚴苛的限制（鮑林等，1990）。

跨國文化差異不適應的表現有：

跨國併購過程中的民族文化和企業文化雙重差異，使得併購後資源整合、能力重構以及決策的執行變得困難重重。國際化企業在跳躍式文化中的營運狀態使得整個國際商務領域中沒有比跨國併購文化衝突更複雜的問題（奈杰爾，2006），麥肯錫管理諮詢顧問公司2009年的一份研究表明：僅有1/6的併購和重組案給母公司帶來了顯著回報，而50%重組案從整體上造成了母公司的價值損失，併購中兩國文化的衝突是導致跨境併購走向失敗的主要原因。

對於跨文化不適應的描述最早出現在所謂「文化休克」的提法中（奧伯格，1958），它指一個人突然失去所熟悉的社交符號及其附帶的象徵意義，出現社會性隔離狀態，且因不熟悉對方社交符號的含義而產生短暫或者長期的憂慮、無所適從甚至深度焦慮。但是文化衝突在跨國活動中的影響是直到20世紀70年代末才受到學界關注的，這一重視是源於跨國交流中遇到的文化衝擊案例，此時的觀察對象集中在移民和旅居身上。

文化差異的不適應主要表現為經濟活動主體從已經適應的文化環境進入另一個環境，尤其是跳躍式進入另一個不熟悉的文化環境後，因巨大文化差異而帶來的身心適應困難。

20世紀80年代，跨國公司的外派經理（或外派人員）開始受到普遍的關注。當時的跨文化適應基本上集中於跨國企業的組織及雇員對陌生的母國域外文化的心理適應程度，其主要表現詳見表7-2。

表 7-2　　　　　　　　　　　跨文化衝突的主要表現

序號	跨文化衝突特徵	跨文化衝突具體表現
1	企業凝聚力弱化	(1) 企業缺乏共同性企業文化，缺乏共同感，互相不信任； (2) 民族主義盛行，利益集團林立； (3) 削弱公司凝聚力； (4) 語言障礙、互相不信任； (5) 利益集團之間出現敵意和對抗； (6) 唯命是從、不思進取； (7) 員工普遍表示不適，思鄉之情盛行。
2	管理程序繁復	(1) 不同的價值觀和行為規範導致內部管理不明確、繁雜、混亂； (2) 激勵與決策機制複雜化，管理費用增加； (3) 行政色彩濃厚，官僚機構龐大，缺乏主動性、獨立性和靈活性。
3	溝通效率低	(1) 信息雙向交流不暢，難以準確理解對方的意圖； (2) 工作方式差異較大； (3) 跨文化溝通難度大，誤會頻生，溝通效率低。
4	跨文化合作失敗，喪失市場機會	(1) 內部利益集團間、合資夥伴間，不同文化背景員工間文化衝突頻發； (2) 對外合作被動，喪失市場機會。
5	對西方新興消費模式接受慢，喪失市場機遇	(1) 不理解東道國風俗，頻頻觸動東道國忌諱； (2) 對新興文化思潮不理解、不接受，喪失「近水樓臺先得月」的近地機遇。

　　上述跨文化不適應症狀分成兩個維度，即心理文化適應與社會文化適應。其中，心理適應多是基於情感來講的，強調在跨文化情境下僱員個體的身心感受，如幸福感、積極向上的個體體驗等。社會適應則強調跨境企業對東道國環境的適應能力，一般都會觀察其對東道國社會的融入程度（萬德等，2000）。文化不適應的原因在於文化衝擊，跨境併購後企業在面臨不同工作方式、思鄉之情盛行、個體活動環境獨立、住宿飲食不習慣、醫療教育條件不便、語言不通、生活成本超預期等文化差異問題時，會產生明顯的挫敗感，即出現所謂的文化衝突（門登霍爾等，2003）。布萊克等（2004）的量表將上述跨境企業跨文化適應症狀分為三維度量表，即所謂工作模式適應、人際關係適應和一般性適應。其中，工作適應指企業員工對工作布置、職責分工、績效認定、薪酬待遇等的認同；人際關係適應則是指外來員工在工作場合、非工作場合與東道國人士的溝通效率和相互認可度；一般性適應指企業員工對生活舒適度的認可，

涉及衣、食、住、行、醫療、教育、娛樂等各個方面。

7.4.2 跨境文化不適應成因分析

跨國併購中文化衝突在所難免。跨國併購過程中，東道國社會結構、風俗習慣、宗教信仰、價值觀、生活模式、行為規範、文化積澱乃至地理空間結構都與母國差異很大，加之跨國併購企業雙方的企業文化、企業發展史、企業經營慣性、企業營運理念甚至企業科層結構都存在顯著差距，這使得企業必然要面臨如圖7-2所示的「雙重文化衝突」。

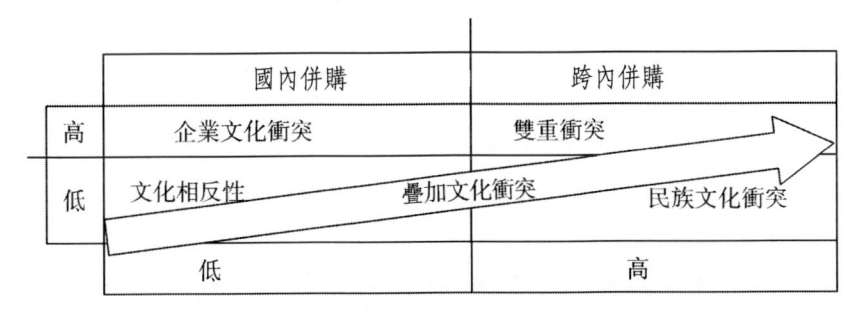

	國內併購	跨內併購
高	企業文化衝突	雙重衝突
低	文化相反性	疊加文化衝突　民族文化衝突
	低	高

圖7-2　跨境併購企業面臨的雙重文化衝突

跨境併購後企業在運行過程中會受到內部和外部因素的影響，出現難以適應當地文化的現象（陳慧等，2003），其中外部因素一般包括僑居生活環境的變動、社會組織的理解與支持、跨境文化差異甚至種族意識等。內部影響因素則主要強調了認知模式、應對策略、個性特徵、文化習得性技能等。

既有研究將跨境併購中的文化適應分為三個方面的適應：社會文化適應、組織文化適應以及員工的個體適應。大量研究從這三個維度探討了其前因變量。總結既有研究可以發現，企業跨文化適應主要影響因素有以下一些方面。

7.4.2.1 文化態度

文化態度在這裡特指跨境併購進入後，在與當地本土文化接觸過程中，企業員工的認知慣性和行為模式會出現變動，個體所持有的文化態度的變動速度決定著其適應文化衝擊的快慢程度。根據個體對於母國文化和東道國文化的雙重認同，可以將文化態度大體可以分為四大類：文化吸收、文化分離、文化拋棄以及文化整合（貝里，1980）。

（1）文化吸收亦稱文化同化，即東道國文化影響日益深厚，母國文化對自己的影響逐漸減小，個體被東道國文化所吸引，實現所謂「文化的當地化」。持有文化吸收態度可以幫助外派員工有效克服文化衝突，實現生理與心理適應。

（2）文化分離。持有文化分離觀點的人往往相信母國文化是最正確的，其他文化是愚昧的落後的（艾德勒，1987）。這類人對東道國文化持一概否定的態度，認為母國文化凌駕於其他文化，並以母國文化標準評價東道國文化。這類文化態度往往會引起更大的不適，不利於緩和文化衝突。

（3）文化拋棄。持有這類觀點的人往往表現為對母國文化和東道國文化都無所謂，這實際上是一種逃避態度，持有這類觀點的人往往認為自己可以不與別人接觸，可以生活在真空裡。這種文化態度對緩和文化衝突毫無幫助，無法順利實現本地化。

（4）文化整合。這種文化態度持有人對新鮮事物持歡迎態度，能平等對待東道國與母國文化特質，不妄自菲薄任何一方，認可東道國本土文化的獨特價值，對文化持有多元化態度。基於文化整合的文化態度可以幫助企業及其員工深入理解東道國文化現象和東道國社會行為，吸收東道國文化優勢，避免進行簡單價值判斷，有助於企業及其員工實現文化適應。

綜上，文化態度給了跨境企業及其員工一個看待異國文化的基準點和方法，理性的文化態度對於跨文化適應是十分必要的。

7.4.2.2 雇員所處工作的特性

雇員的工作特性是指與員工履行職責相關的特定因素。工作環境、薪資水平、自主程度、技術要求、工作環境的安全性、權責配置、工作難度、信息交流反饋、專業晉升機遇以及人際關係等，都屬於工作特性範疇（紹爾等，1975）。

外派人員在差異環境下需要與被併購企業同事接觸，必要時需要與東道國外部企業和當地政府接觸。而不同的崗位接觸不同文化的機會又有很大差異，技術人員只需要接觸技術工程人員、行銷與管理人員則需要經常接觸有不同文化背景的當地人。

另外，與工作特性相關的影響因素還有企業員工的自我角色認可度、決策參與度以及角色新鮮程度等。其中，自我角色認可程度簡單說就是企業及其員工的存在感是否與預期一致。伴隨職位分工程度較低的結果就是工作滿意度和員工自信度較低，工作環境氛圍緊張（卡恩等，1964；伍德曼等，1988）。角色決策度，顧名思義，是指公司員工對自己職責內工作決策部分的影響程度。一般認為，需要做更多決策的員工所感知的壓力越大，文化衝突下的自身角色衝突也越明顯，跨文化適應越慢。角色新鮮度指的是組織及其成員對以前與目前工作體驗差異的比較，一般來說，類似跨境工作經驗可以幫助企業及其員工獲得相對豐富的工作經驗和更易實現的習得性認知，更容易適應文化差異的衝

擊（勞文古德，1995）。

綜上，文化適應的改善需要注意駐外雇員自我角色認知與外派經驗之間的匹配，這要求，與東道國當地人員接觸多的崗位通常需要由那些有著較長外派經驗的人承擔。

7.4.2.3 文化距離

文化距離主要指東道國與跨國公司母國的文化差異程度及外派人員適應難易程度（巴比科爾等，1990），用於度量母國與東道國社會與自然環境間的差異程度。文化距離可大體分為絕對文化距離與相對文化距離，前者強調客觀文化差距，如文化接近的澳大利亞和墨西哥間的絕對文化距離就小，美國和韓國之間絕對文化距離就較大。絕對文化距離會增加外派人員的不確定感，跨文化適應也更困難。而相對文化距離則是每一個個體文化距離的感知。跨境企業及其員工需要克服包括衣、食、住、行、醫療、教育在內的一系列變動，這些生活慣性改變會帶來不同程度的跨文化適應壓力，只是這一壓力會因人而異。從這個角度講，外派人員選擇甚至併購對象選擇都應該有一個過渡過程，由母國逐漸向文化差距大的國家過渡。

7.4.2.4 駐外意願與動機

部分研究強調，外派動機與外派意願直接影響雇員的跨國文化適應（米勒等，1990；布雷特等，1993；布勞斯多夫等，1997），積極接受任務的員工自然就更容易主動適應文化差異的衝擊。

長期派駐境外，部分跨國企業人員難免會擔心個人職業前景，因此外派動機中必須要考慮到雇員未來職業發展的願景，例如參與外派是否可以突破目前職業生涯的瓶頸、外派是否會對以後的回國工作產生積極作用、回國後的上升空間如何等。未滿足的需求將形成人的動機（馬斯洛，1970）。作為跨境企業白領，生理或安全等較低層次需求難以解釋外派人員對接受駐外任務的承諾，其動機更可能是追求高層次需求，如提升個人能力等。很多職業經理人參與外派往往是由於他們將駐外經歷視為職業發展的重要歷程，並希望在駐外過程中獲得晉升、加薪等職業肯定（格林等，1971；默夫勒爾等，1978）。甚至有研究認為主球跨境派駐過程中的經營管理特權是其接受外派任務的重要原因（曾，1996）。

所有這些都會直接影響跨國併購企業員工對駐外任務的認知程度，進入差異較大的環境完成不確定性較大的任務是一個重要的挑戰。這需要跨境企業能夠提供一個比較有競爭力的清晰的職業遠景給員工，使駐外員工感到「有盼頭」，獲得一個明確的組織心理契約是十分必要的。對於雇員的外派激勵措施

基本上可以分為物質激勵與非物質激勵。其中，物質激勵中，駐外人員與非駐外人員之間應該有合理的薪酬差別（韋爾奇，1994；馬爾托奇，1998）。總體上講，一般跨國企業駐外員工薪酬應當覆蓋以下幾方面：基本薪酬、醫療保險、海外補貼、企業分紅、探親費用、稅費補助、生活補貼、教育津貼、搬家費用、休假補貼及配偶協助費用等。

另外，跨境企業及其員工對自身能力的清晰認知也會顯著影響員工外派意願。對於自身現有能力的評價是一個重要因素，傾向於迎接挑戰的人員會更樂意接受駐外任務。

7.4.2.5 個體文化特質

所有的個體，無論是管理層還是一般雇員，都具有一定文化特質，如開朗的性格、強大的承壓能力、真誠的待人接物、富有人性的情感等，而這些特質會直接影響跨文化適應（海斯，1974；威斯曼等，康威，1986；比格曼，1989；哈默等，1990）。在這些個人文化特質基礎上，駐外人員跨文化交際能力，如社交能力、個人心理安全距離大小、認同能力也是跨文化適應的重要指標（習勒等，1981；魯本，1985；奧利佛，1986）。

進一步，我們可以用歐萊等（2003）的文化智力來描述駐外企業與員工的跨文化適應能力。按照企業雇員在全新環境收集信息、處理信息、判斷局勢、採取措施及執行決策的能力，歐萊等（2004）將雇員分為外鄉人、分析家、直覺者、大使、模仿者以及變色龍等6種類型（見表7-3）。

表7-3　　　　　　　　　　　6種文化智力類型比較

類型	特點	認知能力	動力	行動能力
外鄉人	茫然不知所措、效率低、很難融入	對異文化體系感到陌生	自信心不足、茫然	欠缺適應新環境以及與人溝通的技巧
分析家	通過系統學習來解讀和應用陌生的文化	系統而靈活地學習、理性分析	理性靈活	系統瞭解異文化體系
直覺者	憑藉直覺應對、有解讀不同文化的天賦	文化認知來自直覺，缺乏系統理解	較少通過學習來應對異文化	觀察對方、憑直覺判斷
大使	自信、有感染力、能很好與人溝通	不一定對異文化十分瞭解	極強的自信和感染力	效率較高、行動較有說服力
模仿者	觀察對方的行為風格，自然加以模仿	把握異文化的表現形式	努力適應對方的風格	極好的行動模仿和控制能力

表7-3(續)

類型	特點	認知能力	動力	行動能力
面色龍	通曉不同文化體系，與他人積極高效合作，很好融入	通曉不同文化體系，有很好的領悟力	自信積極、持續熱情	較好運用為當地人所接受的溝通技巧和行為形式

所以，我們建議跨境企業應該選派文化智力高的員工參與跨境併購後的駐外活動，發揮其跨認知能力強、文化情緒移植能力強、跨文化交流能力強及行動執行能力強的特質，以便企業及其員工更能承受文化衝擊，適應東道國的全新文化環境。

7.4.2.6 家庭與母公司的支持

海外子公司獲得的母公司支持以及駐外員工獲得的家庭支持對於海外企業順利度過文化衝擊期具有顯著作用，此類支持的質量與力度決定了跨文化適應的週期（丘奇，1982；門登霍爾等，1988，1985；斯蒂芬斯等，1989；布萊克等，1989；哈里斯，1989；雷諾茲，1991；斯瓦克，1995；哈維，1997；謝弗等，1999）。

一般來說，組織支持可以分為社會支持與後勤支持（奧多等，1991），表現在職業生涯設計、外派自由選擇權、外派前準備、文化差異適應性訓練、母公司信息及時溝通、晉升機遇、家庭教育與工作協助、有競爭力的薪酬體系、東道國信息服務、心理諮詢等方面。而員工希望這一支持同時來自母公司與東道國子公司（艾詹，1997）。這類支持有助於駐外員工緩解孤獨、思鄉並樂於接受新事物，提高心理適應能力。

家庭支持大體可以分為情感支持、提供協助、存在性肯定三類支持（奎因等，1976）。這三種支持又表現為家庭的凝聚力、家庭的適應能力以及家庭成員間溝通能力。這三者在對派駐人員出國工作時，有助於維繫家庭穩定，幫助派駐人員舒緩壓力、適應文化差異（奧爾森等，1984）。

7.4.3 文化差異對跨國併購績效的影響

正如前述幾章所強調的，跨國併購追求的是不同部分的協同效應，因而如何看待文化差異在跨國併購績效中的作用成為研究的重要問題（布萊克等，1996）。跨國併購績效可以大體分為工作績效、環境績效以及外派工作特定績效三方面（凱勒吉瑞，2000）。其中，工作績效是指為併購後企業提供核心技術支持和產品生產服務的行為；環境績效是外派適應效果的關鍵，一般會涉及

與東道國同事的相處、與當地居民及社會組織的良好交流等；外派工作特定績效泛指補充技術與環境績效的部分，主要涉及外派特定工作中的文化交流有效性、語言運用有效性、歸國發展前景、母子公司互動交流、與同事及外界環境之間社會關係的構建等。

7.4.3.1 文化差異對併購績效的不良影響

跨文化適應對於企業跨境併購績效有不好的影響，但也可能有較好的影響。文化適應對外派績效的影響多源自壓力理論。跨境工作壓力會導致員工出現認知疲勞，而且耗費個體精力，進而影響跨境併購企業績效（阿晗爾，1980）。對企業駐外員工來說，進入東道國陌生工作生活環境，接觸新的組織形式，可能對其原有角色產生挑戰，出現角色衝突甚至文化接受障礙，這將直接導致其心理緊張並出現工作壓力，長期重壓之下，如果不能調整過來，必然會降低跨國併購後整合績效（巴斯等，1978；曼寧等，1986；帕克等，1993）。

大量文獻強調不良的跨文化適應將帶來不良的外派績效，特別是工作中需要與東道國雇員及社會進行大量互動的情境下其影響更顯著。當駐外企業或者其員工對不同文化環境適應不足時，會產生阻礙併購後整合績效的力量，導致併購後整合失敗（帕克爾，1995；安德遜，2003；謝伊等，2004）。其中尤其值得一提的是，併購後企業員工與東道國員工間的互動不足也會導致併購績效不理想（伊沃伊等，1995）。

7.4.3.2 跨文化適應對企業跨境併購績效的促進

首先，同根、同源的文化契合是國際合作的重要橋樑（謝弗等，1999），跨境併購就是典型一例。目前主要區域經濟一體化組織，如上合組織、歐盟、北美自貿區、中國東盟自貿區，除了山水相連的地域關係、經濟互補以外，其成立更多是源於相近的文化背景。毫無疑問，相近的文化背景使成員在跨境合作中能尊重對方文化背景、宗教信仰，並更好地理解對方的行為方式，從而容易融入東道國文化氛圍。

文化適應性強被認為是併購後母子公司間聯繫的重要紐帶。跨國企業，尤其是跨國併購形成的企業，不僅需要產權制度的約束，對其精神層面的認同可能更為重要。併購後企業精神對每一個子公司及其員工的影響，不同子公司之間對合作精神的理解都會對跨國併購績效產生顯著影響。好的文化適應會使跨境併購後的企業子公司之間合作默契，員工之間也能通力合作，如此自然就能提高併購的協同作用了。

7.5　東道國制度約束下的跨國併購企業策略：積極適應

面對無處不在的東道國制度環境影響，迴避是不對的，參與跨境併購的企業只能積極適應。

7.5.1　深刻理解東道國制度環境變動的背景

企業參與跨國併購應時刻注意盡量與東道國利益相一致。一旦跨國併購企業成為一個獨立利益體，其關注的核心就集中在自身成長上了，不可避免地就會出現與東道國的利益衝突，當東道國意識到外來威脅時自然會加緊對外資的制度約束。

7.5.2　認識到東道國文化變革的不可能性

每一種文化都經過了數百年甚至數千年的傳承發展，因此，一個外來企業妄圖改變東道國文化是不現實的，最多能造成一些衝擊，但很少能夠動搖異域文化的根基。如我們視為中國國粹的中醫難以打開海外市場的原因就在於其中深刻的文化差異。

7.5.3　積極鼓勵東道國企業共同成長

中國跨國併購企業在整合東道國資源的同時，要注意對東道國革新利益的尊重，盡量形成和諧協作關係，不能像過度增殖的細胞一樣只顧自身成長，罔顧東道國利益，而應該在有效的本地化過程中與本土民族企業打成一片，兼顧東道國利益，實現造血式的跨國投資。

7.5.4　完善併購後企業營運目標

無論是不是跨境企業，其經營目標都是追求利潤最大化，需要注意的是，跨境營運過程中不能單純執著於自身文化，這必然導致與東道國本土文化的衝突，使得成本增加，並最終影響併購績效。

7.5.5　對企業文化的修正調試

適應外國文化是市場進入與成功實現跨境經營的前提。霍夫施泰德（1982）認為，國家和民族的文化層次和組織層次具有顯著差異，如果用兩個

相同的概念參考，往往就造成混亂。國家和民族的文化差異主要是基本的不可見的差異，它源於人的早期生活，是由占多數持有相同價值觀的組織成員認可的。企業文化則是可見的表象，它植根於組織的過程，是在社會化的過程中所累積起來的，企業文化的形成除了依靠國家的文化，還受到其他因素的影響，詳見圖 7-3。

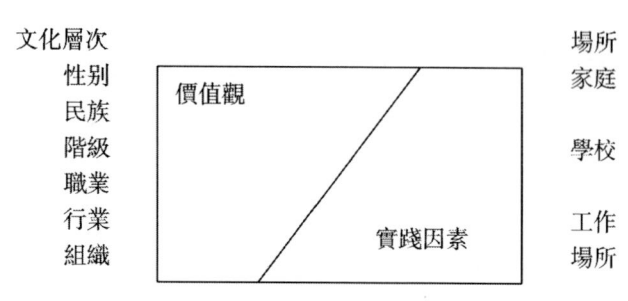

圖 7-3　文化成員價值觀與實踐因素的獲取

圖 7-3 顯示，企業實踐因素在組織文化水平的構建中起著關鍵作用。

組織氛圍可以通過對雇員的同化實現企業文化的統一與再造。霍夫施泰德（1982）的實證分析顯示，跨境併購過程中，文化整合可以幫助具有不同文化背景的人形成共同價值觀與相互認同的企業文化，其機理見圖 7-4。

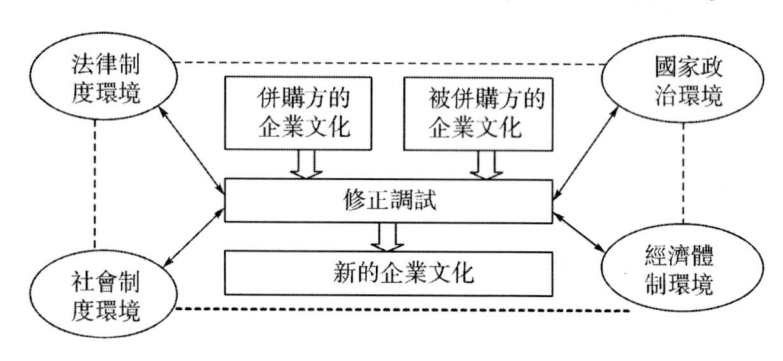

圖 7-4　制度環境下的企業文化調試

在跨境企業的價值層面，併購企業要在雙方的併購目的基礎上，通過積極的、包容的、開放的心態來觀察母國與東道國企業文化的特點，將有差異的對方企業文化視為有利因素，在不動搖自己文化標準基礎的前提下，平等交流、相互融合、相互補充，創建一種新的企業文化，從而實現協同效應的文化整合，進而獲得更大競爭優勢。

在跨境企業的業務層面，參與跨境併購各方可以充分利用成功的管理實踐，而不需要過多執著於東道國的企業民族背景。東道國、總部所在地等都不

應當成為企業產品的標籤，因為產品是面向國際化市場的（海丁，1990）。這裡所謂成功的管理實踐包括關注企業戰略和企業形象、完善的培訓體系、完善的薪資體系、更加開放的溝通體制、更多的自主權、更有效的成本控制體系、更優良的產品質量以及更加可靠得的團隊精神等。這些措施一旦為併購後企業所習得，那麼就會成為長久的、穩定的企業文化，而這往往難以在母公司體系內孕育出來（巴尼特，1991）。

7.6　本章小結

本章我們討論了跨國併購企業進入東道國後面臨的東道國制度環境。這裡的制度環境包括正式制度環境與非正式制度環境。其中正式制度環境指的是法律環境與政治環境，非正式制度則是指文化環境。

我們發現，既有文獻給出了這樣兩個共識：第一，無論是政治環境、法律環境還是文化衝擊都會對外來企業投資產生顯著影響，而這一影響可能是負向的也可能是正向的。第二，發達國家政治風險稍小，但是國家經濟安全審查較嚴格，發展中國家國家經濟安全審查意識較弱但是腐敗及政治動盪較嚴重。

這一結論拋給我們一個問題：是否值得去境外投資？

實際上我們認為，問題的關鍵不在於是發達國家還是發展中國家，而是能否適應這一政治風險、法律風險與文化衝擊對跨國併購企業的影響。即使是號稱外資政策最自由商業環境良好的美國，仍然存在社會動亂、政府官員敲詐勒索等在發展中國家常見的問題，而且更加值得擔憂的是針對外資的政治安全審查以及泛政治化傾向，即便如此，從事戰略性資源開發行業的中國企業需要克服風險困難選擇該區域投資，因為較高的不確定性可能意味著高收益，跨國併購企業在處理東道國複雜制度環境的同時，可以增強企業處理其他類似事件的能力，從而提高企業對於未來績效的期望。

因此，我們需要做的是進一步明確政治風險、法律風險與文化衝擊對外來資本的影響是通過什麼渠道產生的。

下一章我們將把政治風險、法律風險以及文化衝擊對外來資本的影響內生化，著重考察制度風險對跨國併購的影響路徑。實際上正如前面所講，風險將對有意投資的企業產生一個顯著預期，這一預期將會顯著影響企業投資動因，這就實現了外部風險的內生化，這將有助於提高企業對不確定性的預期，促使企業對政治風險採取更為有效的事前控制。

8 東道國制度環境對跨國併購的影響路徑分析

前述各章顯示，制度因素影響著跨國併購的各環節。企業面對複雜環境的基本策略只能是適應。

相較於來自發達市場的企業所普遍具備的複雜的、長期的發展策略，新興市場跨國企業對增長、風險及動盪的策略似乎別具特色。冒險進入一個陌生領域也並非一次大的飛躍，可能只是來自新興市場國家跨國企業在困境中累積的以小博大經驗的跨境運用。來自新興市場的跨國企業往往難以忍耐發達市場經濟國家企業長期規劃、逐步推進的國際化策略，各類資源稀缺或者高成本驅使這些企業到國際市場上放膽一試，其對高風險的偏好和對失敗的高容忍度值得我們關注（吉倫，2012）[1]。動盪地區的不確定性環境使得來自新興市場的跨國企業得到了鍛煉。多數跨國企業傾向於避開動盪地區，這些地區的金融發展不足、基礎設施有待完善、官僚政治和反覆無常的行政法規經常帶來不確定的營商環境，但來自新興市場的企業則恰恰長於利用這些嚴苛的要求鍛煉自己。

員工良好的工作適應能力可以提高企業的運作效率，對異域環境適應性強的駐外人員才能高效率地完成外派任務。對社會的適應以及與東道國居民的良性互動為發揮雇員的個人能動性提供了環境條件（帕克爾等，1995），跨境併購企業只有習慣了東道國宏觀環境，實現與東道國社會的良性互動才能夠使企業永遠立於不敗之地。而這一切要求企業具有更強的涉及各個方面的適應能力，尤其是對正式與非正式制度的適應能力。

傳統跨國公司理論集中在跨國公司壟斷優勢的跨境複製與發揮，對跨國公司動態能力優勢的討論卻不多。從20世紀70年代末期開始，部分學者將跨國公司競爭優勢的研究視線轉向動態視角。小島清（1977）的產業選擇理論認

---

[1] MAURO F GUILLEN. 向跨國公司學習 [J]. 經理人，2012（12）.

為：最初的對外直接投資都多源於在母國已經或即將處於比較劣勢的產業，這類跨國直接投資將通過以遠低於東道國原有出口成本的優勢帶動東道國出口，即所謂貿易傾向的直接投資。這一理論不再像壟斷優勢理論一樣要求企業一定要有壟斷優勢，轉而要求在東道國構築新的競爭優勢，這些都與傳統跨國投資理論有顯著差異。其後的小澤輝智（1992年）關注了發展中國家的早期經濟發展與跨國公司進入模式之間的關係，進而從動態比較優勢出發提出所謂「跨境投資促進東道國發展動態理論」，其基本結論是：出口導向型發展中國家應根據各自要素稟賦優勢，依次承接其他發達國家跨國企業所引入的工業化優勢資源。其後，托倫蒂諾提出，與一經濟體的宏觀經濟發展水平的差異相伴的是其對外直接投資模式的多樣化特徵。

與理論進程相伴的是簡單資源尋求型直接投資和勞動密集型產業直接投資被勞動過剩的東道國利用，發達國家則轉向更複雜的「技術密集型」產業投資。因此，一國經濟的發展與其國內公司的創造力密不可分。整個演化過程是漸進的，也是可預期的範疇。

綜上，資本的跨境流動在國際分工的演化過程中起到了積極的載體作用，促使全球大市場自組織效應的形成，從技術產品以及價值鏈方面促進了國際分工的深化與廣化，這一過程伴隨著企業價值鏈拓展、知識分工深化、交易成本的下降，以及伴隨而來的世界大市場的拓展。

早期研究將跨國經營的適應過程視為單一構面（合恩等，1963），其後的學者將其發展為多重構面。伴隨全球化體系日益完善，觸角遍及世界每一個角落的國際商務活動要求從不同制度視角探討跨境併購企業在不同體制下戰略選擇的差異。先要考慮的就是什麼影響了跨國併購企業的績效和成長以及如何提升跨國併購績效。也就是說，關於跨境企業的多數主流國際商務研究是從服務跨境企業出發，圍繞增強跨境企業績效進行的。

正如前面關於跨國公司演化史討論中所述及的，無論歷史還是當今，跨國企業的利益並不總是與東道國利益一致，但東道國的發展又離不開跨國企業所帶來的資本與技術刺激。跨國企業最初的作用是強勢國家對弱勢國家進行政治威脅與資源掠奪的工具，而今的跨國企業仍然表現為自身成長而積極整合利用東道國資源的獨立個體。這些個體必然受到東道國規制的約束，然後個體對規制產生反饋，最終實現適應與被適應的統一。

跨國經營異域適應要求企業至少要培養以下能力：①對於其他文化、個體、組織進行交流整合的能力；②對於改變的適應能力，能敏銳覺察所進入東道國的發展狀況，能合理評估環境變化對工作的影響；③在不同環境下的問題

解決能力；④對政治、文化、宗教以及風俗差異的感知能力；⑤面對不對稱信息保持管理彈性的能力（法達爾科，1992）。這要求跨境企業至少做出兩方面適應調整：工作環境適應與社會環境適應（布萊克等，1989；劉俊振，2007）。工作適應主要是企業的產、供、銷及研發等生產性過程的適應。社會適應則表現為跨國併購後企業與社會的互動過程適應。其中社會適應又可以分為企業員工適應、企業組織結構適應等。其中企業員工適應主要是指企業員工的心理適應和文化適應（沃德等，1990）。心理適應主要是以情感適應為主的社會反應，多指與當地員工和社會進行跨文化交流過程中的心理反應與個體舒適程度。文化適應主要是指雇員在面對東道國的異域文化時的個體反應。企業組織結構表現為企業在跨境併購後的組織形式演化。跨境併購後企業戰略必然發生轉變，作為承載企業戰略的企業組織形式也必然伴隨這一轉變而發生演化。

8.1 文化環境對跨國併購的影響路徑分析：一項問卷調查

8.1.1 文化衝擊的內涵

文化問題是併購後整合的核心。邱毅（2006）認為文化差異問題直接導致併購中的人力因素、組織信賴和組織溝通等方面出現障礙，企業文化在一定程度上決定著跨境併購的成敗。跨國文化差異包括國家、組織和職能文化三個層次。本書所涉及文化環境則是指國家層次的文化環境，國家文化差異會加劇組織文化差異對企業併購績效的影響。國家文化指的是一個國家或民族關於「生存」的一種假設。「文化」是一個複雜的整體，包括知識、信念、道德、習俗和其他作為社會成員的人們具有的能力與習慣。從管理者的角度來看，文化是一個社會與另一個社會區分開來的人們的集體化程度或「思維的軟件」（阿爾佛雷德，1952）。文化是一種歷史現象，每一個社會都有與其相適應的文化，與民族和國家緊緊聯繫在一起，具有民族性和國家性，而各國、各民族在歷史演變過程中的差異，又決定了世界各國文化存在著各種形式。國家文化對管理的影響表現在以下方面：權力的集中和非集中化的程度，公司中人們承擔風險的意願，如何獎勵人們，人們對於變革的興趣，雇員對他們的工作場所的忠誠度如何等。文化影響著跨國併購環境，也影響著併購公司對被併購公司管理的內部環境因素，並直接影響計劃、組織人員配備、指揮、控制、協調與激勵這樣一些管理職能。作為內部環境因素，文化影響著企業的管理理念與流

程、決策、激勵方式、組織架構、溝通方式以及培訓體系等方面。

文化差異對併購結果的影響存在一定分歧。一方面有文獻認為，文化差異經常被作為影響併購績效的一個關鍵（巴克瑪等，1996；羅等，1999），而另一些則得出了相反的結論（李，1995、2001；帕克等，1997），還有一些文獻則認為兩者不存在顯著關係（克勞瓦等，1998；莫羅西尼等，1998）。我們認為結論不一致的原因可能在於企業環境條件是變動的，文化差異可能在不同國家存在著不同的效用遞減。全球一體化進程中的各國文化呈現逐漸融合的特徵，不可否認文化差異在經濟活動中的作用，但其邊際效應存在遞減的趨勢。而且即使地域相鄰、文化相近的國家，其政治體制、市場體制以及制度環境仍然存在顯著差異，如東亞部分國家，很可能僅僅用文化難以完善解釋制度對經濟活動的影響，尚需要引入其他因素進行補充（梅茨雅思等，2002；迪莉爾莉等，2003）。

下面我們就通過一項調查問卷分析來看一下文化差異是通過怎樣的路徑對跨國併購產生衝擊的。

8.1.2 文化差異適應路徑分析

為深入考察跨國文化適應的影響路徑，我們進行了問卷調查，並在隨後的問卷分析中考察了文化衝擊對跨國企業文化適應路徑的影響。

8.1.2.1 問卷調查過程

（1）研究方法：問卷調查，主要採用口口相傳式的滾雪球問卷發放方式。

（2）問卷對象：跨國公司有派駐經歷的員工。

（3）問卷發放手段：通過K大學2012級、2013級MBA學員和2011級、2012級本科生以及本課題成員的大學及研究生訪談其具有外派經歷的親友。

（4）調查問卷時間跨度：從2012年11月份到2014年6月份。

（5）問卷收回情況：共發放問卷900餘份，收回問卷421份，其中有效問卷218份，有效問卷率52%，基本達到統計分析要求。

（6）問卷分析工具為R文件包：R-i386-3.0.3。

（7）測量方法：外派適應性的測量採用里克特5級量表法進行，由13個選擇題組成。

首先是主成分分析。主成分分析結果顯示，KMO相關係數與偏相關係數的檢驗值為0.801，顯著大於0.6，可以進一步進行因子分析，而Bzrtlett $X12=1,829.32$，$p<0.050$，表明問卷數據適合做主成分分析。其次是方差扭轉。採用方差旋轉實現所設置的13個外派適應問題的結構特徵的顯化。提取所有特

徵值大於 1 的影響因素，其適應性結構包括互動、適應、共生三方面。進行方差旋轉後發現，3 個引子可以解釋總方差的 78.029%，其中 1 號因子占總方差 41.233%，2 號因子占總方差的 23.573%，3 號因子占 13.223%，基本可以接受。再次是信度檢驗。3 個因子的一致性係數信度檢驗值分別為 0.821、0.819 以及 0.811，總量表信度係數達到 0.875，均高於 0.8，達到並超過信度要求，通過問卷信度檢驗。最後，運用 R-i386-3.0.3 軟件，通過極大似然檢驗對雇員的外派適應性進行因子分析。結果顯示，自由度為 10 的情況下，卡方值達到 42.215，顯著性小於 5%，因而可以在 0.05 水平接受原假設，所設定模型擬合度較高。

8.1.2.2　問卷分析過程

（1）有效調查問卷結構情況見表 8-1。

表 8-1　　　　　　　　　調查問卷結構特徵

性別比例（男性：女性）	年齡分布（%）	外派區域分布（%）
83：17	25 以下 21	亞洲 47
	25 至 30 為 29	歐洲 29
	30 至 35 為 38	非洲 13
	35 至 40 為 7	拉美 9
	40 至 45 為 5	其他地區 2

附註：參照商務部、國家統計局、國家外匯管理局 2013 年 1 月 1 日起執行的《對外直接投資統計制度》，將中國香港、中國澳門和臺灣地區計為對外投資。

前一章分析顯示，跨國公司遇到的跨境文化衝擊表現在 5 方面，即價值觀、管理方法、行為模式、評價體系、雇員與激勵制度。因此我們在做問卷設計的時候，就按照 5 項來進行分類，並觀察受訪者對於這些問題的體驗。

經過對重複問題的刪減並通過可靠性分析，我們共選擇了 20 個問題來描述跨文化衝突。測量結果顯示 MAS 為 0.699,8，說明因子分析樣本合適，a 達到 0.837,1，這表明所選擇的 20 個問題是有效的。巴特利特球形檢驗結果在 0.000 下顯著，說明變量相關。因而總體上這 20 個變量選擇符合實驗要求。各因子的特徵值與貢獻率詳見表 8-2。

表 8-2　　　　　　　　各因子特徵值與貢獻率表

因子序號	特徵值	貢獻率
因子 1	3.921	32.3
因子 2	2.301	24.2
因子 3	1.282	8.19
因子 4	1.341	8.39
因子 5	1.272	8.09
因子 6	1.831	9.71
因子 7	1.755	9.12

其中，各因子選擇項如表 8-3 所示。

表 8-3　　　　　　　　各因子相關選擇支表

因子序號	選擇支	
因子 1	Q203	外語能力的影響
	Q401	企業營運程序過於死板
	Q301	書面報告過多
	Q204	不願意聽取別人的解釋
因子 2	Q202	漠視雇員個人感受
	Q104	存在種族歧視跡象
因子 3	Q203	東道國優越感太強
	Q104	外方經理偏見
因子 4	Q102	對於員工職業發展不夠關心
	Q105	培訓體系不完善
因子 5	Q501	評價體系不完善
	Q402	缺乏文化交流
	Q301	管理層個人素養不高
因子 6	Q305	存在威權主義
	Q202	經驗主義盛行
	Q401	過多超時工作
	Q301	結果導向過強

表8-3(續)

因子序號	選擇支
因子7	Q303 薪酬體系不完善
	Q502 決策參與流程不明晰

（2）因子合併。如表8-3所示，因子2、6與外來管理人員管理模式和個人風格有關，因子5、7都與薪酬待遇和權力分配有關，所以我們可以將因子2、6合併，因子5、7合併。採用分層聚類法對7類因子進行聚類分析，先從7個變為6個再從6個變為5個。結果顯示，聚類數從7變為6導致因子2、6合併，當變量聚類數從6變為5導致因子5、7合併，這表明以下5個因子是解釋僱員外派文化適應力強弱的最主要因素，最終獲得的合併後因子見表8-4。

表8-4　　　　　　　　　合併後因子表

因子序號	因子名稱
因子1	管理體制
因子2	經理行為模式
因子3	文化接納
因子4	升職遠景
因子5	薪酬與權力距離

其中，因子1反應了企業管理體制方面的制度與技術，考察了企業管理方法；因子2反應了跨境企業外方管理層工作風格，考察了企業行為方式；因子3反應了跨境企業對異域文化的態度，考察了企業思想價值觀；因子4反應了跨境企業對員工發展空間的關注，考察了企業人力資源管理體制；因子5反應了跨國企業內部距離感，考察了評價體系。

8.1.2.3　結果討論

問卷分析結果顯示，組織內東道國與母國不同部分、不同層級之間的分析因素顯著影響著僱員的文化適應性。員工對工作的適應程度顯著影響著員工的外派績效水平。產生這一結果的原因是因為大型跨國企業的市場優勢有助於員工更好地適應東道國環境，員工的龐大規模可以瓦解外部文化衝擊的壓力。不同工作崗位對員工的互動交流要求不同，技術崗位和行銷崗位尤其需要員工積

極與外界交流互動，協助性的部門則更多地專注於部門業務，人際溝通相對較少。因此不確定性的文化衝擊強度致使員工的一般性適應和互動性適應對員工外派績效的影響顯著性降低。

8.2 政治環境與法律環境對跨國併購的影響路徑分析

世界經濟一體化引發了一個典型事件，即出現了大量的跨國企業，這些跨國企業成為聯繫世界經濟大市場的重要紐帶，世界大市場也通過跨國公司將更多的國家納入世界經濟體系。

伴隨這一過程的是越來越多的跨國企業滲入了東道國中。面對這種滲透各個東道國都懷著複雜的心情，既想利用外來資本所承載的技術與資本又怕外來資本的進入會影響本國經濟安全與其他領域安全。拉美國家曾因接受外來資本而出現較大問題，其後，越來越多的國家對跨國企業開始採用謹慎的歡迎態度。

前一章分析顯示，政治風險與法律風險息息相關，政治風險多表現為法律規制，所以我們將政治風險與法律風險的規制路徑放在一起進行討論。

對利比亞直接投資曾造成中方的重大損失，此事提醒我們：東道國政治風險與法律風險會顯著影響外來資本的利用水平。

8.2.1 文獻回顧與假設生成

8.2.1.1 文獻回顧
（1）關於中國企業跨國併購動因研究

企業跨境投資動因隨著企業的成長而與時俱進，相關研究結論的出現也呈漸進過程。巴克利等（1976）的內部化理論最早強調了企業取得跨境稀缺資源開採權的重要性，其後小島清（1987）進一步將企業跨國併購動因拓展為自然資源導向型、市場導向型和生產要素導向型三類。鄧寧（1993、1998）認為最初企業跨國併購可能是自然資源導向與市場導向，成長期跨國企業則進一步表現為從全球化戰略出發的效率導向和戰略資產導向投資，他強調「過去20年，最顯著的變化是戰略資產導向型跨國併購得到快速增長」。傳統南北貿易模式表現為發展中國家原材料與工業化國家製成品間的交換，決定資源導向OFDI的關鍵是東道國資源稟賦和世界商品定價機制，因而1960年前的OFDI多為資源導向型（弗里登，1994），這意味著最初的資源導向OFDI必然局限

於石油、天然氣、煤炭及礦產等初級部門（UNCTAD，2007）。《世界投資報告2006》將發展中國家企業的跨國併購動因總結為市場因素、成本因素、競爭程度、國內外政策環境、企業戰略、政治動機和資源獲取。國內學者王元龍（1996）較早地將中國企業跨國併購動因細分為利潤導向、效率導向、資源導向、技術導向、風險分擔、市場導向、政策導向、污染轉移及全球戰略9類，雖然該分類存在交叉部分，但這一研究顯然強調了企業微觀決策的能動性。其後，春明等（2005）從轉移過剩產能角度提出技術獲取、產業結構優化、貿易增長也屬動因之列。王躍生（2007）綜合前人成果將中國企業跨國併購動因分為尋找低成本、擴大市場、導向資源及利益驅動。

國內關於中國企業跨國併購動因的實證研究較多，但結論並不一致。程惠芳等（2004）、項本武（2006）及李輝（2007）等從宏觀激勵方面提出，面對中國長期的出口擴張政策，中國企業跨國併購呈現顯著出口創造特徵，拓展海外市場是企業參與海外投資的重要動因，東道國市場規模、雙邊貿易額及全球市場供求狀況都會對投資決策產生顯著影響。其後的代中強（2008）、張為付（2008）在工資差異、貿易激勵與資源尋求基礎上，從微觀的企業競爭優勢與企業國際化戰略結合出發，強調了微觀企業的壟斷優勢、人才國際化程度、經濟發展水平、匯率波動驅動力。章海源等（2006）、劉陽春（2008）的問卷調查則進一步發掘了企業跨國併購對高新技術獲取的途徑。最近的研究中，姜亞鵬（2010）、董莉軍（2011）和張建剛（2011）更是引入了2008年全球金融危機對中國OFDI獲取戰略性資源可能性的影響。不一致的實證結論主要以項本武（2009）的研究較為典型，其對2000—2007年間面板數據的分析顯示，中國企業跨國併購缺乏連續性，市場規模對中國在東道國投資具有顯著負影響，但前期投資對當期投資影響不顯著。同期的黃靜波等（2009）也提出了類似的貿易壁壘與經濟制度穩定性影響不顯著的結論。

綜上，發展中國家企業跨國併購動因研究結論基本集中在資源導向、市場開拓及效率導向三方面（鄧寧，1993；凱夫斯，1996；世界銀行，2005）。這也是中國企業跨國併購的基本動因，早期中國企業跨國併購多是為擴大國際聲譽與國際地位而進行的國際合作與經濟援助，其後則長期表現為市場導向特徵，最近才凸顯出了企業跨國併購的資源導向與效率導向功能。

（2）關於政治風險對企業跨國併購影響的研究

跨境資本運動是基於比較優勢進行的要素篩選、流動與重組，這一過程既蘊含著機遇又伴隨著不確定性因素，「不同國家政治、經濟、文化、制度因素的引入必然導致經營風險凸顯」（張金杰，2007），政治風險就是其中顯著的

不確定性因素。目前，關於政治風險尚不存在公認的定義（哈塔布等，2007），最早關於政治風險的討論出現在亞瑟（1965）和魯特（1968）的研究中，他們認為政治風險是指國際經濟活動中政治因素引致經濟損失的可能性，其對新興國家主權獨立運動的觀察強調，伴隨民族主義與環保意識的加強，資源可持續開發和市場保護呼聲日盛，不斷出現的國有化浪潮和政治波動將風險影響從商業領域引向政治領域，這給外來企業帶來了顯著不確定性。其後羅博克（1971）、加布瑞爾（1972）及科布林（1979、1983）則進一步捕捉了政治風險的非商業特徵，認為政治風險是與東道國政治、社會、法律相關的企業難以控制的宏觀風險，可細分為戰爭風險、徵收風險、匯兌風險、違約風險和支付風險5類。最近的研究則引入了政府腐敗、官僚體制、政府管制及恐怖主義的影響（璐恩比拉，2005；勁嘉爾克，2007；亨普希爾，2008），這些研究強調，進入21世紀後，蔓延到發展中國家的政治風險與東道國經濟波動的疊加帶來了突出的新特點，如戰爭風險向政治暴力轉變、匯兌風險轉向延遲支付或政府違約、直接徵收轉向蠶食、進口限制風險與技術性貿易壁壘相互融合、第三國干預風險和恐怖主義風險等。

  既有的政治風險對外來資本的影響基本集中在對發達國家的觀察上，多強調了對企業進入決策的影響。大量文獻提出前述政治風險將導致跨境企業經營環境發生非預期性變化，進而使得企業經營收益顯著偏離預期（亞瑟，1965；韋德，1998；麥德倫，2000；哈姆斯，2002；格洛伯曼等，2003；克利克，2005；阿格沃爾，2007；勁嘉爾克，2007；依艾尤，2007；瑪麗爾等，2008；王，2010）。關於政治風險對這些國家外來投資影響的研究多為規範研究，且結論並不一致。部分研究強調了兩者的負相關關係，複雜的歷史原因導致這些國家政治波動顯著，宗教和地區矛盾頻發，這必然使得外來投資更加謹慎（李明思，2007；陳煉，2008；李全勇，2009；蔣姮，2011；上官朝鋒，2012；趙明東等，2013；王倩，2013）。而另一些研究則認為中國對這些國家投資可能有其特殊優勢，對中低收入國家投資所受到的規制風險和法律風險影響較小，而對高收入國家直接投資更易受法律風險、規章制度與政治制度的影響（杜奇華，1995；宋清華，1993；傅磊，2007；劉旭友，2008；韋軍亮等，2009）。由於企業投資目的多是追求高額利潤（王元龍，1996），因此風險導致的成本上升自然會使投資減少，而要減小政治風險影響，就必須將東道國行為和風險納入企業決策框架（哈尼什，2000）。

  實證方面，政治風險對外來投資影響的實證研究多從國別角度進行，結論同樣不一致。有研究發現，經濟發展水平較低的非洲、南美洲、西亞、東南

亞、中亞的政治風險較高，經濟發展水平高的歐盟、北美、大洋洲地區、日本、中東歐地區政治風險較低。哈爾姆等（2002）、成（2004）、璐恩比拉（2005）、亨普希爾（2008）關於非洲與拉美地區的觀察，愛伊澤曼（2002）、豪澤（2006）關於俄羅斯聯盟和東歐轉型經濟體的觀察，沈軍（2013）關於非洲的觀察，這些都強調政治風險加劇了跨國投資的不確定性。最近弗雷等（2010）、曼庫索（2010）等對全球恐怖主義指數的研究強調，恐怖主義可以輕易損害外資企業，一國防控恐怖活動的能力對外商投資決策有重要影響。當然，也有不同的聲音認為外來直接投資不受政治因素影響（鄧寧，1981；惠勒等，1992；喬恩等，1996；比斯瓦斯，2002），尤其是艾格等（2005）關於77個國家1995—1999年間樣本的觀察更是提出了有趣的觀點：過度的行政干涉與管制背景下，尋租反而可能成為鼓勵外資流入的工具。更有學者認為，腐敗可能是攫取之手也可能是幫助之手，雖然某些國家經濟增長伴隨著政治風險聚集，但創業激情高漲的企業家們可能更多表現出風險偏好特徵，願意投資於產業鏈薄弱的地區，並希望在長期中借助先行者優勢成為該產業領導者（艾格等，2005；顧，2011）。既有量化研究中關於政治風險對亞洲國家影響的較少，僅見的關於東亞的觀察強調，1998亞洲經濟危機中馬來西亞、日本、中國香港及臺灣對投資行為、匯率、資本流出的限制加劇了外商的利潤匯回風險（阿格沃爾等，2007）。

　　綜上，政治風險對中國企業跨國併購的影響結論尚不一致，但近年來中國跨國併購迅速增長卻是不爭的事實，正如巴克利等（2006）所講，加入WTO後中國企業跨國併購動因多元化特徵明顯，防禦性進口替代、配額規避與進攻型市場導向投資顯著增加，資源尋求型OFDI向發展中國家蔓延，甚至向部分政治風險較高國家蔓延。

　　（3）法律風險對跨境併購的影響

　　①不同法律淵源會增加跨境併購成本。法律文化和法律制度的差異已經成為越來越多的中國跨國企業成功進行跨境併購的瓶頸。不同國家有不同的法律淵源，對於熟悉國內法律環境的企業來說，這無疑是一個巨大的挑戰。相當數量的企業因對東道國法律制度不熟悉，而為盲目參與海外併購付出了巨大代價。

　　②中國企業頻繁遭到東道國反壟斷調查。企業市場壟斷是東道國政府的敏感神經，是東道國維護其社會經濟秩序正常化的重要關注點。中國企業的跨境併購行為尤其為別國所關注，因此更容易受到反壟斷調查。其原因主要有以下

幾方面：首先是可疑的橫向併購。由於自身實力的限制，橫向併購一直是中國企業國際化的快速實現途徑。而橫向併購往往容易造成事實上的行業壟斷，對東道國經濟安全造成威脅，因此，橫向兼併是東道國反壟斷法的重點，尤其是能源和先進技術行業。其次，屢遭反壟斷調查的併購企業具有哪些行業特點是原則的另一個方面。中國企業海外併購行業主要集中在電信設備、礦業以及能源行業。這些行業要麼是資源性行業，要麼是技術密集型行業，對其的控制自然成為各國政府關注的焦點。

③其他法律障礙。由於經濟利益的影響，企業的併購有時會導致目標企業股東的反向收購，為了防止收購，目標公司股東常通過法律手段進行反擊，如常見的併購發起方非法證據的搜集、媒體社會輿情曝光、工會反對、政治勢力影響等，以此達到阻止跨境併購實現的目的，雖然此類行為是為了反收購，但往往會帶來事實上的收購審查。

（4）研究現狀評述

本書試圖從三方面做出貢獻：首先，拓展 OFDI 政治風險內涵、引入母國政治風險影響，其原因在於企業跨國併購制度逃逸論（維澤爾等，2007）和跳板論（羅等，2007）都強調，母國政治風險越大，企業越傾向於通過對外投資轉移資產以規避風險。其次，加強抽樣的科學性，突出對低收入國家政治風險的關注。政治風險對外來資本影響結論不一致的原因可能就在於觀察樣本多來自中高收入國家，而忽視了政治風險突出的低收入國家（哈姆斯，2002）。最後，加強量化分析，改變目前研究多為 SWOT 分析的不利局面。

8.2.1.2 假設生成

綜上，我們提出以下兩組，共計 5 個假設。

假設 H1a：中國市場導向型跨國併購與東道國市場規模顯著相關，預期符號為正。20 世紀 60 年代以來，多數發展中國家不約而同地在其工業化進程中選擇了進口替代戰略，主要表現為關稅與非關稅貿易壁壘，而市場信息不對稱與企業規避貿易壁壘的企圖催生了市場導向型企業跨國併購模式的發展。這類直接投資以水平整合為主，一方面可以規避貿易壁壘，另一方面可能獲得規模效應與範圍經濟，這表現為市場導向型直接投資與東道國市場規模增長的顯著正相關（利姆，1983；查克拉巴蒂，2001；戴德斯，2008；巴克利，2012），因而我們預測兩者顯著正相關。

假設 H1b：中國資源導向型跨國併購與東道國資源稟賦顯著相關，預期符號為正。伴隨各國工業化甚至後工業進程的深入，資源瓶頸成為擺在所有政府

與企業面前的一道門檻，這催生了資源導向型企業跨國併購。跨國企業迫切希望通過 OFDI 從外部獲得本國稀缺的戰略性資源（阿哈爾等，1989；詹喬底瓦等，2002；帕滕，2007）。海外自然資源開發權的獲取可以降低供應鏈風險，增強企業競爭力，避免出現類似中國鐵礦石定價權喪失的窘境，因而我們預測兩者顯著正相關。

假設 H1c：中國效率導向型跨國併購與東道國成本優勢顯著相關，預期符號為正。伴隨交通和通信技術的發展，企業跨境營運能力提高，各國企業通過在國際範圍內分配生產和銷售，有效利用不同區域戰略性資源、文化、制度安排、供求關係、制度資源和市場結構，發揮東道國成本優勢與技術優勢。效率導向型 OFDI 多出現於低運輸成本和高附加值的垂直型生產部門，如機械製造、電子設備和紡織業等便於建立出口平臺和生產網路的部門（UNCTAD，1993），因而我們預測兩者顯著正相關。

假設 H2a：中國跨國併購與東道國政治與法律環境顯著相關，預期符號為正。政治與法律風險對跨國進入決策的影響通過增加跨國經營收益的不確定性來實現。政治與法律風險的多源性使企業對潛在風險缺乏認識，一旦選擇進入，政治與法律風險將引發跨境企業營運環境非預期性變動，企業必須投入資源來應對，直接導致成本與預期出現較大偏差，使其投資更加謹慎，因而我們預測兩者顯著正相關。

假設 H2b：中國跨國併購與母國政治穩定顯著相關，預期符號為負。母國穩定的政治環境、高效的行政效率將給企業帶來穩定的營運收益，相對高風險的境外投資，企業更願意在母國境內投資，因而我們預測兩者顯著負相關。

8.2.2　法律與政治風險對跨國併購的影響路徑分析：面板檢驗的回答

我們將運用面板數據在引入風險和不引入風險兩種情況下中國對東道國國家直接投資動因進行排序。

8.2.2.1　檢驗模型

依據前述假設可構建如下模型：

$$OFDI_{it} = \alpha_{0t} + \alpha_{1t} RISK_{it} + \alpha_{2t} RISK_{cha} + \alpha_{3t} MAR_{it} + \alpha_{4t} NAT_{it} + \alpha_{5t} LAB_{it} + \alpha_{6t} KNO_{it} + \sum_{j}^{4} CON_{it}^{j} + \varepsilon_{it} \tag{8-1}$$

其中，i 為中國企業跨國併購前 10 位國家（地區），t 為時間。考慮到政治與法律環境對在其境內的企業影響最直接，所以本書選取中國跨國併購規模

$OFDIS_{it}$ 為被解釋變量，以考察政治風險與法律風險對追加投資、撤資的影響。$RISKG_{it}$ 代表各國歷年政治與法律環境評估。$RISKC_{it}$ 代表中國歷年政治與法律環境評估。MAR_{it} 為各東道國市場規模，以人均 GDP_{it} 衡量。NAT_{it} 為各國自然資源豐沛程度，以煤和鐵出口占總體出口比重度量。KNO_{it} 為各東道國技術水平，以各國雜誌出版量衡量。

$CONTROL^j_{it}$ 代表五個控制變量，分別為：①匯率 EXC_{it}，用於測量匯率風險影響。考慮到匯率帶來的風險也是這一領域中的重要影響因素，為盡量減少遺漏重要變量的可能性，我們引入了該因素影響。②開放程度 OPE_{it}，表徵各國對外開放對外來資本的吸引程度，以對外貿易占該國 GDP 比重衡量。③地理距離 GEO_{it}，考察成本對外來投資的影響，以東道國首都與其距中國最近的港口之間的直線距離為衡量標準。④虛擬變量 CRI_{it}，代表 2008 年經濟危機對外來資本的影響，2008 年取 1，其餘年份取 0。⑤建交時間 DIP_{it}，以控制建交時間代表中國對該國直接投資的影響。

8.2.2.2 數據採集與初步處理

各國政治與法律環境穩定性評價數據來自美國紐約國際報告集團的國家制度環境評估報告，數值越大表明該國制度環境性越強，風險越小；各國匯率、外貿額、人均 GDP、GDP 總額、煤與鐵出口、15～64 歲人口數、總人口數、貨物出口額、雜誌數量及 GDP 平減指數均來自世界銀行數據庫。

考慮到中國企業跨國併購官方數據的公開始於 2003 年，本書以 2003 年為基期，採集了 2003—2011 年中國對該國直接投資數據，統一用美元計價並以 CPI 及 GDP 平減指數去除各變量通脹因素，為減小出現異方差的可能並獲取彈性，將各變量對數化。各變量描述性統計見表 8-5。檢驗工具為 R-i386-3.0.3 軟件包。

描述性統計顯示樣本各國制度環境穩定性處於 0.293,429～0.88 範圍內，標準差為 0.223,394，表明各國制度環境穩定性差異顯著，基本符合我們對該地區政治波動顯著的認識。中國制度環境穩定性處於 0.293,429～0.900,000 之間，標準差為 0.070,641，顯然制度環境較穩定且波動較小。各國市場規模標準差達到了 8.744,819，顯然市場規模差異較大。自然資源標準差為 0.577,466，各國差異顯著。知識存量標準差達到了空前的 758.159,6，顯示各國教育與知識累積差異很大。

表 8-5　各變量描述性統計表

	OFDIS	MAR	NAT	KNO	RISG	RISC	EXC	GEO	OPP	TRA	DIP	CRI
均值	49,515.26	8.932,310	0.818,050	548.279,4	0.549,902	0.789,118	10.119,63	2,950.412	1.48E+09	1.151,042	48.205,88	0.117,647
中位數	34,190.50	5.653,299	0.756,450	188.250,0	0.550,000	0.800,000	8.232,845	3,301.000	1.38E+09	0.611,501	48.000,00	0.000,000
最大值	175,745.0	25.554,00	2.794,320	2,788.600	0.880,000	0.900,000	31.754,74	3,355.000	8.72E+09	5.933,445	61.000,00	1.000,000
最小值	2,875.000	2.680,520	0.007,300	8.200,000	0.293,429	0.680,000	0.045,395	2,328.000	0.000,000	0.014,180	28.000,00	0.000,000
標準差	45,318.89	8.744,819	0.577,466	758.159,6	0.223,394	0.070,641	8.178,440	435.887,0	1.42E+09	1.277,429	8.766,298	0.327,035
觀測值	34	34	34	34	34	34	34	34	34	34	34	34

8.2.2.3 中國跨境併購動因分析

（1）各變量平穩性檢驗。檢驗方法為 Levin—Lin—Chu（LLC）、Im—Pesaran—Shin（IPS）以及 Augmented Dickey—Fuller（ADF）三種，檢驗結果見表 8-6。

表 8-6　　　　　　　　　各變量平穩性檢驗結果

變量	LLC	IPS	ADF	結論
$LNOFDI_{it}$	-5.41*** 3	-0.103***	-0.138,02**	平穩
$LNMAR_{it}$	0.38** dmdt	0.344** dmdt	0.401,09***	平穩
$LNNAT_{it}$	-5.81***	-1.493**	-1.805,92**	平穩
$LNKNO_{it}$	0.72**	0.486*	0.375,57**	平穩
$LNEXC_{it}$	-5.27*** dm	-0.048* dm	-0.316,95* dm	平穩
$LNRISK_{it}$	-8.28***	-5.727***	-2.991,75***	平穩

註：其中 *、**、*** 分別表示 10%、5% 和 1% 顯著水平；D 表示一階差分算子。dm 表示去均值，dmdt 表示去均值且去趨勢。

檢驗顯示諸變量分屬平穩、去均值平穩而且去均值去趨勢也平穩，因而均視為平穩變量。

（2）逐步迴歸。考慮到諸動因與外來資本存量間存在滯後影響的可能，故引入了滯後一期作為解釋變量。經檢驗，開放程度與地理距離因素的引入會帶來嚴重共線性，因而剔除出模型。經逐步迴歸並擇優得到的檢驗結果見表 8-7。

表 8-7　　中國企業跨境併購多方程檢驗結果（$Y = LNOFDI_{it}$）

解釋變量	模型(1)	模型(2)	模型(3)	模型(4)	模型(5)
c	1.053,167 (2.454,147)**	1.944,704 (8.304,429)***	5.636,133 (8.334,787)***	2.974,693 (8.815,649)***	-10.811,92 (-2.193,922)**
$LNMAR_{it}(-1)$	8.762,620 (8.094,426)***	5.300,300 (8.215,478)***	5.636,133 (8.334,787)***	2.622,459 (5.950,680)***	2.342,635 (5.758,644)***
$LNNAT_{it}(-1)$		0.224,010 (2.739,627)**	0.209,558 (2.801,391)***	0.194,372 (5.319,414)***	0.099,804 (1.888,040)*
$LNKNO_{it}(-1)$			0.593,099 (2.615,158)**	-0.027,942 (-0.109,454)	-0.364,382 (-1.679,091)
$LNRISKG_{it}(-1)$				1.763,164 (1.975,725)**	2.699,520 (2.818,847)***

表8-7(續)

解釋變量	模型(1)	模型(2)	模型(3)	模型(4)	模型(5)
$LNRISKC_{it}(-1)$				-8.839,519 (-5.876,228)***	-0.870,357 (-0.528,868)
$LNEXC_{it}(-1)$					2.761,112 (5.454,024)***
$CRI(-1)$					-0.140,533 (-2.254,769)**
$LNDIP_{it}(-1)$					8.219,269 (2.775,006)**
R^2	0.677,730	0.829,517	0.862,983	0.922,980	0.959,278
$\overline{R^2}$	0.630,337	0.794,244	0.828,729	0.896,320	0.938,032
F	15.300,31	25.517,47	28.193,54	35.619,50	48.150,68

註：***、**、*分別表示1%、5%和10%顯著水平。

　　檢驗過程按照從不考慮到考慮制度環境因素再到引入控制變量的順序進行。可以看到，模型（1）~（5）的調整後可決系數從0.630,337增長到0.938,032，F統計量從15.300,31增長到48.150,68，有了顯著提升，表明各解釋變量與控制變量的引入對模型擬合程度起到了較好幫助。

　　在不考慮制度環境因素的情況下，三類動因都顯著地以正彈性影響中國跨國併購，這也驗證了前述假設H1a、H1b、H1c。各動因彈性由大到小排序依次為：市場導向、效率導向以及自然資源導向，這表明在不考慮政治風險的情況下，中國跨境併購並非單純自然資源導向，甚至自然資源導向還排在最後。

　　引入制度環境影響後，東道國制度環境與母國制度環境分別以1.763,164及-8.839,519的彈性顯著影響中國跨境併購，這驗證了假設H2a與假設H2b，即最近9年間各東道國國家制度環境影響了中國對該地區國家的跨境併購，該國越穩定中國對其投資越多，這強調了中國對該國跨境併購的風險規避特徵。同時，母國制度環境以-8.839,519的彈性顯著負向影響中國跨境併購，這驗證了假設H2b，即中國政治穩定的背景下，更多企業看到了母國的機會，因而以國內投資替代了對外投資，減少了制度逃逸（維澤爾等，2007）與投資跳板（羅等，2007）現象的出現。

　　如我們所料，制度環境的引入對中國對該地區跨境併購動因的修正產生了顯著影響，各類動因貢獻率排序發生顯著變化，變為市場導向、自然資源導向以及不顯著的效率導向。鄧寧（1993）曾提出，企業最初的企業跨國併購可

能是資源導向與市場導向，而經歷一段時間成長後的跨國企業則進一步表現為從全球化戰略出發的效率導向和資產導向。制度環境對投資動因的影響下，三種動因中，市場導向型與自然資源導向型直接投資貢獻率均減小，效率導向型動因更是變得不顯著，這顯示了制度環境的強大修正作用。實際上，制度環境將對有意投資企業的進入決策與先期進入企業的追加投資產生顯著負面預期，這一預期直接影響企業投資動因選擇，這表現為制度風險影響的內生化過程，也即制度環境影響路徑。

綜上，2003—2011年中國跨國併購面板檢驗顯示，在不考慮制度環境影響的情況下，中國跨境併購動因排序為市場導向、效率導向以及自然資源導向。引入制度環境影響後，東道國制度環境風險將抑制外來投資，母國制度環境風險則激勵企業對外投資。制度環境因素的引入則使得該排序變成市場導向、自然資源導向以及不顯著的效率導向，這反應了東道國對外來資本進行規範時的重點集中在行業規範上，尤其是資源行業與技術密集型行業。

8.3 本章小結

本章我們就跨國併購過程中文化衝擊、政治風險及法律對跨國併購的影響進行了檢驗。其中文化衝擊的影響路徑是通過一項問卷調查的分析實現的。法律與政治環境的影響是通過面板數據GMM檢驗實現的。

檢驗發現：第一，文化衝擊主要通過企業管理體制、管理層行為模式、文化接納、升職遠景以及薪酬與權力距離等方面實現。第二，政治環境與法律環境對跨國併購主體的影響體現在以下兩個方面：一是對重點行業的影響較顯著，主要是通過資源控制實現，其中對資源開發類行業影響較嚴重；二是通過對知識的管控實現，即對技術密集型行業影響較大。

這提醒我們，跨國併購企業在後期的跨國併購整合中一定要注意從行業選擇和知識等方面適應東道國關於外來資本的關切態度，通過跨國併購後整合實現對制度環境的適應。

下一章，我們將依照這裡所指示的東道國制度環境影響路徑，通過企業跨境併購後整合重建企業全球營運能力。

9 跨境併購後企業能力重構策略分析

9.1 跨境併購後企業演化：一般規律

9.1.1 全球化背景下跨境併購企業戰略變遷趨勢

伴隨 2007 年經濟危機的蔓延，跨國併購市場發生了顯著變化。

9.1.1.1 跨國併購浪潮風起雲湧

一般意義上我們將 20 世紀 90 年代出現的全球併購風潮叫作第五次併購浪潮，始於 2007 年的全球次貸危機則帶來了第六次跨國併購浪潮。這次併購浪潮的一個特點就是發達國家的許多大型品牌被很多發展中國家收入囊中，例如中國吉利汽車收購了汽車行業重要品牌 VOLVO；第二個特點則是發展中國家對發達國家的併購邀約大規模出現；第三個特點是出現併購的行業不再局限於傳統的能源、汽車等行業，對科技行業的併購也出現較顯著的增長，其原因可能是受迫於次貸危機的影響，各國不得不開始拋售其視為核心競爭力來源的高科技行業。

9.1.1.2 全球範圍內布置生產經營網路

面對全球化經營與全球經濟的深化，各類企業試圖通過跨國併購實現其全球化佈局策略。生產技術的不連續分布與相互關聯性、各區域勞動力成本的差異、資源稟賦的不均勻要求跨國企業在全球不同區域布置其生產網路。企業佈局的依據集中在人文環境、人力資源成本以及基礎設施等方面，其中人文環境主要是指文化與制度環境。這就出現了跨國併購追逐的方向：要麼是資源稟賦豐沛，要麼是東道國民族產業贏弱，要麼是制度環境友好，要麼是技術等戰略性資源豐沛，這就造成了企業不同中間產品的生產佈置在不同區位的狀況，尤其是出現了部分地區生產中心。

9.1.1.3 出現很多跨境企業戰略聯盟

為避免過度競爭，跨境企業聯盟已經成為企業國際化的重要形式，這一形式可以幫助企業保持低烈度競爭並分享東道國市場。從根本上講，企業聯盟具有規避東道國跨國併購審查的功能。與傳統卡特爾或托拉斯生產有顯著不同，企業戰略聯盟在保持各自獨立性的基礎上與不同層次上下游企業達成了合作協議，以追求協同效應，促進互補，分擔市場風險。但是需要注意的是，這些企業在一定時期會形成統一的企業集團，但是當機會來臨的時候，又會放棄合作轉為競爭。

9.1.1.4 生產策略變化

這一輪併購浪潮的一個特徵是本土化策略深入人心。工業化大生產的一個特徵是難以同時照顧到不同層次消費者的需求，因此本土化策略受到越來越多的重視，這首先表現為對東道國本土文化的重視。各類跨國企業也紛紛在全球化思維的基礎上開始進行本土化生產。例如，更多迎合本土消費者需求的產品被創制出來，更多地與東道國本土上下游企業發生業務往來以搶占東道國經濟、文化先機。其中前者更多是在產品中融入本土特色，如肯德基的老北京雞肉卷，後者則表現為與本土企業的企業聯盟。

9.1.1.5 跨國併購企業組織結構出現適應性變化

面對全球次貸危機後各國對資本運作的謹慎態度，各跨境企業紛紛調整其組織結構。這一變動不但與跨境併購後企業的經營策略相適應，更多地還是要適應東道國對外來資本的規範要求。例如跨國進入的形式以合資為主而較少出現獨資，再比如與當地企業建立企業聯盟，又比如跨國併購後不但不削減原有員工還增加東道國本土的就業。企業內部組織也發生了相應的變革，如調整中間管理結構，吸收東道國員工進入管理層；完善企業內部的信息傳遞和決策模式；調整母子公司間協調，這一切都使得跨國公司結構逐漸出現顯著的扁平化特徵。

9.1.1.6 研發中心的初步擴散

企業在本地化過程中需要很多基於東道國本土特色的研發生產環節，應運而生的是跨國公司的地區研發中心。這些研發中心充分利用東道國研發資源豐富、勞動力成本低的優勢，除了進行以本地化為主的應用性研究以外還逐漸將一些基礎性研究引入具有不同人力資本累積的東道國。雖然跨國併購企業很注意保護自己的知識產權，但事實上也造成了東道國研發資金的大規模增長與技術溢出效應的顯著增加。

9.1.1.7 區域性營運中心顯著增多

由於企業結構出現顯著的扁平化特徵，很多跨境併購企業開始改善自己的營運管理層級。這一改變的一個突出表現是增設區域營運管理中心。區域營運管理中心的出現對協調企業內部母子關係、整合東道國資源、加強與東道國企業和政府的交流起到了重要作用。

綜上，目前跨國併購企業的發展變化越來越深刻，企業營運規則越來越複雜，愈加尊重東道國意願，在市場開拓過程中越來越傾向於迎合東道國本土的需求。

這些新特徵的出現提示我們，跨國公司也是在日益成長與演化的，無論是企業策略還是企業自身。

9.1.2 跨境企業宏觀演化：經濟史視角

跨境企業已成為經濟全球化的象徵，這一象徵意義在當前金融危機背景下愈發凸顯。世界經濟發展歷史就是世界經濟網路的構建史，也是跨國企業成長演變史。

全球經濟繁榮始於 16 世紀「地理大發現」，其後歷經殖民階段、數次工業革命以及新經濟時代，各個階段都孕育了不同特徵的大型國際化企業，也出現了層出不窮的跨國公司理論。

這些不同階段出現的國際化企業特徵有較大差異，這些特徵在企業演化過程中不斷湧現，每一類跨國企業的出現都和一定經濟時代相對應。如果將整個世界視為一個生態系統，那麼處於全球經濟一體這個生態環境中的跨國企業就是一種不斷進化的大型生物物種。達爾文的物種進化論強調面對不斷變化的生態環境，生物物種功能與習性也在發生顯著變化。這一過程同樣被用來描述跨境企業伴隨國際經濟環境變動所發生的演化變遷。

跨境企業的物種演化史是一部全球經濟現代發展史，其發展歷程見表 9-1。

表 9-1　　　　　國際貿易與跨國公司發展演化歷程

時間	發展階段	典型跨境企業	典型國際貿易與跨國公司現象	貿易理論
16 世紀末—19 世紀 50 年代	殖民貿易時代	東印度公司、匯豐銀行、怡和洋行、寶順洋行、旗昌洋行	(1) 都是從事貿易的 (2) 早期跨境企業的業務為新航路海上貿易，兼職海盜 (3) 王室授予公司獨家壟斷權，並兼具行政職能 (4) 在殖民地採購兼搶劫 (5) 第一次工業革命	絕對與相對比較優勢論

表9-1(續)

時間	發展階段	典型跨境企業	典型國際貿易與跨國公司現象	貿易理論
19世紀50年代—20世紀50年代	帝國主義時代	德意志銀行、柯爾特手槍公司、勝家縫紉機、麥考密克聯合收割機、力拓、必和必拓、殼牌	(1) 第二次工業革命 (2) 殖民者與殖民地間的關係演變為統治關係，貿易轉運公司位置讓了在殖民地從事經營的公司，以開採殖民地原料，運回母國加工 (3) 「南—北貿易」為主	資源稟賦論
20世紀50年代—20世紀80年代	全球化時代	豐田公司、高盛公司	(1) 電子訊息、新式飛機、電腦、核能、航天等技術迅猛發展 (2) 集裝箱海運、電子通訊技術、航天運輸使得跨境企業大規模發展 (3) 「北—北貿易」在一定程度上取代了「南—北貿易」	新貿易理論
20世紀80年代至今	國際資本時代	蘋果公司、貝萊德公司	(1) 大型跨國企業仍然輝煌。殖民時代的怡和洋行與新型跨國企業路易達孚公司同為國際販運主力。帝國主義時代的力拓、殼牌依然是跨國資源開發主力 (2) 全球經濟體系的問題凸顯，擁有製造業的國家不掌握貿易、原料與金融，而掌握這些的國家又在退出製造業 (3) 衍生金融迅猛發展。1986年英國金融業放鬆准入、紐交所推出西得克薩斯中質原油期貨合約，1987年，倫敦推出北海布倫特輕質原油期貨合約 (4) 出現大規模資產管理公司	跨境投資理論、跨國公司理論

正如表9-1所示，跨境企業發端於殖民時代的海上貿易時期，並受益於航海革命。當時的跨境企業多從事海上販運貿易，這一貿易模式直到19世紀末西方國家工業體系完善後才有所改變。跨國企業在帝國主義時代充當進軍全球和殖民統治的經濟工具。跨國企業這一功能直到現代文明出現後才有所改變。隨著時代的發展，通信與運輸工具日漸發達、資源愈發珍貴，這使得跨國製造成為可能。現代意義上的作為資本與技術載體的跨國公司正式出現。其後這類跨國企業組織受益於國際金融的迅猛發展，不斷擴充其市場份額，出現橫亙多國的大型多國企業航母。

值得我們注意的是，這類企業的演化歷史不但與世界歷史進程相伴相隨，而且進一步促進了世界各國在全球範圍內的價值鏈分配、知識累積與分工深化。

9.1.2.1 跨國企業發展推動國際分工演化機制形成

演化是指事物不斷發展變化的過程，既包含正向發展又包含逆向發展。正

向發展意味著事物的積極發展方向，是一個從落後到先進、從簡單到複雜、從低級到高級的發展過程。逆向發展則是指事物逆向的、消極的退化過程。現有全球分工體系總體上是正向演進的，在其演化過程中，跨國企業起到了獨特的推進作用。

跨國企業的發展演進與國際貿易漫長的演進過程相伴相生。世界大市場中的國際貿易與跨境直接投資之間形成了具有「自組織」功能的「互動」型生物體系。世界貿易與投資體系自誕生之日起就不斷進行「自我強化」，呈現出顯著的貿易與投資的融合特徵，跨境資本隨著跨境貿易的發展而大行其道，兩者最終形成具有正反饋機制的自組織體系（程偉，2004），其基本原理見圖9-1。

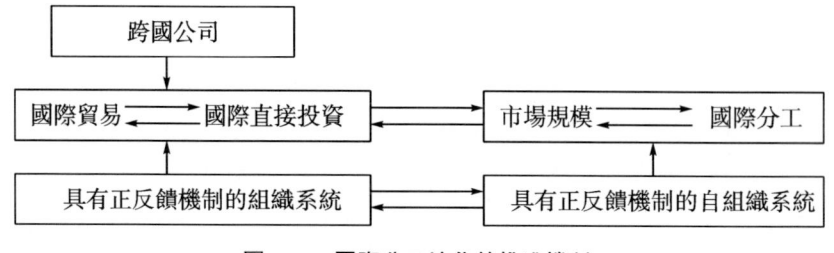

圖9-1 國際分工演化的推進機制

西歐各國在早期的地理大發現過程中運用賄賂、欺騙甚至暴力的手段在亞、非、拉國家進行了瘋狂的貿易掠奪，這些不平等貿易在將越來越多國家變成殖民地以累積原始資本的同時，也在事實上將越來越多的國家納入全球性國際貿易體系之中，這直接帶來了16世紀基於未開發市場的國際貿易大發展。

世界範圍內國際貿易規模的迅速膨脹是跨境企業出現的一個重要前提。18世紀60年代的第一次工業革命催生了資本主義機器化大生產方式，並促使資本主義生產方式最終確立起來。到19世紀的70年代，跨境貿易規模已經達到18世紀的十餘倍，為資本主義生產方式大行其道累積了大量物質財富和一定的生產技術，財富的逐利性要求對外輸出資本，這就出現了跨國直接投資的雛形。德國拜耳化學公司對美國奧爾班尼的收購使其成為第一家現代意義上的跨國公司。

跨境企業自誕生之日起就成為國際貿易資本輸出的有效載體，無論是綠地投資還是跨國併購都出現了迅速發展。1960年全球跨國併購僅有960萬美元，2013年就已迅速達到1,793億元[①]，普遍性與連續性併購成為跨境併購的基本

---

① 數據採自聯合國貿發會議發佈的《2013年貿易與發展報告》。

特徵，各國生產體系迅速伸向全球各個角落，合作與共榮的全球性網路型生產分工體系初步形成。

國際貿易的資本累積效應在促進跨境投資大發展的同時，跨境資本的輸出也帶動了跨境貿易的深化與廣化。在世界大市場上，跨境資本流動減小了交易成本，促進了公司內貿易的大規模發展；還通過人力資本的跨境流動帶動了科技、金融、法律及網路等第三產業的迅猛發展。

國際貿易與跨境直接投資間的有效互動拓展了世界大市場的規模，世界市場體系深入全球各個角落，人們收入普遍提高，全球消費市場規模迅速攀升。斯密—楊格定理①告訴我們，國際分工與跨國市場規模擴大之間具有雙向因果關係，世界大市場促進國際分工進一步深化，國際貿易與跨境投資之間相互依賴、互相促進、循環累積直至自我強化，並最終形成具有內在自反饋特徵的自組織體系。

綜上，伴隨國際分工的深化，跨國企業衍生出了國際貿易與國際投資相互交融的自組織體系，跨國公司自組織體系因而成為貿易與投資體系的基礎，而貿易與投資體系也促進了世界大市場交易規模的擴張與國際分工的深化。

9.1.2.2 跨國企業顯著促進了國際分工的深化與廣化

資本的跨境流動不但顯著促進了國際分工的深化，而且從不同層面促進了國際分工的廣化。

（1）知識層面

內生增長理論告訴我們技術已取代資本成為經濟增長的最終推動力。這裡的技術是指能夠作為投入要素進入生產領域進行再生產的科學知識、生產技能和經驗等，進一步可以將其分為顯性與隱性知識兩大類：顯性知識可以進行編碼，可以對其意義進行明確闡釋；隱性知識又叫默會知識，多是難以用語言明確描述的，依賴於在實踐過程中的個體感知。知識對企業成長的重要性已眾所周知，貝克爾等於1992年指出分工是由工人掌握的知識數量所決定的。作為知識的重要組成部分，默會只會對於技術的傳播、累積起到重要的載體作用。然而，隱性知識的傳播要求有較高的直覺、經驗、心智感知、信仰、價值觀和文化默契等，知識的顯性化和共享性較難。這要求企業架構應該擺脫傳統僵硬

---

① 斯密在《國富論》第三章中討論分工的決定因素時，提出了著名的「斯密定理」，即分工受到市場範圍的限制。1928年，楊格在其經典論文《報酬遞增與經濟進步》中，對斯密定理進行了進一步深化，他指出，不僅市場規模制約分工的演進，而且市場規模也受分工演進的制約，這是因為，勞動分工依賴市場規模，而市場規模不僅是人口、區域的函數，更是購買力的函數，購買力又由生產力決定，而生產力由分工決定。後人把這一定理統稱為「斯密—楊格定理」。

的科層體制，向扁平的、網路式的、有較強韌性的學習型組織轉型，以便實現有效的集體學習、自我超越以及對共同興趣的追求。

随著跨國企業間競爭的頻率和力度日益激烈，作為核心競爭力的知識技術創新層出不窮，而跨國企業的迅速擴張則導致了顯性知識的發掘和利用；另外，大型跨國企業的出現要求組織之間加強合作，因而出現了很多跨企業甚至跨行業的企業戰略聯盟。① 這些跨國聯盟在企業之間互通有無、整合資源的同時，也會幫助外來資本適應東道國的制度環境要求。

跨國戰略同盟與跨國外包網路具有學習型組織的特徵，一方面，網路各節點之間可以共享資源和市場；另一方面，各類節點之間既可以通過技術貿易交流顯性知識又可以通過技術溢出交流隱性知識，從而推動技術合作向更深更廣的方向發展。致力於提供高品質中間產品的全球服務外包網路始於20世紀80年代，大型跨國企業也開始將其主要力量聚集在研發與行銷環節，將其產品價值鏈中可以外包的部分悉數外包，以便獲得外包生產便捷與低廉的優勢，例如製造、組裝、售後及財務等環節。跨國企業將中間產品生產外包給可信賴的合作夥伴有三方面益處：一是可以獲得專業的低廉的服務；二是有助於外來跨境企業適應東道國制度規範要求；三是有助於知識的創造與分享，在跨國企業的推動下更新再造成為風尚，當然這也實現了知識的分工功能。

（2）價值鏈層面

經濟增長領域，產業間、產品間甚至產品工序之間的分工是當代國際分工深化的重要特徵，而這些競爭往往是通過發現和利用知識實現的（哈耶克，1968）②。

目前，我們對增長的根本動力已經有了基本一致的認識，從古典理論到新古典經濟增長理論，我們對經濟增長根本動力的理解經歷了從勞動到資本再到變為技術的過程，這一演化過程告訴我們：單純的勞動或資本投入只能使經濟在短期內提升，內生增長理論則強調技術才是經濟增長的終極動力。其中，技術推動經濟增長的作用之一就是推進國際分工的深化與廣化。這一作用的重要表現之一就是產業鏈的延伸與重組，產、供、銷及售後等不同生產部門之間按照區位優勢與所有權優勢進行重新分工。這一分工的優勢在於我們可以從動態的視角來觀察問題，有別於古典經濟學所採用的比較靜態分析，產業鏈重構理

---

① 跨國企業戰略同盟是指兩個或兩個以上對等的經濟實體，為了共同的戰略目的，通過各種協議而結成的利益共享、風險共擔的鬆散網路型組織體。

② 哈耶克. 作為一種發現過程的競爭 [M]. 鄧正來，譯. 北京：首都經濟貿易大學出版社，2014.

論可以有效實現經濟中各類要素的動態匹配與重組。

在日漸加深的國際分工中，企業，尤其是跨國企業已經成為分工的主體。生產經營活動時而結合為整體，時而分解為有機個體，這一過程主要由 R&D、製造、組裝、銷售、售後以及其他後勤輔助環節組成。日漸繁複的生產程序和越來越豐富的要素匹配，這些都對現代生產提出了更高要求，已經很難保證某一個單一經濟體能同時在所有這些環節上都具有比較優勢，因此生產環節需要借助跨國企業的跨境資源整合與優化。

最近的研究證明跨國併購在價值鏈再造方面具有顯著優勢。我們可以將不同產業按照投入要素的構成比例分為技術密集型產業、勞動密集型產業以及資本密集型產業。跨國併購企業進行跨國併購的一個重要意圖就是通過跨境投資實現產業鏈的全球重新布置。而跨國公司恰恰兼具了資本和技術雙重優勢，且有可能通過跨國併購深化東道國的資本累積並推動其技術進步。

現代國際產業鏈分工正在經歷著從低級向高級的轉化過程，而跨國公司則擔當了將這些要素進行重構與組合的任務（張幼文，2006），即所謂產業鏈重構。這種產業鏈的重構過程將圍繞企業的知識累積與創造進行，將生產附加值低的製造、分銷以及售後以企業戰略聯盟的形式分包出去，而將核心部分留給自己生產，這既可以降低成本又可以提高效率還能盡可能多地獲得產業鏈上的最大利益。

（3）市場層面

第一，跨國公司可以借助產品國際化減少跨境交易成本。科斯的產權理論告訴我們，企業本身是對市場的替代，可以用企業的科層機制代替市場交易進而減小交易成本。這一替代過程對於生產全球化的當今尤其具有意義，伴隨全球產業鏈的拉長，企業的跨境交易成本有何影響值得關注，而跨國公司則恰恰在這方面具有不可比擬的優勢。跨國企業可以通過母子公司的天然紐帶替代跨境交易，進而實現資源配置的跨境優化與生產環節的全球配置。

第二，跨國公司的全球戰略能夠在空間上促進國際分工的廣化。企業的全球化市場擴張是在國際分工基礎上的全球生產管理系統的完善。在這個過程中，一方面，跨國企業作為資本密集型微觀組織，跨國資本的主力特性驅使企業積極進行跨國擴張；另一方面，跨國擴張過程中企業全球戰略的實施事實上將全球各類市場視為統一大市場（約瑟夫格里科等，2008）。特別是二戰以後，發達國家以新自由主義為旗幟，引用跨國企業的知識、資本和市場勢力進行大規模的對外直接投資，並不斷擴展其產業鏈。

這樣一來，資本的內在動力和企業全球化戰略推動著跨國企業進入世界各

地市場，跨國企業的全球擴張使得各國在世界大市場上的經濟利益相互依存，從而促進了國際分工的深化與廣化。

9.1.3 跨境企業微觀演化：生物學細胞擴散的類比

從自然科學視角出發觀察社會科學問題是目前學科融合的一種大趨勢。其邏輯基礎認為，作為自然進化結果的社會體系與自然界有著某種共同規律，其典型應用就是仿生學方法在社會學中的運用，如運用蜂群的有規律活動與經濟現象中的群體活動進行的類比，再比如演化博弈為生物學提供的借鑑。

9.1.3.1 跨境併購企業成長與過度增殖細胞成長過程比較

在全程觀察跨境企業產生、演化以及擴散過程後，我們發現跨境企業全球擴散的過程與生物體內過度增殖細胞的成長過程十分相似，他們每個發展階段所採取的戰略和戰略實施十分相似。從仿生學視角的觀察可以幫助我們理解國際化過程中的跨國企業是如何制定與實施其國際化戰略的。與愛迪思（1989）所講企業壽命週期理論不盡一致，從事跨國併購的典型跨國企業成長過程可大體分為萌芽、初現、成長與擴散，其全過程詳見圖9-2。

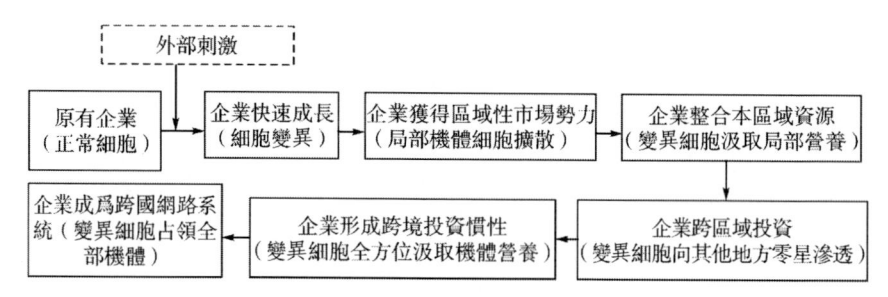

圖9-2　跨國企業成長過程與過度增殖細胞擴散過程分析

圖9-2顯示，跨國企業成長過程與過度增殖細胞擴散過程十分相似，大體上都經歷了5個過程，才逐漸由局部比較優勢成長為全局優勢。這5個階段的比較詳見表9-2。

表9-2　　　企業跨境成長與細胞過度增殖過程對比圖

序號	階段	企業跨境成長	過度增殖細胞的繁殖
1	突變期	企業成長始於區域性企業，當出現外來刺激，如制度變革（正式制度環境與非正式制度）或技術創新，企業會出現變異，向高效率方向變異的企業將獲得較強的競爭力	過度增殖細胞最初像正常細胞一樣生長。由於受到某種特殊刺激，導致細胞產生了特殊變異，分裂速度加劇，過度增殖細胞佔有局部優勢

表9-2(續)

序號	階段	企業跨境成長	過度增殖細胞的繁殖
2	擴散期	區域競爭獲勝的企業獲得客觀市場勢力，這可以幫助企業整合包括制度在內的更多資源，同時鞏固了企業技術優勢，企業得以快速成長，並將本區域資源完全整合，區域內企業受其市場勢力影響，苦不堪言	過度增殖細胞具有極強的增殖能力，在局部器官中快速分裂，數量遠超正常細胞。過度增殖細胞將其血管根植於正常肌體之上來獲取細胞迅速分裂所需的營養，這可能造成原有器官的衰竭
3	複製期	控制本區域資源後，企業不再滿足於本土資源的供給，開始尋找跨境發展機會，表現為偶然的跨境投資，鑒於其初期勢力尚弱，所以傾向於跨境併購①	在原有器官獲得局部數量優勢後，過度增殖細胞就會尋求通過淋巴、血管等營養管道向機體其他器官轉移
4	全局擴散期	進一步成長的跨國企業從零星投資變為大規模的慣性投資，這類投資通過跨國併購與綠地投資實現全球化進入	實現整個機體的全局性擴散，通過機體主幹營養網路向其他器官轉移
5	全球網路鞏固期	跨境企業通過全球網路完成全球市場細分和資源整合，企業成為跨國企業航母，在母國與東道國構建市場勢力	過度增殖細胞遍布全身，汲取所有營養，造成原有正常肌體衰竭

對企業跨境成長與過度增殖細胞擴散過程的比較告訴我們，跨境企業的成長過程、過度增殖細胞的演化過程與連續性戰略調整非常相似，這種相似除了在過程上相似外，兩者在目標、發展階段、各階段戰略選擇甚至結果等方面都有極強的相似性，詳見表9-3。

表9-3　企業跨境成長與過度增殖細胞成長策略對比分析

成長階段	目標	策略	可能結果
局部擴散期	企業獲得市場勢力	積極整合局部資源	企業壯大
	細胞獲得規模優勢	積極汲取局部營養	細胞局部擴散
跨區域擴散初期	企業跨區拓展市場勢力	試探性跨區投資，實施本土化策略	企業跨境壯大
	細胞跨器官規模優勢	偶然性跨器官擴散，控制重點器官	細胞跨器官擴散

---

① 波特在《競爭優勢》中講到：偶然是事物發展過程中非常重要的因素。

表9-3(續)

成長階段	目標	策略	可能結果
全局擴散	企業追求全球市場勢力與規模效益	進行慣性跨區投資、整合全球資源	① 企業成為跨國企業網路 ② 企業在東道國獲得一定市場勢力 ③ 企業被東道國驅逐
	占領整個機體	細胞擴散至所有器官，汲取整個機體營養	① 擴散細胞占領整個機體，原有機體死亡 ② 擴散細胞與原有細胞共存 ③ 擴散細胞被機體免疫系統殺死

如前所述，借鑑運用生物學細胞擴張機理對企業跨境併購的擴散機制和跨國併購後整合策略進行分析十分有效。跨國併購企業成長過程與生物學上過度增殖細胞的擴散過程十分相似：

（1）跨境企業作為獨立企業組織，通過併購進入東道國的過程與細胞增殖過程類似，與機體的過度增殖細胞發展過程類似，外來跨境企業具有自己的利益訴求，他們借跨境投資進入東道國，採用本土化策略進行自我複製與轉移，其後通過充分伸展與吸收資源，最終構建自己在東道國的市場勢力，進而追逐利益最大化。

（2）多數跨國投資的目的是獲取東道國資源來實現自身利益的最大化，如資源尋求、效率尋求等，此類投資似乎本質上與宿主國（東道國）自身的經濟發展存在矛盾。其前景可能是臨時的外資進入會帶來經濟的暫時發展，但是如果任其自由複製和擴散而不加以規範，有可能造成宿主國的資源枯竭，一旦出現跨國資本的流出，就可能導致宿主國經濟體遭到極大損害。

（3）無論是過度增殖細胞在機體整體的擴散還是面對外來資本進入宿主國，其前景無外乎三種，即被消滅、共存共贏、控制外來企業。宿主國自然是不願意看到第一種，後兩種結果則相對好一些。

（4）但是這一外來企業的入侵也有可能帶來好的影響。其一是，鯰魚效應，外來企業的入侵可能使本土企業的危機感加深；另一方面，跨國公司的進入有可能提升母國的資本累積速率以及技術溢出水平，這對於東道國是有很大幫助的。

9.1.3.2 東道國行業應對策略

面對國外資本的進入，可以參考機體對於過度繁殖細胞的對策，產業層面上，可以從以下幾方面來進行管理：

（1）加強對外資企業的監管。應及時在關乎國計民生的支柱產業對外來

資本的資源攫取、商業模式以及市場勢力進行監測，尤其對於國際熱錢的流進流出進行及時管控。

（2）積極利用外來資本帶來的益處。在珍惜外來資本的資本累積效應的同時，引導本土企業向外來資本學習，積極利用其技術溢出效應，學習其先進的商業業態，提高本土企業核心競爭力，實現與外來資本的合作共贏。

（3）注重對外來資本反依附戰略的實施。外來資本利用跨境投資實現對東道國資源的整合甚至經濟的控制，這給了東道國機會，東道國可以通過跨境企業的國際行銷網路以及全球採購系統實現民族企業的全球化，並逐漸借助這些渠道構建自己的網路。反依附戰略實施的關鍵在於，鼓勵本土企業不要單純做外來資本的附庸，而要致力於構建一種共同成長的夥伴關係。

類比細胞增殖與跨境資本營運，我們發現，跨國經營日益成為一種獨立的利益組織，跨境資本的營運引起東道國對自身營養物質供給的擔憂，這一現象的出現給傳統世界政治經濟體制和國際經濟關係提了個醒，使其從更加新穎的視角對外來資本的合理利用進行評價，當然也提醒跨國企業要認真考慮東道國發展之路。

9.2 跨國併購後企業價值鏈重構

伴隨全球經濟一體化的廣泛深入，跨境企業已成為世界經濟最重要、最活躍的經濟行為主體。由於知識經濟的不斷發展和資源約束的日益增強，為了構築企業全球戰略優勢，獲得知識型等戰略資源，跨國併購風起雲湧，各類企業紛紛通過跨境投資重構其企業邊界。其中跨境併購作為一種迅捷的投資方式，在搶占市場和戰略資源、降低企業交易成本、強化企業全球核心競爭力方面起到了非常重要的作用，而且廣泛進行的跨境併購成為很多東道國實現企業改制、促進企業國際化的重要途徑之一。

20世紀90年代以來，為適應技術進步及全球政治、經濟環境的變化，很多國際化企業對其全球戰略進行了重構：跨境併購成為國際化發展的最主要手段，全球跨境併購已歷經六次浪潮；跨境企業的生產組織、經營網路構成及企業內部組織結構均實現了全球化改造；進入東道國的外來企業與東道國企業之間形成了廣泛的戰略聯盟；其中首先值得我們關注的就是跨境併購企業價值鏈重構。

9.2.1 價值鏈重構內涵

有效重構企業全球價值鏈是企業成功實施跨境併購的關鍵一環。價值鏈的有效性主要體現在能夠達成企業的生產目標與環節安排，由於跨國併購後企業的經營環境、生產組織方式、供應鏈以及市場結構等因素發生了顯著變化，加之跨國經營不確定因素的增加，企業原有價值鏈面臨新的跨國經營環境必然有很多不適，重新構建企業價值鏈已成為跨國企業的戰略重點，有效的價值鏈重構過程成為企業加入全球競爭優勢平臺的有效途徑之一。

9.2.1.1 價值鏈概述

波特（1985）首次提出了價值鏈的概念，其後尚克等（1992）進一步發展了這一概念，後經很多學者進一步完善，價值鏈已經成為分析企業競爭戰略的重要工具。[①]

企業價值鏈分析的價值在於對那些難以區分的生產環節進行分解，以幫助企業確定其競爭優勢所在。此處的分解應該涵蓋了企業 R&D、生產行銷、財務以及其他輔助型生產環節所組成的整個生產過程。企業可以在不同的時間與空間布置這些不同的生產環節，以此最大化其在價值鏈中的價值。

這些操作不但可以幫助企業鞏固維護其已有的競爭力，而且可以幫助競爭力不足的企業在部分環節獲得競爭力。

9.2.1.2 價值鏈演化促進全球分工深化

過去幾十年的世界經濟展現出與此前世界經濟全然不同的特徵。伴隨國際貿易與投資自由化的深入發展，國際分工進一步深化，與以前固守於一個空間的生產形勢具有顯著差異的是，全球化生產中的企業與組織將生產的不同階段甚至同一生產階段的不同工序都進行了拆分，進而按照相對比較優勢原則的指導，形成以生產模塊、生產區段為特徵的垂直型全球分工體系，這期間跨境價值鏈分配已成為主流，如空客公司的全球生產戰略就是典型。這就是跨國企業為把握住全球大市場機遇而對傳統企業產業鏈進行的適應性重構。

經濟發展過程中的分工是對競爭優勢的一種尊重，世界大市場下的跨境企業促進了全球分工深化。最初的貿易理論以大衛·李嘉圖的比較優勢理論和赫克歇爾·俄林的資源稟賦論為代表，這些新古典貿易理論多集中在產業間的分工上，而克魯格曼代表的空間地理經濟理論則強調了國際貿易與跨國企業在空間分布上的特徵。這些貿易理論通過規模收益遞減、市場不完全以及空間聚集

[①] 邁克爾·波特. 競爭優勢 [M]. 陳小悅, 譯. 北京: 華夏出版社, 2002: 36-38.

特徵強調了產業內分工的重要性。其後的梅里特茲則進一步提出了新新貿易理論，強調企業異質性資源對企業全球化的重要意義。實際上，這一理論已經十分逼近現代跨國併購企業基於不同區位、不同東道國制度資源與戰略資源配置全球生產的特徵了。

跨國併購企業與傳統企業具有顯著差異，其主導的是以價值鏈分工為特徵的多單元聯合生產。跨境企業將其生產過程分為相互關聯又可分割的數個環節，每一個環節都按照不同東道國的時間與空間的優勢進行再分配，實現對支撐其全球化的價值鏈的全新重構。

古典與新古典貿易理論都強調要利用相對比較優勢，無論這一比較優勢是資源稟賦還是技術優勢，都要求將生產整體放在同一個空間進行，追求完整的生產價值鏈，即所謂的可以減少交易成本。前一章我們所提到的汽車製造企業福特公司就是典型一例，這一時期製造業的標誌性模式就是福特生產中集標準化、電氣化、系列化於一體的流水線模式①。但是現代跨國併購企業則向著另一個方向在前進。20世紀90年代以來，世界大市場的形成、知識經濟的出現以及國際生產網路化特徵的出現帶來了新的市場要求，各類大型企業紛紛調整自己的策略，以適應國際化。除了適度進行跨國併購，目前的跨國企業一方面選擇將具備供求關係的上下游產品生產供應環節分布到世界各地，另一方面將其不同價值鏈生產環節交由跨境聯盟企業進行生產，甚至直接進行徹底的外包，以便企業追求利益的最大化。例如我們在前一章提到的另一個大型跨國企業空客公司②，其典型特徵就是全球範圍的價值鏈配置與協調。

綜上，跨國企業與傳統企業的重要區別是其競爭已不再是全產業鏈競爭，而變成了價值鏈之間的競爭。企業爭相將自己在產業鏈上的位置向更專業化與更高收益的方向移動。不同產業鏈位置的資本回報率顯著不同，總體上看，R&D、行銷及核心部件生產處於高回報環節，而製造、組裝和售後處於價值鏈低端，資本回報率相對較低。因而，跨國企業重構價值鏈的重點都集中在價值

---

① 克魯格曼（1995）評價福特公司的全生產鏈條控制為「（企業）在一端吃進焦炭和礦石，在另一端吐出客座轎車」。20世紀30年代福特汽車公司的生產活動在空間上具有高度收斂和集中特徵。它基本上控制了汽車生產全過程，其礦石和煤炭原料從附近的礦山運進來，通過熱處理、仿形、銑削、衝壓、焊接、拋光、噴漆和總裝等數百種工藝過程，最後在那裡被轉換為汽車。

② 空中客車1970年成立於法國，其主力產品空客A320有約400萬個獨立部件，其中250萬個由遍布全球的1,500多個公司製造。如：美國生產發動機、主起落架、鉚釘等；英國生產發動機、設計和裝配機翼、進行燃油系統測試等；德國生產機身、垂直尾翼、商業設施等；中國生產前起落架艙門組件、飛機部件運輸船等；西班牙生產飛機水平尾翼、後機身尾椎和腹整流罩等；法國生產中央翼盒、進行機身組裝、安裝和測試設備等；日本生產記載娛樂設施等。

鏈的高端，並且多專注於價值鏈某一區段上的生產，並通過跨境合作構建其全球價值鏈體系。

9.2.2 跨國併購企業價值鏈重構基本原則

有效重構企業價值鏈是企業在跨境資本輸出後成功進行整合的關鍵。企業內外部因素的結合在一定程度上決定了價值鏈的效率，外部環境的變化還降低了原價值鏈的有效性，或者至少是使其運作不再高效，從而必須重新構築。跨境併購企業進入東道國以後，面對陌生的環境，尤其是陌生的制度環境，跨境企業應當隨時對外界變動保持敏感性，積極重構企業價值鏈，這樣才能迅速對變化的企業內外部環境做出反應，在跨國競爭中保持不敗之勢。

重構企業價值鏈是一個複雜過程，涉及許多因素，既有企業內部因素，又有企業外部因素。其基本分析方法是價值鏈分析法。價值鏈分析法包括：分析跨境企業現有價值鏈，確定跨境企業現有核心競爭力，分析被併購企業價值鏈位次，選擇價值鏈上活動的實施者以及進行利潤庫分析等。一般按照以下步驟進行：

9.2.2.1 確認企業現有價值鏈

確認該企業現有價值鏈狀況工作主要涉及識別企業價值活動構成、各類價值活動類型的甄別以及進行生產價值鏈的細分。其主要步驟如下：

（1）企業現有價值活動的再確認。企業價值確認要求可以將企業在戰略與技術上相互關聯的各種生產活動可以按照基本生產活動和輔助生產活動實現有機拆分。一般來說研發、生產、銷售是企業基本生產活動，而供應、財務、售後等環節則被視為輔助性活動。其對於利潤的貢獻率見圖9-3。

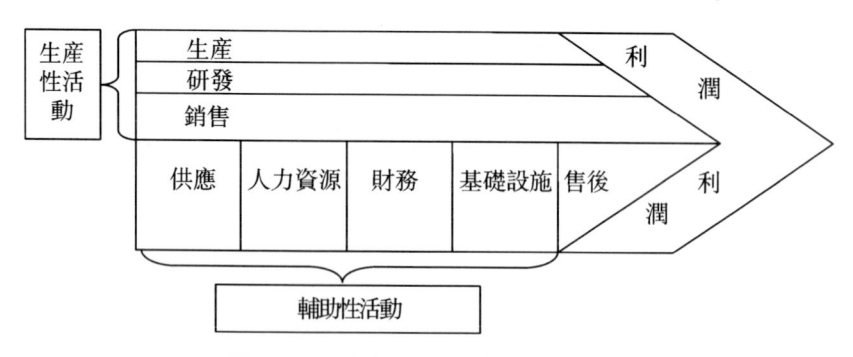

圖9-3 企業不同生產環節利潤貢獻圖

（2）甄別企業價值活動類型。在完成基本生產活動與輔助生產活動的劃分後要進一步甄別不同活動的價值類型，這些活動大體可以分為直接生產環

節、間接生產環節及生產質量保證環節。其中直接環節多指為顧客創造價值的生產活動；間接環節則是指為直接生產環節提供服務，保證直接生產可持續進行的環節；最後的質量保證環節則是指針對前兩個環節的質量控制體系。這三類活動並不是都能夠產生直接經濟效益的，跨境企業在確認各類生產環節的時候應當注意識別哪些是其核心競爭環節。在生產性外包和企業戰略聯盟盛行的今天，跨境併購企業完全可以將經濟效益較低的生產環節外包或者委託生產。

但是伴隨著企業國際化程度的加深，跨國公司融入全球生產網路，其利潤生成點已經從傳統的研發、生產與銷售環節變為全產業鏈利潤獲取。通過跨國企業網路中各節點與企業內外部之間的交流，通過外包或者跨國企業聯盟的形式，企業可以將各個環節的生產系數進行外包，這一外包過程可以使企業充分利用跨國企業網路內外各類資源，發揮各環節比較優勢，實現各個環節高效率生產。此時的利潤增長點將不再局限於生產、研發與銷售環節，任何一個環節都有可能產出利潤，而這一生產網路的構建關鍵環節就在於對跨國生產網路各個生產環節知識的整合。

（3）進一步細分價值環節。這就是按照各生產環節的貢獻率對價值活動進行細分，盡量使不同環節活動體現出其最大的價值。分解中應遵從以下原則：各個環節都有其不同的經濟特徵；不同的環節對企業生產整個環節具有不可或缺的意義；各環節對企業成本變動具有顯著影響。

與前面提到的20世紀30年代的福特生產模式相比，新的生產方式的重要特點是其生產結構連接著成千上萬個分布在各個地區和層面的企業群，而汽車終端組裝和製造負責控制和協調這些供貨企業，從而形成高度發達的按價值鏈環節分工，而在這個過程中，跨境企業通常只專業化於最終的組裝環節以及參與核心零部件和子系統組件的製造，而把自身缺乏比較優勢的環節如座位、儀表盤、變速器、輪胎等零部件的生產分包給下游合作企業。掌握品牌的跨境企業控制並管理著龐大而複雜的生產流通網路，品牌商、主要零部件供應商以及零部件分包商是這個網路體系的主要鏈條，而跨境企業則處於這個產業鏈條的中心。經過對產業價值鏈的重構，跨境企業因此能夠適應日益激烈的全球市場競爭，同時這種重構也賦予了世界各國企業融入跨境企業全球製造網路的機會。

（4）企業現有價值鏈條的最終確認。經由上述步驟可以幫助企業繪製清晰、完整的價值鏈條。

9.2.2.2 分析企業現有價值鏈

分析企業現有價值鏈為的是讓企業清楚地瞭解到自己的競爭優勢和競爭劣

勢的來源。一般來說跨境企業競爭優勢有以下三個主要來源：首先，企業活動本身構成了企業價值活動的基石；其次，企業價值鏈存在必然的內部聯繫，表現為一個價值活動與另一個價值活動之間的成本與速度聯繫；最後，價值鏈縱向聯繫十分重要。價值鏈的縱向聯繫還表現在企業價值鏈上下游企業與供應商、分銷渠道以及買方價值鏈之間的縱向聯繫。

9.2.2.3 分析東道國在整個行業價值鏈中的地位

跨國企業在構造價值鏈的時候還要注意區域優勢。OL理論要求跨國公司跨境進入的一個重要因素就是區位優勢，企業在跨境布置其產業鏈的時候一定要注意通過在最佳地點布置經濟活動獲得經濟優勢。不同國家在全球產業鏈上的位置是不一樣的，詳見圖9-4。

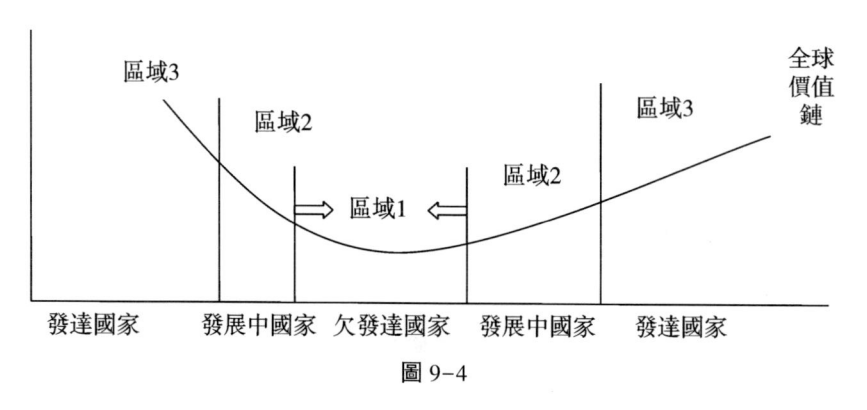

圖9-4

行業價值鏈是指某一行業的生產過程從原材料到最終產品的生產過程，而企業總是處於行業價值鏈的某一個或某幾個環節上。通過對行業價值鏈的分析可以幫助跨境企業瞭解東道國在哪些行業價值鏈上處於優勢地位，進而使跨國企業能夠將其相關生產環節布置到這一東道國進行生產，並借助東道國行業價值鏈優勢獲得企業全球競爭優勢。

9.2.2.4 分析東道國制度環境與產業政策導向

對東道國制度環境的分析是非常有意義的。一方面，在不完全競爭的市場，有很多行業阻礙著外國的直接投資，如不對稱信息的阻礙、技術在東道國的適應情況、行業壟斷情況及知識產權保護力度等，瞭解政府的態度對解決這些問題是非常重要的。另一方面，外來資本對東道國外資政策演變歷程的瞭解十分必要，最初外商直接投資的政策著眼於鼓勵跨國企業進入，之後的政策重點在於監管框架的變動，現在的外資政策則強調本土企業和跨國企業之間的產業關聯。

產業政策是東道國外商直接投資政策體系的重要內容，也是該國國內產業

政策的重要組成部分。既然產業政策同時涉及本土企業與外來企業，那麼，按道理講兩者應該是一致的，但事實並非一直是這樣。歷史上，吸引外國直接投資的產業政策不合理的重點在於不能激勵外來資本與本土資本之間形成有效的產業關聯，有效的外資產業政策應該是在利用外來資本的資本與技術優勢的同時能夠促進本國產業結構的優化。

產業結構政策反應了一個國家工業發展的重點，一般情況下，政府會給予各類關鍵產業不同水平的投資支持，尤其是通過外資政策優化外國直接投資在不同部門的配置。產業結構政策主要通過經濟與行政兩方面的手段實現政府意圖，進而優化東道國產業結構。

9.2.2.5 決定價值創造活動的實施者

有效的跨境營運除了有合理的戰略還要有高效的執行者。這一問題的解決必須依照跨國公司的不同資源稟賦進行有機組合與資源配置。能夠保持長期競爭優勢的企業大多具有產業鏈上的某些優勢，跨境企業為保持核心競爭力必須反覆權衡其中的每個生產環節，將具有相對比較優勢的環節保留下來，同時為了實現對東道國資源的充分利用，可以通過與東道國的接觸將不具備比較優勢的環節外包給上下游企業或戰略聯盟，將自己不擅長的部分交由最擅長的專業企業去做。實際上，要實現企業核心功能，就要將自己向行業產業鏈高位移動，使自己始終保持在產業鏈的高附加值環節上，以便同時高效地實現自己和其他企業的價值。

9.3 跨境併購後企業研發能力重構

在開放環境下，技術水平的提升不僅要依靠母國 R&D 活動，還要依賴於國際的技術流動與知識溢出。隨著經濟全球化的日益深入，技術在發達國家間流動的模式已被打破，越來越多類似於中國的新興經濟體開始參與其中，形成了全球範圍內的技術流動。

在經濟競爭背景下，只有具有科學而完善的創新機制的跨國企業才能有效配置全球資源，提升企業實力，從而在市場競爭中占據一席之地（李軍等，2006）。作為創新後來者的中國同樣希望迫切嵌入全球技術流動網，利用跨國技術流動提升國家創新能力，而通過本國輸出的跨國企業獲得外來的技術溢出是一個可以考慮的途徑。

伴隨著跨國企業架構的不斷演化，跨國公司的創新越來越源於跨境企業設

在全球的各類子公司及其分支機構（和金生等，2006）。從為母公司提供盡可能大的技術支持的角度講，跨境併購企業應當不斷將研發中心從母公司向各國子公司轉移，淡化母公司全球研發中心的角色，這樣一方面可以更好地利用全球 R&D 資源，另一方面也可以迎合東道國對外來資本研發本地化的要求。

目前關於跨境公司 R&D 機構的研究主要關注了投資動機、區位選擇以及研發對於對東道國影響等方面，而對跨境企業 R&D 機構的功能演化討論得較少。實際上，當子公司成為母公司全球研發的重要組成部分的時候，研發就變成了一個聯繫母公司與子公司的重要途徑，子公司成為母公司全球研發戰略的重要組成部分，其對母公司研發功能的貢獻越來越大（薛求知，2007），母公司需要做好的則是積極支持子公司的本土化研發並積極接受子公司的創新成果。

因此，近距離觀察跨國公司研發機構的功能、活動性質以及其在全球研發網路中的地位具有重要意義。此類研究不但對中國跨國併購企業的研發機構功能演化有幫助，而且還對跨國公司與本土各類組織之間建立合作關係具有重要的理論與現實意義。它將幫助我們瞭解企業參與跨國併購前後的框架是否有變動，如果有，其動力機制是什麼。

9.3.1　跨國企業研發全球化組織類型及其演化

9.3.1.1　目前主要跨國企業研發體系類型

跨國併購的主要目的是在全球範圍內配置資源，通過企業固有優勢與東道國區位優勢的結合增強自身的市場勢力。與之類似，跨國研發體系則是指在企業全球化進程中，利用母國以外的各類研發資源與研發環境進行創新型生產的過程。跨國研發的最大優勢在於一方面可以獲得更多外部研發資源，另一方面則是可以與不同國家的研發組織進行有效交流，進而推動信息、技術等方面的溢出。

如前一章所講，跨境企業全球範圍策略類型經歷了五個階段的演變。第一階段是在產品出口之上的母國絕對集中式研發；第二階段是在國外設立子公司進行銷售，與此階段匹配的研發類型是為獲得信息源而設置的母國相對集中研發體系；第三階段是直接在海外建立生產機構，全球子公司遍地開花，與之匹配的研發策略是多點研發，目的是進行產品的東道國本地化；第四階段是基於研發全球化的軸心式研發體系，這類研發體系的特徵是多點多層式研發體系設置；第五階段就是徹底的全球化研發網路體制。這一研發網路與企業的生產銷售網路相結合，與產供銷等部門緊密結合，互為呼應。這一發展歷程可以形象

地描述為從母公司創新變為母公司聯合東道國本土企業創新，再變為借力東道國本土創新，最後實現全球研發網路聯動創新。全球研發網路聯動創新體系整合了跨境企業散布在全球的創新資源，通過全球研發網路各類節點間的相互呼應，進而構建全球扁平化的研究與開發共同體（巴特利特等，1990；澤德維茨等，1999、2002；陳勁，2003）。①②

但是並非所有企業都願意將其研發部門進行國際化。研發體系是企業的核心價值鏈環節，決定著企業的成長前途與命運，最初的跨國企業多數不願意將其國際化，但是近些年全球化趨勢日益明顯，各國不得不開始抵近海外市場進行研發，以便及時獲取海外市場信息並做出反應。各國大都經歷了四個階段：一是以母國國內研究和國內開發為特徵的國內研發階段，二是全球分散研究母國國內開發的多點研發階段，三是母國國內研究和全球分散開發的市場導向性研發階段，四是最近的全球分散研究與全球分散開發相結合的全球化研發階段（澤德維茨，2002；加斯曼，2002）。

企業研發架構顯著影響著其研發活動效率，合理的組織架構是企業研發能力持續性的基石，因此企業進行跨境併購的一個重要目的就是調整其研發組織框架，以尋求最適合的 R&D 活動組織結構。按照跨國企業研發國際化歷史進程，可以將跨國公司研發組織架構模式分為五類：

（1）母國絕對集中式研發框架。該模式中跨國企業所有研究和開發活動都集中在境內，技術與信息嚴格保密，母公司研發資源顯著優於外國子公司，存在信息結構與決策結構上的顯著不對稱性。母國絕對集中研發強調的是決定企業核心競爭能力的核心技術和關鍵崗位集中在母公司手中的架構，這樣一方面可以有效地防控技術外泄，另一方面也便於實現對境外子公司的控制。此類研發組織模式在重工業中比較常見，直到今天，神戶制鋼雖然在海外成立了分公司，但其整個企業的研發活動仍然集中在日本本土。

（2）母國相對集中式研發框架。此類研發組織架構仍強調集中的國內研發，但已經開始出現地理上的外向型趨勢。它已經從母國絕對研發轉為多元化、多國家的形式，在國內研發保持集中研發優勢的基礎上，積極收集世界範圍內的外部技術信息，向海外派駐研發人員參與國際研發合作，注重與當地製造商、供應商及大客戶的溝通，以保證信息的及時反饋。此類研發組織框架多

---

① GASSMAN, ZEDTWITZ. New Concepts and Trends in International R&D Organization [J]. Research Policy, 1999, 28: 231-250.

② 陳勁. 創新全球化——企業技術創新國際化範式 [M]. 北京：經濟科學出版社，2003: 38-42.

用於企業全球化的初始階段，如日本尼桑。

（3）多中心研發體制。研發分散多中心沒有集中管理的公司研發中心，海外子公司研發中心具有更強的獨立性，與母公司的信息交流有限，其組織除了具有多個平行的空間分布中心外，還具有分散的自主研發網路結盟。多中心全球研發體制強調了本地化特徵，適應了東道國當地環境，提高了企業對市場的敏感度，促進了產品的當地化，突出了地方性對於全球效率的貢獻。此類架構盛行於 20 世紀 70—80 年代。典型的如壳牌石油公司的全球研發體系，其所有實驗團隊彼此獨立，直接向工作組協調員負責。

（4）混合式軸心研發體制。該體制海外研發機構與母公司研發控制中心並存，研發中心統一協調海外分散的研發機構，同時兼具了全球本地化和母國中心控制的特徵，分散在全球的研發節點統一面向國內控制中心的定向管理，所有海外研發單體由母國研發中心直接控制，海外研發機構間聯繫不緊密，強調了節點的層次結構特點以及母國研發中心的主導地位特徵，母公司以先進的技術、密集的信息和信息的優先交流實現其對於全球研發資源的整合，這樣既能顯著提高研發效率，又避免了重複開發。奔馳、富士通等企業等均採用此研發架構。

（5）網路式集成化研發體制。該研發體制改變了軸心式研發體制的總部研發控制中心的控制理念，從控制變為協調，全球研發網路各節點之間除了同時面對母公司研發中心以外還會相互合作，同時還鼓勵各區域研發中心與公司外的組織合作，不再存在地理邊界、企業邊界，而是追求技術進步過程中的全球合作。母公司研發中心與各子公司研發中心互相協調、相互依賴、靈活合作，充分發揮了東道國本土化優勢，成為優化的網路一體化發展模式。採用此類研發體制的典型企業有飛利浦、佳能等。其每個海外研發機構既能保持其獨立性，又實現了各節點之間的緊密聯繫，通過信息交流來避免重複開發，不但重視實施組織發展戰略，而且及時把握市場的局部變化，更值得一提的是跨國企業研發體制變成了開放式結構，實現了研發網路各節點的自主研究。

9.3.1.2 跨國併購後海外子公司研發功能及其演化

（1）跨國企業海外子公司研發功能

跨國公司研發全球化策略通過其全球研發組織功能的逐漸演化在全球鋪開。跨國公司 R&D 機構的設置都有著一定的功能使命，而這一使命也是根據跨國公司全球化戰略發生不斷演化的。跨國公司研發機構佈局的變化是為跨國企業全球化戰略的不斷演化服務的（冼國明等，2003）。

現有研究對跨境企業研發的研究多從單一靜態視角進行，尚未從動態演化

的視角進行。事實上，不同時期跨境企業研發機構架構差異很大，其決定因素差異也很大，這可能是文獻研究結論不一致的根源。

20 世紀初就已出現了跨境企業海外研發機構，但海外研發機構功能的增強卻是始於 20 世紀 60 年代。根據海外研發機構所從事研發工作的性質、技術週期以及服務範圍，我們可以將跨境企業海外研發機構分為公司技術單元、全球技術單元、本地技術單元以及技術轉移單元（如昂斯黛特，2002），具體如表 9-4 所示。

表 9-4　　　　　　　跨境企業子研發機構功能類型

功能類型	研發活動性質	技術活動時間	市場
技術轉移單元	支持型	短期	地方
本地技術單元	開發型	短期、中期	地方
全球技術單元	開發型、研究型	中期、長期	全球
公司研究單元	研究型	長期	全球

（2）子公司在跨國公司研發體系演化中的地位

大量關於跨國公司的研究提出，跨國企業海外子公司正成為跨國公司全球知識體系中異常重要的學習者、知識累積的貢獻者、跨國企業先進思想的締造者、全球化戰略的制訂者與實施者以及研發活動的實踐者（薛求知，2008）。一般來講，按照海外子公司在跨境企業中的地位可以將子公司分為三種類型，即被動服從型、相對獨立型以及組織領導型（趙景華，2001；孫志芳等，2006）。而當研發體系進化為網路化的時候，子公司的角色也會出現不同類型，可以大體分為三種，即地區性實踐者、專業化貢獻者及全球託管者。最後一類海外子公司擁有大量研發資源，可以同跨國公司內部與外部同時進行信息與知識傳遞，對於跨國公司網路內外都有很強的依賴性。

講到知識傳播，可以將跨國公司子公司按照知識創新能力和知識傳播能力強弱分為四類：創新強且傳播強的企業、創新強但傳播弱的企業、創新弱但傳播強的企業及創新弱傳播也弱的企業（薛求知，2008）。

綜上，子公司角色的演化歷程顯示：跨境企業越來越重視海外子公司的戰略地位，海外子公司日益成為跨國企業創新的源泉，因而，母公司如何協調全球子公司高效研發和如何吸收子公司研發成果成為考慮的重點。

①海外子公司研發優勢分析。由於跨國企業子公司與母公司所處環境有顯著不同，子公司有可能具有母公司所不具備的研發資源，因而雖然母公司比子

公司有著更多的資源與規模優勢，但是母公司卻很難在所有方面都超過子公司，尤其是在東道國研發資源、東道國研發環境等方面都是母公司難以企及的。

子公司研發的優勢在於其對於東道國的嵌入。分布在不同東道國的跨國企業，通過與東道國上下游企業的交流嵌入當地研發網路，可以充分利用東道國的研發資源、人力資本、制度支持甚至是文化環境，這些都構成了跨國公司子公司可以利用的獨特研發資源。同時，這些研發資源的地域性又使子公司的研發成果與母公司母國的研發成果有所差異，很可能具有地域特色的研究成果對於母公司進一步開發海外市場更有意義。企業跨境子公司研發功能分析如圖9-5所示。

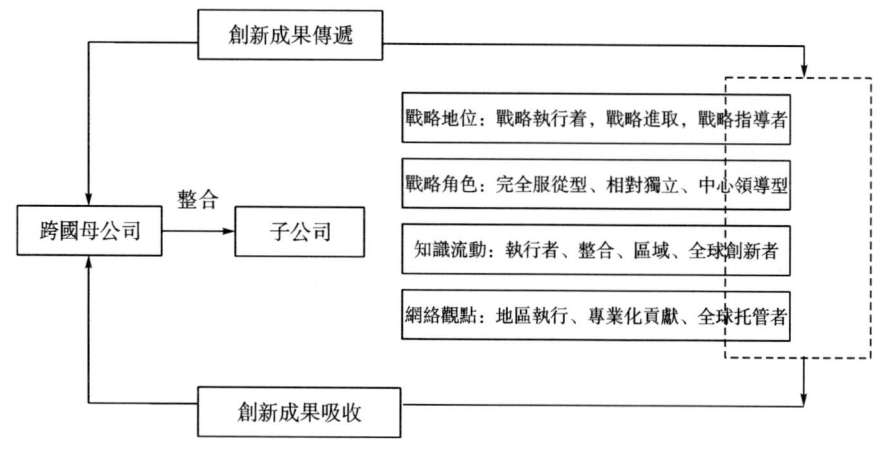

圖9-5 企業跨境子公司研發功能分析

②海外子公司研發成果轉移的瓶頸。在實踐中，子公司在將研發成果向母公司轉化的過程中存在諸多困難。其主要表現在轉移意願、轉移能力以及轉移類型三方面。

首先是研發成果的轉移意願。子公司研發成果的轉移意願在很大程度上決定著子公司對母公司甚至母國技術進步的貢獻率，處於研發網路中的跨國公司子公司可能不願意將成果向母公司轉移。首先，這一轉移可能是零成本的無償出讓。其次，這一轉移可能讓其他企業包括同處跨國公司研發網路中的其他子公司獲得自己的技術而因此帶來潛在的競爭對手。再次，研發成果的轉移能力。顧名思義，子公司成果轉移能力即子公司將其研發成果向其母公司轉移的能力（馬丁等，2003），子公司知識結構、能力結構以及組織模式等因素決定了這一能力的大小。最後，研發成果的轉移類型，海外子公司創新成果轉移的

速度與質量和該項技術的類型特徵密切相關,海外子公司獨有的知識往往對母公司最有價值,但知識的獨有性決定了知識的複雜性、隱含性以及默會性,很多子公司擁有的獨特知識隱含了大量情景性因素,只是重現過程不確定性較高,需要進行編碼與譯碼,這直接導致母子公司之間的互動代價高昂且效率低下。

(3) 跨國企業海外研發中心功能的演化

跨國公司海外 R&D 機構功能的演化與生物進化有著驚人的相似度。R&D 活動的特殊性使研發體系組織分析比行銷與生產網路複雜得多,本書認為大進化和小進化可以從功能角度進行分析,功能間演化為大進化,即角色間演化,功能內演化為小進化,即角色內演化(趙景華,2001)。隨著跨國公司海外機構業務種類與規模的擴大,跨國公司全球研發體系日益發達,研發體系與生產網路、行銷網路一起踐行著跨國企業的全球化戰略。跨國公司研發機構功能演化指的是跨境企業子公司與母公司間的資源交易發生了變化,其主要表現為該研發機構在技術層次、研發規模以及職能領域方面的改變,或其職責範圍的變動,或研發機構內部功能構成發生了改變。研發機構功能是否變化反應在以下幾方面:①是否存在橫向上的分支進化;②是否存在縱向上的升降變化,即晉級進化。衡量晉級進化的指標有兩個:一是功能之間的演化,二是功能內部的演化。其模式經歷了五個演進歷程,即絕對集中研發體制、相對集中研發體制、多中心分散研發體制、軸心制混合式研發體制以及網路化研發體制。

跨國企業研發中心的最初形式是母公司作為公司的絕對研發中心。其典型特徵是母公司控制研發的信息交流與研發資源的配置。但是隨著全球化的深入發展,跨國企業對於其海外子公司及海外市場的依賴越來越強,因而母公司絕對研發中心的設置已經難以滿足母公司想要時刻掌握海外市場的需求。此時處於母公司相對控制下的集中研發替代了絕對控制,其基本特徵是母子公司間的交流不再受限。但是,相對集中研發模式仍然難以隨時感受當地市場需求,阻礙了母公司對於市場的把握,因而就出現了分散的多研發中心形式。但是多中心形式的研發結構存在的最大問題是:難以實現全公司各個研發中心的協調以及信息的及時溝通,出現重複建設且低效率徘徊的可能性較大。這種情況下母公司又會再次收回部分控制權,採用軸心式混合研發模式。但隨著企業規模的進一步擴大,軸心式研發中心模式又出現了問題,不同層級之間的協調成本明顯增加,出現了壓制各研發機構積極性的問題,其中最大的問題在於,某個單一跨境子公司內部通過多重雙邊協議來構建一個統一的研發體系以利用全球資金幾乎成了不可能。

在這種情況下，網路制的研發體系應運而生。網路式結構既可以實現各個節點間的暢快溝通又可以實現各節點間資源的合理配置，因而成為目前主要的研發體系結構。這一模式的主要特徵是：R&D 發展方向要面向國際市場需求，逼近全球研發前沿；保持對於技術前沿的敏感性；擴大海外子公司 R&D 自主權；將市場需求與 R&D 地點結合在一起；進一步協調 R&D 活動，鼓勵企業各研發中心與外界進行合作研究（澤德維茨等，2001）。具體的跨國公司研發體系演化歷程詳見圖 9-6。

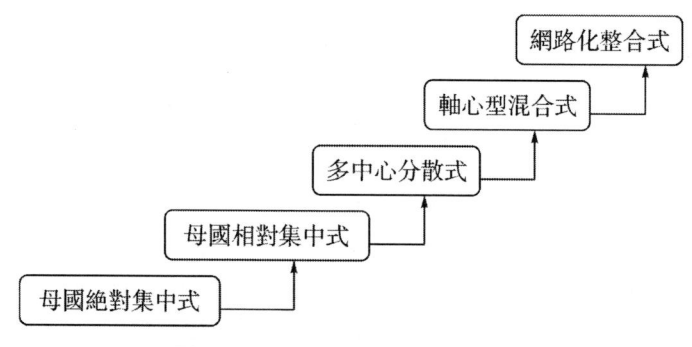

圖 9-6　跨國企業研發體制類型圖

綜上，跨境企業全球研發架構會伴隨公司戰略與業務特性的變動做出適應性調整，呈現由母公司絕對控制走向追求全球協調，由全球協調走向追求母國與東道國協調，直至最終變成完全開放的網路式系統的趨勢。

9.3.2　跨境企業研發組織結構設置基本策略：制度約束下的自組織

前面講到目前最先進的跨國公司全球研發網路是開放網路式研發體系，主要分為嵌入式和非嵌入式兩種。其中嵌入式技術網路關注了國家與組織之間的研發合作與知識流動（杰夫等，1993、1999、2003；加菲，2010；向希堯等，2009）。而非嵌入式研發體系則通過網路的權重化過程關注了網路節點中的個體特徵（懷特等，2007；劉寶全等，2007；段文奇等，2008）。但是，既有研究基本上還停留在對跨國技術網路的現狀描述上，缺乏對網路形成與成長的進一步關注。我們認為，從整體上觀察網路並進行網路的系統性演化可能更有意義，而實際上跨國併購企業全球研發網路具有典型的自組織體系特徵。

9.3.2.1　自組織視角的跨國併購企業研發體系成長特徵

所謂自組織是指系統在沒有外部信號輸入的情況下，網路各個節點默契地按照某種規則，相互協調並促進網路組織生長的過程。自組織體系具有自我生長、自我複製和自我適應的特徵。

（1）跨國併購企業技術網路的自我生長特徵

跨國公司全球研發網路的自我生長特徵主要表現在其研發網路規模的擴張與密度的增長方面。伴隨著企業的跨境成長，企業越來越多地在全球布置研發中心，隨著跨國戰略的進一步延伸，這些研發中心之間的聯繫頻率與強度也日益加強，相互之間在信息溝通和研發合作方面主動發生聯繫、互通有無、共同成長，最終使得跨國公司研發網路的規模與密度呈幾何倍數增長，呈現出典型的自我生長態勢。

（2）跨國併購企業技術網路的自我適應特徵

從跨國企業研發網路各節點與周邊環境的關係來看，母公司是整個網路的中心，跨國研發網路通過不斷的自我生長和自我複製實現不斷擴張，並隨時會接收到來自外界的信號輸入與刺激，例如同行競爭、政府規制等，進而做出防禦性或者修正性的自我適應過程，而整個研發網路則在這一過程中不斷出現新的結構與功能。這直接導致技術傳播過程呈現多元化特徵，雙向技術流動成為研發體系的常態，不同節點在進行技術輸出與吸納過程中不斷調整自我狀態，呈現出自我適應的特徵，整個跨國研發體系也迅速成長起來。

（3）跨國併購企業技術網路的自我複製特徵

在跨國企業不斷成長的過程中，跨國企業通過不斷在新進入的東道國設置研發中心以實現自我複製式生長。這一複製過程是通過不同節點之間的複製優先連接機制實現的。跨國企業研發網路的中心呈現典型的幂律分布，而密集分布的一個重要特徵是馬太效應①。其中節點中心度較大的只有少數幾個節點，多數節點還是少數連接，而新生成的跨國研發中心往往會主動與中心度較高的節點聯繫，進而獲得優先連接。這一優先連接一是可以激勵不同節點之間積極發展自己的外部聯繫，二是可以通過提高自己的知名度來發展自己的節點下線。自我複製是自組織網路的重要成長動力。

綜上所述，我們認為，跨國企業的全球研發體系成長演化過程具有顯著的自我生長、自我複製和自我適應的自組織特徵。在整個研發體系成長過程中，強狀的節點支持後來研發節點的生長，通過不斷複製、加強聯繫、彼此扶持來積極適應外部刺激以實現整個網路的快速擴張與成長。

9.3.2.2 跨國併購企業全球研發網路整合基本策略

如前所述，跨國併購整合分為橫向整合與縱向整合，前者便於促進不同子

---

① 馬太效應（Matthew Effect）指強者愈強、弱者愈弱的現象，起源於1968年羅伯特·默頓（Robert K. Merton）對類似心理現象的描述。

公司之間、不同背景管理者之間的交流，誘發節點之間橫向網路關係的形成，縱向整合則關注的是母公司與各地子公司間的聯繫。這兩種整合都可能為母公司吸收子公司研發成果提供便利，因而本書認為跨國併購企業全球研發網路整合應當注意以下四方面內容：

（1）積極實施跨國企業研發本地化

應當積極鼓勵跨境企業子公司構建新型創新文化，實行研發在東道國的本地化。跨境企業研發本地化戰略的深入必然會影響東道國的技術培育體系和產業結構發展方向，外來資本在促進相關產業技術發展的同時也出現了對資源的巨大擠占效應；研發的東道國本地化可以促進東道國本土技術進步。①②③跨境資本的進入將為東道國帶來先進技術，這一先進技術通過與本土企業間的合作、競爭與示範形成技術的溢出效應、行業競爭效應以及示範效應，將促進東道國本土生產技術與管理技術的發展。

①技術的溢出效應。跨境企業在東道國本土進行的 R&D 活動需要投入先進的儀器、高級人力資源、母公司共享的先進技術以及現代化的管理技術。而這些往往是發展中國家所欠缺的，東道國如果能夠完善地吸收外來資本的技術溢出，那麼必然能夠促進東道國的技術進步。當然外來企業進入東道國主要是為了自身的企業戰略，如跨越貿易壁壘、獲得戰略性資源等，並不一定是自願將其先進技術引入東道國，而只是發生了自然的溢出效應，因此即使有技術溢出的存在，也需要東道國企業能夠對技術溢出敏感，並有較強的組織學習與吸收能力。④

②行業競爭效應。對於任何國家，發展中國家尤甚，外來競爭因素的進入會帶來所進入行業的鯰魚效應，激勵同行業企業進行研發競爭（世界投資報告，1999）。⑤ 尤其是當跨境企業越來越重視研發本地化後，產品將更加貼近市場，這就會帶來外資企業產品對本地市場的深入瓜分，並直接危及本土企業，因而外來企業更加明顯的研發優勢將自然迫使東道國本土企業加大研發投入，優化已有的研發資源，充分利用自己在分銷渠道與供應網路方面的優勢提升技術水平以應對競爭，這必將提高其自身技術能力和研發水平，同時間接提

---

① 湛柏明. 跨境企業在華研發投資的效應分析 [J]. 世界經濟研究, 2003 (10).
② 寇文煜. 跨境企業研發本地化實證研究 [M]. 北京：中國財政經濟出版社, 2004.
③ 李蕊. 跨境企業在華研發投資與東道國技術跨越式發展 [M]. 北京：經濟科學出版社, 2004.
④ 賴明勇，包群. 關於技術外溢與吸收能力的研究綜述——外商直接投資理論研究新進展 [J]. 經濟學動態, 2003 (8).
⑤ UNCTAD. 1999 年世界投資報告 [M]. 北京：中國財政經濟出版社, 2000.

高東道國整體的技術水平並改善其產業結構。

③示範效應。跨國公司在實施研發本地化過程中會與本土企業、研究機構進行合作。顯著的研發收益會吸引東道國業界，進而促進產、學、研的結合。而外來資本在技術上的相對優勢則可以引導東道國研發機構瞭解技術前沿，跟隨全球研發發展方向。同時，東道國企業還可以通過和外來資本的合作瞭解到國際先進的研發模式，這對於東道國研發體制改革和理念創新會產生顯著的示範效應。

(2) 進一步完善母公司對子公司的控制機制

跨國公司母公司出於自身利益最大化的考慮會對海外子公司進行積極的管控，但這可能會帶來管控過度的問題。尤其是在經濟全球化和競爭複雜化背景下的今天，跨境企業的創新活動更多地依賴於信息互動、合作共贏以及研發網路的開放程度，這要求母公司積極改變對於子公司的認識，並將子公司視為母公司創新的源泉之一。母公司應當在理解子公司創新優勢以及創新傳播困難的基礎上，對母公司吸收、整合和傳播子公司創新的方法進行改進，通過正式控制與非正式控制，以最大限度地利用子公司的創新能量。

其中，正式控制多指通過組織架構與科層機制針對既定目標對子公司進行量化控制，而非正式控制則多通過企業文化控制和共同意念的達成實現。比如通過對企業員工外派實現母公司甚至母國價值觀的傳播、企業文化的熏陶等，從而實現對海外子公司的組織控制。發展趨勢表明，越來越多的企業在重視正式控制的同時，積極推進非正式控制，希望通過海外子公司對母公司文化的認同來形成有利的內部社會資本結構。這類社會資本一方面可以激發企業員工積極為達成企業目標而努力，另一方面可以培養企業共同價值觀與和諧氛圍。

(3) 提高母公司的整合與吸收能力

擺在母公司面前的一個問題是如何克服子公司的創新成果傳遞瓶頸，高效吸收海外子公司的研發成果。首先需要注意的是，要利用母公司優勢加強對子公司的控制，則母公司應加強對海外子公司的決策知情權與參與權，這樣才能夠使海外子公司的研發成果更適於母公司的發展戰略。其次，要重視母子公司之間的人力資源流動。一般來講，子公司中東道國人員占多數，這是母公司難以企及的優勢，作為知識的載體，人力資源的流動必然能夠幫助母公司實現對來自子公司知識的吸收，提高母公司的能力，從而高效率地吸收整合子公司創新成果。最後，加強對子公司共享創新成果的激勵。母公司可以改變以往單純依靠行銷績效考核子公司的方法，將研發成果對整個公司的貢獻納入考核體系，減少子公司對其他兄弟公司「隱瞞」創新成果的衝動，並通過對共享成

果子公司的獎勵彌補其創新成本。

（4）充分利用母公司的母合優勢

跨境企業研發的全球化過程使得跨境企業的整體研發框架由控制轉向協調，由協調轉向協同，並最終演化成扁平的網路結構，在這一演進過程中，跨國企業母公司可以從整體上在創造價值的過程中協調各海外子公司進行研發活動，形成母合優勢（蔡永貴，2008）。這一母合優勢表現在如下方面：一是跨國企業母公司的價值導向作用。母公司站在全球視角上制定的戰略可以引導企業發現更具價值的研發方向，並整合所有海外子公司的研發資源，發揮團隊效應。二是母公司壟斷技術的發揚光大。通過母公司壟斷技術的跨境複製，跨國企業可以將既有技術的效力在多國發揮，並且可以通過子公司再創新實現既有技術的進步。三是母公司的資源優勢。母公司可以為子公司提供原材料、研發儀器、人力資源、研發經費甚至行銷技術等支持，母公司還可以實現對海外子公司創新行為的參與、激勵與有效管控。跨境企業母公司對子公司管理層的支持對於企業來說可能更加重要。

9.4　跨境併購後企業成長能力重構

中國企業跨境成長模式大體分為兩類：其一是先易後難型，即首先對與中國具有類似宏觀環境的國家進行投資或者至少要先對發展中國家投資，在獲得一定海外投資經驗後再轉向發達國家進行投資，即漸進式國際化過程。其典型就是華為的海外拓展歷程。其二是先難後易型，即先對發達國家投資，在進入發達國家後，再向發展中國家滲透，其主要原因是先攻克難關，在攻克難關後再解決次要問題。其典型代表是中國聯想集團。

跨國公司被稱作組織間網路系統（巴特利特，1989）。跨國公司母公司與子公司之間的關係被視為一種協調性網路，母子公司之間形成的協調性網路所產生的「協同效應」可以使跨境企業獲得競爭優勢（恩賽因，1999）。既有研究是從跨國企業整體角度和跨國企業子公司參與者角度進行的。母公司方面，既有研究強調了母公司控制力、交易成本、市場勢力、東道國制度、文化衝擊、技術交流、組織效率以及跨國風險等對於進入方式的影響（約特等，2011）；子公司方面，很多研究關注了子公司在組織間網路中角色的演化。部分研究提出當東道國不確定性很高的時候，母公司傾向於通過對網路節點上不同連接的差異化對待，採取調整「內部交易密度」與「外部交易密度」的方

式來加強對子公司的控制。

當然，目前的研究也存在顯著的局限性。首先是缺乏動態成長視角。目前多數研究的出發點都是已經成型的跨國公司網路，忽視了對企業跨境成長尤其是跨國併購過程的動態關注，將網路視為既成事實。其次是忽略了母子公司互動下的跨國併購企業系統性演化。跨國併購後新的子公司的出現可能會對母公司帶來衝擊，這一衝擊顯然會導致母子公司形成的跨國企業發生系統性變化。

9.4.1　知識決定跨國併購企業成長

跨國併購理論對於知識重要性的認識較之一般企業要早得多。知識在經濟型組織中的作用是跨國公司理論領域的重要發展，而主流企業經濟理論在信息經濟學知識已經普遍受到重視之後才注意到信息交流與知識累積在組織設計中的重要地位，這一事件上的差異可能是出於跨國企業內外部知識信息的協調要求更高的緣故。

跨國公司理論誕生之初，人們就將跨國公司理論體系與學習型組織聯繫起來了，強調資本輸出必然伴隨跨境企業壟斷技術進行跨境複製，知識指導下對於跨境市場不完全給予的利用可以使跨國企業獲得超額利潤。其後的內部化理論則進一步提出，作為公共產品的知識，具有易於轉移但難以保護的特徵，跨國公司的功能之一就是為了實現內部化，使技術的跨境傳播更加有效率。

作為資源基礎理論的有機組成部分，知識基礎觀強調跨境企業與市場之間不完全像產權理論所講的那樣，市場與跨國企業之間可能並非完全的替代關係，其解釋是知識具有隱形特徵，這一特徵導致跨境企業成為知識轉移的一個具有隱密特徵的便捷途徑，這一能力是市場所不具備的。這意味著跨境企業的科層制度有助於技術的創造與傳播，企業邊界也不再僅僅是市場的不完全，而是引入了企業間的知識差異即不同企業間知識使用者和創造者有著能力差異的知識體系。

基於知識視角的跨國公司理論給我們提供的可能分析框架是：如何在不同企業組織形式之間進行選擇，是依賴自主創新還是尋找外部知識創造渠道。

9.4.1.1　知識具有隱性特徵

知識公共產品的特徵使知識創新與轉移出現了邏輯上的困難。20世紀70年代，知識被發現了其公共產品的特徵，其原因是知識的轉移可能是零成本的（約翰遜，1970；馬吉，1977）[1]。這帶來了一個直接的困惑，如果知識可以零

---

[1] JOHNSON H. The Efficiency and Welfare Implications of the Multinational Corporation [M]. MIT Press: Cambridge, MA, 1970。

成本轉移的話，那麼誰還願意進行研發活動？具有顯著正向外部性的知識創新活動很難給其創造者提供持久的競爭優勢，那麼應該怎麼辦？法律對於知識產權的保護是一個辦法，但這種辦法本身就是一個亡羊補牢的措施，更不用說很多國家對於知識產權的保護尚不夠重視。

但是，接下來的發現提供了一個可能的解釋，知識的轉移具有隱性特徵。蒂斯（1977）對於 27 個項目的研究發現，這些項目的成本隨著轉移的不斷發生而顯著下降。他的解釋是：技術轉移的成本決定於知識的隱性程度，企業特定資產的交易成本過大導致不能實現[①]，而這就為併購提供了動機。科格特等（1992、1999）發現，隱性的知識帶來了技術與知識轉移成本的上升，並降低了知識的轉移速度。因而，市場機制下的研發活動難以防止知識外部性的溢出效應，難以給發明者帶來足夠的成本補償，那麼就該由企業內部來完成。

9.4.1.2 跨境企業是技術跨境轉移的重要載體

（1）企業承載著知識創造和技術轉移重任

既有關於知識轉移的研究認為，知識轉移的重要障礙集中在知識的隱性特徵、知識轉移動機、接受者吸收能力等方面。提高技術與知識轉移速度的方法之一就是降低其隱性程度，如制訂推廣技術標準、增加知識轉移載體等。科格特等（1999）認為跨境企業的興起並非知識交易機制的低效率而是對跨境企業作為知識載體的再認識。企業間競爭力的差異源於其能力差異，而跨境投資的組織擴張可以有效彌補這一差異，因而企業有可能成為默會知識的重要轉移載體。現實中，跨境企業向子公司轉移技術的成本要顯著低於向第三方轉移的成本。

跨國企業內部協作使知識的內部轉移更加高效，這形成了跨境企業所有權優勢的重要內容，這一轉移能力也在一定程度上劃定了企業的發展空間，即所謂企業邊界。企業資源範疇中，技術與知識已經成為保持企業一致性的重要標誌，企業作為社會組織單元，已經逐漸傾向於成為技術與知識的儲存、交流載體。

（2）知識尋求型跨國投資大規模增長

在全球學習背景下，跨境企業跨境輸出資本的動機有了顯著變動，投資的學習型動機日趨明顯（萊爾斯，2010）。大量跨境企業將獲取東道國生產技術與管理經驗作為評價標準（趙等，2009），積極獲取東道國知識與技術資源已

[①] TEECE D. Technology Transfer by Multinational Firms: The Resource Costs of Transferring Technological Know-how [J]. Economist Journal, 1977, 87: 242-261.

成為跨境投資的重要動因（彼得森，2008）。

跨境企業在跨國經營中會遇到許多障礙和困難，例如不確定因素帶來的額外成本、跨境競爭難度增加等，這要求企業必須擁有特定優勢才能予以克服。20世紀60年代前尚無成型的跨國公司理論出現，而這一領域的創始者是海默。

海默提出，跨國企業海外併購首先需要企業具有「特定優勢」。海默並未對這一優勢給予明確定義，只是強調這種優勢一般表現為影響競爭的市場勢力出現，這一市場勢力可以是有形資產也可以是無形資產。傳統跨國公司理論除了海默的特定優勢理論，值得一提的還有鄧寧的折中範式①。但是無論是海默的特定優勢理論還是鄧寧的國際生產折中理論，所有的內部化理論都強調了市場失靈情況下交易效率不高的問題，其基礎都是科斯產權理論的運用。

而實際上，知識作為企業的一種特定資產，也可以成為企業的壟斷優勢通過跨國併購進入東道國，成為企業跨國併購後的知識優勢。瑟文伊爾斯（1971）關於跨國公司與知識創新及轉移關係的描述強調了產品差異化的功能②。他認為，差異化產品的生產知識被某些企業所控制，當這些企業跨境進入東道國的時候，將會以較小的成本把此類知識引入該跨國企業子公司所在的市場中去。

巴克利等（1976）根據前述關於知識公共商品屬性的認識進一步提出，跨境企業知識的跨境複製與創新同樣是國際營運，技術創新與內部轉移支持了跨國公司的跨境營運③。在這層意義上，如果沒有因素限制知識與技術的跨境轉移，知識國際化將要求企業建立全球研發網路體系。拉格曼（1980）則進一步深化了人們對知識與跨國經營間的關係，他認為，跨國公司營運是出於信息市場失效而進行的國際化。由於跨境企業無法給自己生產出來的信息產品恰當定價，因而不得不自己劃定一個內部市場進行內部信息的銷售，以此來克服知識市場無法避免的市場失效。

海納特（1977、1982）的觀點從另一個視角解釋了知識市場失靈的原因。知識市場的失靈並非完全來自知識的外部性，而更多的是由經濟活動參與主體

---

① DUNNING J. Trade, Location of Economic Activity and the Multinational Enterprise: A Search for an Eclectic Approach; B OHLIN, P O HESSELBORN, P M WIJKMAN. The International Allocation of Economic Activity [M]. Proceedings of a Nobel Symposium Held at Stockholm, London, Macmillan, 1977.

② CAVES R E. International Corporations: The Industrial Economics of Foreign Investment [J]. Economics, 1971, 38: 1-27.

③ BUCKLEY P, CASSON M. The Future of Multinational Enterprise [M]. London: Macmillan and Co., 1976.

間的機會主義和道德風險造成的，這種機會主義思想使得經濟活動主體接觸到的知識可能以零成本被轉賣獲利，而克服機會主義行為的一個方法就是內部化，企業對於其員工的契約約束增加了員工機會主義與道德風險行為的成本，因而可能減小知識的零成本轉移，這就表現為跨國企業的內部化過程[1]。

從上面的描述來看，跨國公司知識生產無非是知識這種產品面對市場失靈狀態下的一種內部化過程，而這一過程有利於實現知識的價值，激勵更多企業從事 R&D 活動。

(3) 跨國公司網路形式鑄就知識創造與轉移網路

全球跨境企業的組織跨境大體可以分為兩類：一是 20 世紀 20 年代出現的多國組織模式，二是 20 世紀 40 年代出現的國際組織模式（巴特利特等，1989），前者的代表是歐洲企業，後者的代表是美國企業。歐美跨境企業的成長經驗主要表現在知識網路關聯度與組織模式演進方面。多國組織模式到國際組織模式的演化，一方面是交通與信息技術這兩個國際化經營賴以生存的物質基礎的完善（巴特利特等，1989），另一方面則源於跨國企業內部知識轉移的需求。

多國組織模式以海外子公司擁有一定的經營自主權為基本特徵，其海外子公司相對獨立，在有利於母公司發展的前提下，通過各自分散決策追求自身利益最大化。對於跨境知識網路而言，此模式是一種較為靈活的組織模式，其中母公司對於企業營運的掌控反應在其對關鍵資源的掌控上，即一種分散下的集中。在歐洲企業全球化過程中，企業知識網路廣度與深度不斷加強，單純的集中制研發與單純的各自為戰式研發都難以滿足企業對於研發活動的需求，因而便產生了母公司居中調停的多國組織形式，這種研發體制使歐洲跨境企業得以不斷發展。但是伴隨企業規模的不斷壯大，子公司的分散決策對母公司的整體掌控權形成了挑戰，容易造成信息溝通不靈，戰略執行不徹底的問題，直接造成了知識在組織之間轉移的困難。

反觀以美國為代表的國際組織模式，在該模式下，母公司處於主導地位，對資源配置具有顯著的主導性，海外子公司多作為接收方來接收母公司的知識轉移，這一模式的優點是知識轉移更加有序、高效，基本不存在知識共享盲點。

---

[1] FRANCOIS HENNART. A Theory of Foreign Direct Investment [D]. University of Maryland, 1977.

9.4.2 基於控制權動態配置的跨境併購後企業資源整合能力重構

資源整合是指對於不同淵源、結構、層次的資源進行識別、選擇、汲取、配置、激活和融合，使其具有較強的柔性、系統性，並創造出具有新價值資源的動態過程。它是調整企業戰略的手段，是系統論的思維。通過對資源的重新組織與協調，企業內、外彼此分離的職能以及合作夥伴將被整合成一個為客戶服務的系統，獲得更好的效果。對於跨國併購企業，由於其資產是通過併購獲得的，因此資源整合的核心是企業對於資產權控制的配置問題。因此，對於跨國併購後企業實際控制權的追逐決定了併購方對於企業自身資源的決定權，所以企業資源整合能力實際上是對企業控制權的追逐。

9.4.2.1 控制權具有排他性特徵

在近年來的經濟實踐中，外來企業或者合資企業出現了獨資趨勢。中國改革開放 30 多年來，對於企業控制權爭奪的案例比比皆是，在華跨國公司對在華投資紛紛通過收購、增資擴股等方式實現控股甚至實現獨資，以掌握公司的控制權（華民等，2002；盧昌崇等，2003；李維安等，2003）。例如：美國寶潔先後收回了廣州寶潔、北京熊貓寶潔等在華合資企業控制權；德國漢高先後收回了合資方天津合成洗滌劑廠 70% 的股權以及天津漢高的控制權；日本松下也收回了與上海電氣所組建合資企業的控股權。這些現象反應的實質是跨國企業對控股權的追逐。

控制權具有顯而易見的排他性本質，控制權在大多數時候表現為一組排他性使用和處置企業稀缺的財務資源和人力資源的權利，這些控制權可以幫助控制權所有人排他性地利用企業資產用於投資或者進行企業營運決策（德姆塞茨，1997；周其仁，2002）。因而，排他性控制權的出現導致了直接作用於企業營運的企業實際控制權對企業所有權實質上的威脅（艾德沃德斯等，2009）。這也使得企業實際控制權成為企業各投資方爭奪的焦點。

9.4.2.2 企業實際控制權對於跨國併購企業尤其重要

控制權無論對企業所有者還是經營者都意義重大，所以對於控制權的爭奪歷來是企業研究的重點，而這對地處異國他鄉的跨國併購後的企業就更是意義重大（伯利，2009），跨國併購企業的自身資源來源於異國的兩部分資產，本身就更容易出現資產處置權的爭奪。

控制權的旁落最易出現在契約不完善的時候（格羅斯曼等，1986），而跨國併購企業所處的異國他鄉不但可能出現契約不完善的情況而且連環境也可能

不確定，甚至契約本身就是不對等的，一旦出現分歧，即使只是企業營運方面的分歧，問題的解決走向也一定會向著有利於控制權掌控者的方向發展（付雷鳴等，2009）。

　　跨國企業同樣存在著對於控制權的追逐。既有跨國企業控制權選擇多出現在跨國企業剛剛進入東道國時的股權配置形式決策中，而這些選擇主要涉及企業對控制權共享的選擇（姚等，2002；布魯瑟斯，2002；馬納罕等，2005）和爭奪（閆等，2001、2004）上面。在控制權配置過程中，跨國併購雙方或者合資企業雙方對控制權的爭奪是建立在各自擁有的企業資源上的一種博弈（閆等，1994；楊等，1994；英克彭等，1997），這一博弈的目的是追逐各自所控制資源的收益最大化（李維安等，2003），這一博弈過程的結果是對企業控制權的有偏配置（林格等，1989；托曼等，1997；陳等，2009）。而經過企業的獨資或者增資擴股，某一方即使獲得了企業的控股權，但是由於文化差異和員工心理契約方面的問題，也有可能難以獲得企業的實質控制權。

　　9.4.2.3　跨國併購企業控制權演變基本策略：制度適應下資源的漸進反饋

　　排他性控制權決定了企業的未來走向，對跨國併購企業控制權配置影響因素的研究多是從資源基礎觀入手進行的（托曼等，1997；林格等，1989；蘇曉華等，2010）。跨國合資企業是天生的資源集合體（英克彭等，1997；戴茨等，2010）。相對於外資獨資企業，跨國合資企業能更有效地整合東道國企業和社會資源（吉倫，2003；蘇曉華等，2010）。這些資源可大體分為資本、技術、自然資源以及市場等（魯，1998），其中的核心資源顯然是技術。

　　既有研究對跨國公司控制權的配置多採用了靜態分析，而缺乏對跨境企業收回合資企業控制權整體過程的動態關注（盧昌崇等，2003；聞立是等，2006；李自杰等，2009）。既有研究傾向於將跨國企業人為地割裂成為剛剛進入東道國的企業和已獨資化的企業，缺乏對併購成功後跨國併購企業的演化過程的動態觀察，因而也就很難發現影響企業控制權移動的因素，尤其是尚未指出跨國公司是如何收回實際控制權的以及對收回控制權後可能面臨的種種不確定性的應對措施。

　　跨境企業收回合資企業控制權的過程包括創業階段、摩擦階段、衝突階段與變革階段。其中，創業階段指的是跨境合資企業初創期，該階段中跨境企業與中方合資者共同致力於合資企業的快速成長，雙方在戰略與營運思路上高度一致。其後是摩擦階段，此階段多開始於合資雙方對於企業營運產生不同認識的時候，此時雙方在營運實踐中所實際控制的契約型資源與非契約性資源的多寡與強弱則決定了控制權的配置，雙方由此開始產生分歧。在衝突階段中，雙

方開始針對企業營運控制權展開爭奪。而最後的變革期則始於跨國公司開始收回合資企業控制權，並將其配置在自身的全球戰略網路中去。

(1) 跨境併購進入階段宜採用控股形式進行合資

在東道國制度的約束下，為避免東道國對於外資審查的反行業壟斷、反限制競爭等因素的出現，跨國公司在進入之初往往妥協性地採用了合資形式。這一可能的企業制度性設計缺陷為以後關於企業控制權的爭奪埋下了伏筆。

跨境企業在進入東道國之前，有合資與獨資兩種進入模式可供選擇（史，2002；布魯瑟斯，2002；布魯瑟斯等，2005）。其中合資進入意味著跨境企業與東道國共享企業的控制權。跨境企業選擇與合資者共享控制權主要是為了整合互補性資源和獲得對方既有市場份額（希特等，2000；權，2008）。尤其是當面臨心理距離與文化差異都很大的市場的時候，東道國合作方所掌握的資源具有重要的意義（潘鎮等，2008；迪誇，2009）。而從東道國的角度來講，外來資本所承載的技術資源則是其希望進行合資的重要激勵因素（帕克等，2004）。在合資模式中，雙方通過權衡彼此實力後達成合作意向，簽訂合作契約，接著投入各自承諾的資源。各自投入的資源決定了合資雙方對於企業控制權的初始配置（閻等，2004）。

(2) 合資不穩階段宜積極整合東道國資源以伺機獲取合資企業控制權

跨境企業如何才能高效率地獲得收回合資企業實際控制權所必需的全部資源，這一問題也令人深思。首先外部幫助是不可行的，因為外來企業可能更偏好於以自身所掌控的正式資源與非正式資源收回合資企業控制權。然而，跨境合資企業的不穩定性與針對控制權的爭奪又是不可避免的，此類爭奪情況達到了一半以上（英克彭等，1997）。

不完全的初始資源配置契約導致了非合同資源的出現。跨境合作企業成立之初，合同資源決定了跨境企業與東道國投資方在合資企業控制權上的初始配置。企業營運環境的不確定性使得關於控制權配置的契約具有顯著不完備性特徵，伴隨不完全契約的是非合同資源（閻等，2004）。此處的非合同資源意指合資雙方在跨境營運中累積的資源，此類資源並沒有反應在原始合資契約中（蔡爾德等，2001；閻等，2004）。非合同資源歸屬權不同的原因有兩方面：其一是合資雙方會在跨境合資企業營運過程中依照自己的策略不斷投入資源，這造成了對於己方投入資產的實際控制權（哈默爾，1991）；其二則在於，非合同資源的控制權可以幫助所有者提升組織學習能力，從而獲得新的資源（馬基亞等，1997）。

相較於企業外部環境，作為企業重要內在資源的非合同性資源對於控制權

配置的影響尤其重要（英克彭等，1997）。由於營運決策權配置一般是有偏的，因而非合同期資源的歸屬也是有偏的，有偏配置的非合同資源則帶來了企業控制權的偏移，這一偏離最終決定了企業實際控制權的歸屬（闆等，2004）。如果外來合資方控制了企業控制權，則能夠有效推動自身對東道國制度、文化以及消費模式的瞭解，實現生產銷售有的放矢（吳等，2007）。而如果東道國合資方獲得了控制權，就能夠促進企業向更加有利於東道國的方向發展（帕克等，2004）。因而出現針對控制權的爭奪是不可要避免的（闆等，1994）。

一部分文獻從資源基礎理論出發討論了合資企業控制權不穩的問題（達斯等，2000；吉爾等，2003）。研究結論集中在資源的動態性上，強調動態變遷的資源會造成雙方對資源依賴程度的變動，而合資雙方對資源依賴的減弱是造成合資不穩的重要因素，既然不再需要合資方的資源支持了，那合資方參與與否也就不重要了（英克彭等，1997）。

另一部分文獻則強調了合資效率對合資企業穩定性的影響。儘管在跨國合資企業經營過程中，跨境企業和東道國投資者雙方均會投入非合同資源，但多數情況下的結果是外來企業迅速進入東道國，而東道國合資方卻在很長時間內難以獲得自己想要的核心技術，技術進步預期增長緩慢（巴克利等，2004）。這意味著雙方合作的基礎——互補性資源的意義已經不大，加之雙方對企業管理理念的認知差異，合資不穩的狀況就很容易出現（英克彭等，1997），這進而會造成合資企業績效的進一步下滑（阿爾瓦雷斯，2009；貝斯特等，2009）。因此，通過進行成本收益分析，為了追求利益最大化的企業往往傾向於收回企業實際控制權（李維安等，2003；汪浩等，2005；帕克等，2009）。

（3）企業資源整合成功後宜積極走向獨資

綜上所述，企業資源與合資企業控制權間的因果關係經歷了從模糊到清晰再變回模糊的轉變過程。跨境企業在華合資企業控制權的配置是由合資雙方資源的動態博弈決定的，跨境企業之所以能夠收回合資企業的實際控制權是由其優勢的技術資源、快速增長的市場資源和獲取的關鍵性人力資本決定的，前期的持續投入帶來了企業市場資源的大幅提升，為外來合資方累積了重要的討價還價籌碼（李自杰等，2009）。

9.4.3 跨國併購後企業組織形式重構

跨國公司架構以日本、美國以及歐洲國家的較為常見，其特徵如表 9-5 所示。

表 9-5　　　　　　　　日、美、歐跨國企業組織特徵

	日本集中管理	美國協調聯合體	歐洲分散聯合體
戰略手段	全球	國際	多國
主要戰略能力	全球規模效率	母國革新的世界傳播	各國市場的回應能力
資產和能力結構	集中的和全球規模化	核心競爭力的來源是集中的，其他方面是分散的	分散的、各國公司自給自足
海外經營任務	實施母公司戰略	調整和靈活運用母公司的競爭力	把握和利用當地的機會
知識的發展與傳播	知識在總部發展和保留	知識在總部發展並傳播到國外分部中	各單位開發並保留知識

　　跨國併購企業不同發展階段要求不同的組織結構與其相匹配，一個可以參考的結構設計思路是錢德勒（1962）的「結構追隨戰略」方法。

　　20世紀60年代起，西方跨國企業戰略經歷了從多元化擴張到全球整合、當地響應兩個階段。基於企業戰略、技術狀況、生命週期發展環境、企業規模以及企業文化，各類企業構建了不同的跨國企業結構來匹配企業跨國戰略，即使同屬發達市場經濟國家的美國、日本以及歐洲國家的跨國企業都具有顯著不同的跨國組織結構。但是目前尚沒有合適的組織形式與跨國企業知識戰略相匹配。

　　最近十年，知識基礎論視角下的跨國公司研究受到了學界的追捧，跨國公司成為全球採集知識和全球布置研發機構的研發網路。但是，與知識基礎觀相匹配的跨國公司組織結構設計一直沒有受到重視，其原因可能在於知識獲取、R&D活動以及組織架構設計既有交叉又有區別，所以關注的人較少。

　　因而深入厘清跨境企業「結構追隨戰略」脈絡、知識獲取戰略以及組織結構匹配三者之間的關係是我們關注的重點。

9.4.3.1　子公司角色演化

　　跨境企業通過子公司實現其全球影響功能，企業成長的重要表現就是子公司的數量與規模的拓展。伴隨著跨國公司的戰略演化，跨國公司子公司在跨國企業中的功能自然發生變化，這主要表現在子公司的角色演變上。早期跨國公司多是跨國事業部形式的結構，因而早期跨國企業往往通過科層範式將子公司視為總部的派出機構，並通過技術、財務、人事等手段給予緊密控制。

　　但是伴隨著跨國企業對知識與資源認識的不斷加深，越來越多的跨國企業

不再僅僅是將子公司視為自己的附屬品，還希望通過合作、協同等作用實現全球資源整合與知識獲取，跨國公司的結構由傳統的科層結構和組件向網路結構轉化，這一轉化過程中跨國公司子公司的角色自然隨之發生變化。

在跨境企業的發展過程中，母公司、子公司及東道國各類組織間的關係會發生變化。其外在表現主要是在技術發展、產品種類、專業活動以及地理範圍等方面，簡單講就是子公司角色出現變動，而內在表現則包括子公司在跨國企業網路中的位置與網路資源方面的變動。子公司發展理論強調，跨境企業海外子公司的發展是動態過程，企業海外活動過程中所累積的資源和構建的能力有助於其拓展海外活動，這催生了子公司的角色變化。伯金肖（1998）將子公司角色分為總部委派型、自主選擇型以及東道國環境塑造型。針對這些分類，伯金肖（1998）提出了五種子公司演化理論：網路論、產品壽命週期論、決策過程依賴論、國際化過程論以及區域性演進論。其中值得一提的是網路論，即子公司角色演化機制需要從網路演化視角入手。全球大市場帶來的交換範疇的擴大和交換能力的提升使交易成本顯著下降，跨國企業網路與戰略聯盟、外包等交易方式的結合出現使得資源配置與整合更加便捷。

跨境企業網路組織模式的演化是一個有機生長過程。一方面，子公司從科層範式向網路組織式的轉變使企業可以獲得更大柔性。作為層級組織和市場交易之間的一種組織形式，網路組織力圖避免前述兩者的不足，以動態聯合的形式實現網路中各個節點間的資源共享，進而降低交易成本，實現優勢互補，以追求企業戰略與企業營運的柔性。另一方面，網路範式的開放與溝通有助於企業為東道國所接受。這一開放與溝通將涵蓋東道國企業、政府及 NGO，這自然滿足了東道國對於跨國企業履行社會責任方面的要求。

1. 跨國企業子公司分類

（1）既有分類方法

既有文獻認為跨境企業海外子公司的出現更多是源於母公司的國際化戰略，因而多從子公司任務出發，強調子公司角色的任務特徵。既有分類方式如表9-6所示。

表 9-6　　　　　　　　　　子公司分類標準

學者	時間(年)	分類方法	子公司類型
楊桂菊	2005	根據子公司與母公司整合程度分類	分為生產基地型、營運中心型、當地化型
巴特萊特等	1996	根據子公司所在國的「當地環境的策略重要性」與「當地資源和能力的多寡」兩個維度分類	分為策略領袖、貢獻者、黑洞與執行者四種類型
帕哈里略等	1990	根據子公司整合程度與海外經營當地化程度兩個維度分類	分為積極型子公司、自主型子公司與接受型子公司
塔格特	2000	根據子公司與 MNC 整合程度、子公司當地響應程度兩個維度分類	分為自主型、積極型、接受型、靜止型
古普塔等	1999	根據子公司知識資源與跨境企業流入比例以及流出至跨境企業的比例分類	分為全球創新者、地區創新者、執行者與整合者四種類型
賈巴尼	2002	根據是否在當地生產、是否在當地市場銷售兩個維度分類	分為資源獲取型、生產基地型、銷售利潤型和市場開拓型

綜上所述，目前的研究對子公司角色的分類依據不一致，這直接導致了分類結果普適性不高，需要重新選擇分類標準，並按照合理的分類原理進行分類。

（2）進一步的分類：治理結構視角的分析

實際上，我們認為合理的分類方式應當是基於公司治理結構進行的，無論跨國公司子公司身處何方，起到什麼樣的作用，都應該是為總公司整體發展目標服務的，因而企業治理結構可能是一個更加合理的分類標準。從企業治理結構出發，可以將跨國公司子公司的角色大體分為科層結構子公司和網路結構子公司兩類，而每一種子公司角色演化都需要有深刻的方法和立場的改變（庫恩，1962）。不同階段的跨國公司子公司模式都需要不同的治理模式。

①跨境企業子公司定位的科層範式

實際上，跨國企業設置海外子公司的初衷在於強調子公司對於母公司的服務角色，子公司只是母公司的一個下屬機構，甚至最早的跨國企業雛形中子公司只是母公司的海外事業部，僅僅從事外貿進、出口活動。

科層範式包括總部委派和子公司選擇兩種模式，這兩類治理模式的最大特

徵是總部可以通過對企業資源的全球調配實現對子公司的控制。

最早出現的跨國公司子公司角色為總部委派制。這一模式強調總部縱覽全局，總部對子公司進行功能規劃與任務分配，境外子公司只是企業全球戰略的執行者，其典型特徵是子公司激勵不夠、能動性不足。需要注意的是，這一模式實際上暗含一個默認信息：母公司從跨國公司整體利益出發，對各子公司功能設定、任務分配與資源配給進行科學的設定，並對子公司實現有效的遠程控制。這就要求母公司具有專門知識，並且有任務分配和資源調配的功能。這一模式可以用來解釋早期跨國公司子公司的功能設置，但該模式對子公司的激勵不足，甚至可能會扼殺公司積極性，對企業持續創新顯然是不利的。

總部委派制之後出現的是子公司選擇制。這一模式強調了子公司的創新精神，子公司應該並自願為跨境企業發展做出自己的重要貢獻，子公司的自治行為、創業精神和資源整合成為跨國公司長期發展的重要力量。首先，子公司作為地處國外的企業具有自身的能動性，很可能通過在東道國的創業行為對母公司的發展提供動力；其次，由於子公司具有母公司所沒有的東道國資源，這一資源優勢可能造就跨國公司子公司在創新方面獨具特色的進步；最後，來自東道國的制度約束又使得子公司的發展不能完全按照母公司的要求進行，制度環境要求子公司必須要有一定的自由度，即有一定的自治能力。

上面兩類跨國公司制度一直持續到20世紀80年代，但是伴隨著跨國公司全球化戰略的加深，越來越多的企業轉向網路制組織（扎克，1999；阿拉維等，2001；托曼等，2002），這一組織中的傳統科層管理體制下的跨國公司子公司發展形勢因此受到了挑戰。

②網路範式的跨國公司子公司定位

這種網路範式中的跨國公司內部結構不再是單純的科層關係，企業各部分之間更多地表現為網路各節點間的合作與共贏（馬丁內茲等，1989），跨國公司呈現全資整合與當地響應特徵（杰瑞婁等，1990），即跨國企業在強調進行全球範圍內的資源配置有機組合的同時，又要適度分權，實行分散化集權（羅斯等，1992），並對子公司的全球活動進行協調，以求得資源之間的協調與高效，這意味著子公司獲得海外資源已不再是最關鍵環節，企業海外子公司之間及母子公司之間資源協調與互補更值得期待，這裡的協調可以是生產外包也可以是跨國戰略聯盟，並由此獲得更高的組織柔性。

綜上所述，科層範式下的子公司角色與網路式下的存在顯著差異，詳見表9-7。

表 9-7　跨國公司子公司的發展影響因素及其在跨國公司中角色差異的比較

範式分類		子公司發展影響因素	子公司角色
科層範式	總部委派	東道國發展水平、總部技術轉移能力	母公司下屬單位、母公司對外投資接受者
		總部市場知識、總部對東道國的投資	母公司技術接受者、東道國市場知識提供者
	子公司選擇	子公司專有資產、子公司創新能力、子公司獲得的許可、東道國環境政策與條件	被母公司授權者、母公司創新提供者、母公司市場知識提供者、母公司許可經營承擔者
網路範式		子公司專有資產、子公司創新能力、跨國企業關係資源、跨國企業資源整合能力	跨國企業網路節點、母公司海外資源擁有者、母公司創新來源、母公司持續競爭力源泉

2. 跨境企業子公司角色設定影響因素

影響跨國公司子公司角色演化的因素有很多，可以大體分為跨國企業外部環境因素、母公司控制因素以及跨國公司子公司自身因素三類。具體如下：

（1）外部環境因素

決定跨國公司子公司角色設定的首要因素是跨國企業營運的外部環境。這裡的外部環境主要是指東道國的政治環境、經濟環境以及制度環境，其中制度環境包括正式制度環境與非正式制度兩類。正式制度主要是指法律法規等正式制度，非正式制度則主要是指前文所提到的文化環境。一方面，這些企業外部環境的客觀存在凸顯了東道國知識的重要性，而母公司又不能及時獲得東道國市場知識，這無疑加大了子公司在母公司全球決策機制中的分量；另一方面，跨國企業海外子公司所熟悉的東道國環境對於企業也是一種獨有的資源，這一資源可以有效幫助企業高效利用東道國本土資源。

（2）跨國企業母公司控制因素

無論是母公司指派型還是子公司自主選擇型，抑或是網路架構的跨國公司航母，母公司都不會忽略對於子公司的管控。實際上，合適的控制程度有助於發揮跨國企業子公司的戰略功能，實現跨國公司全球戰略。這些控制手段一般表現為財務控制、人力資源控制、知識交流控制、企業文化控制等。

（3）海外子公司的自身因素

資源基礎理論在一定程度上支持了跨國企業海外子公司在跨國公司全球戰略中的重要地位。子公司作為母公司伸向全球各個角落的分支機構，在本地化過程中，有機會接觸東道國市場情況，對東道國市場需求變動的敏感性顯而易

見。在與當地各類組織進行交流的同時，子公司的研發能力、知識傳輸能力、資源整合能力、子公司價值活動特徵以及子公司創業精神都會體現出跨國公司子公司的能力。這一切構成了子公司的社會資本。① 這種社會資本在一定程度上決定了跨國公司子公司在跨國公司全球策略中的重要性。這暗含著一個推論：子公司角色的設定與自身努力分不開，而不僅僅由母公司的設定所決定，即符合所謂「子公司選擇理論」的認識。

3. 網路式跨境企業框架中子公司的角色演化機理

網路分類法中，子公司角色由母、子公司及東道國環境共同決定（伯金肖，1995），這既符合跨國公司的網路分類邏輯，又考慮了母子公司及當地環境三者間的作用力，既體現了跨國公司子公司的自身個性，又反應了子公司網路聯結關係的內在特徵，探討了子公司角色的外在差異（茨奧等，2002；楊桂菊，2005）。

網路式組織的演化關注了組織中各個成員節點通過不斷複製其與其他節點之間的關係，獲得網路資本的累積，進而實現持續性發展的特徵（格蘭諾維特，1973）。網路組織分析法從組織節點出發，深入討論了節點與組織內、外的其他節點間的關係（斯諾等，1992）。網路組織中，子公司與其他相關組織間的交易安排是在持續不斷進行的（邁爾斯等，1992；皮爾西等，1995）。子公司的角色演化主要體現在該企業在跨國企業整體網路中的位置移動，子公司網路關係的變動和網路資本的累積使其能夠實現網路位置的不斷移動，這一移動使得該節點不斷移向網路的中心。

海外子公司在跨國企業整體網路中的角色變遷直接表現為子公司在跨國企業網路中的位置移動。海外子公司資源與能力的變遷不一定會帶來其角色的變動，決定企業角色變動的是其資源的累積與能力的培養，伴隨海外子公司與其環境之間相對關係的變動，子公司的網路位置才會發生自然變動。

（1）海外子公司社會資本體現為其在跨國公司網路組織中位置的不同。

---

① 社會資本指的是嵌入個體或社會單位所擁有的關係網路，個體或社會單位在有目的的行動中可以動員或獲取的實際或虛擬資源的總和（林南，2002），即社會資本是一種關係資源。社會資本對網路組織演化的意義體現在以下幾方面：第一，網路組織的社會資本是一種資源。當一個組織具有一定的社會資本，意味著它就具有與外界的某種聯繫，從而在這種聯繫之上可以形成某種網路，並可以通過這種網路聯結獲取資源。也就是說，網路組織原有的社會資本是獲得新的社會資本的基礎。第二，社會資本又代表著一種對各方合作的規制要求。當具有一定社會資本以形成網路的組織通過網路方式獲取收益與資源時，它會強化對這種網路的依賴，同時由於認識到已有網路的價值，它會傾向於按已有網路的特徵與規範，去繼續搜尋符合這種特徵與規範的新的合作者，以增加組織的社會資本。也即，網路組織是通過不斷累積社會資本而形成並擴展的。

作為網路組織，跨境企業子公司節點的網路聯結關係差異體現了該子公司角色的差異（巴特利特等，1989；茨奧，2002；楊桂菊，2005），子公司連接強度不同，其在網路中所處的位置就不一樣，反應出來的子公司社會網路資本類型也就有很大差異。

（2）網路利益吸引著子公司不斷深化自身的網路建設。作為網路這種有機組織的一員，跨國公司子公司可以通過自身的學習能力與創業精神在跨國企業網路所延伸到的範圍吸取養分，加強與其他節點的聯繫，以獲得更多新資源與創新機會，豐富自身網路資源，調整自己的網路位置，進而在不斷壯大自己的同時促進跨國公司母公司網路化成長。

（3）網路利益最大化替代母公司指派制成為跨國公司子公司角色演化動機。與母公司指派形式的跨國企業子公司不同，網路制企業機制能夠激勵子公司加強創新，這一創新機制可以為企業帶來網路關係收益。這一收益表現為技術與知識的交流、資源的配置及企業在整個跨國企業中的影響力等。

（4）子公司角色演化的實質。子公司的演化實質是指跨國企業子公司追求利潤最大化的一種表現。與科層機制子公司角色不同，網路制跨國企業子公司可以通過網路參與和企業學習，在增加網路資本過程中複製、重構網路關係，不斷獲得新知識以及新資源，進而將自身調整到更加有利的網路位置以獲得更多網路收益，子公司這一自利行為與跨國企業全球企業網路的成長利益是一致的。

（5）子公司在跨國企業網路中的位置。子公司在跨國公司網路中的位置顯著影響著其角色的演化方向，通過強化自身原有的網路關係並積極自我複製，跨國公司子公司得以實現向網路核心位置的移動。海外子公司在跨國公司網路中所處的位置決定了企業所能接觸到的網路資源，網路資源的分配程度又決定了企業的獲利狀況。離網路中心越近的子公司與各網路節點之間的聯繫強度越大，聯繫面也就越廣。為維護這種聯繫，跨國公司子公司越傾向於複製與強化這一網路關係，使得自己向網路中心不斷移動，或者就是將自己建設成網路中心。

（6）子公司演化路徑。子公司通過不斷創建新網路關係，更新原有網路關係，來獲得網路利益的最大化。這裡的更新包括複製與重構網路，當原有網路的維護成本高於可以獲得的利益的時候，子公司就會逐漸減弱或者淘汰這種舊有網路，通過複製與重構其社會資本網路來更新其網路關係。一是跨國公司子公司可以通過複製的方式逐漸強大自己的社會網路，增強屬於自己的社會資本網路的強度與厚度，即所謂社會資本的複製；二是跨國企業網路組織結構的

重構。網路中各個節點之間的聯繫可以分為強聯結與弱聯結（格蘭諾維特，1973）。網路各個節點之間的聯結緊密而頻繁則稱為強聯結，否則即稱為弱聯結。這兩類聯結中，弱聯結能夠帶來更大的收益，其解釋可能在於，不經常聯繫的弱聯結可能有更多網路各個節點之間的新知識、新機會甚至新鮮感，能夠提供更多的機會，伯特（1992）將這種弱聯繫稱為結構洞，處於稠密聯結之間的弱聯結能夠為結構洞中的個體提供更多創新機遇，組織結點之間聯結起來就會為跨國公司全球網路提供更多信息，跨國公司子公司自身也能獲得更多的利益。

（7）跨國企業各節點的演化動力。海外子公司嵌入的網路資源推動著子公司的角色演化，表現為子公司角色演化的方向和速度變動。子公司網路資本的多寡顯著受制於其在網路中所嵌入的位置。子公司為了追求更大收益，當觀察到跨國公司網路社會資本出現變動時，會敏感地主動向稠密的社會網路位置移動。這一移動導致部分原有網路聯結被減弱，而另一部分網路關係被更新與強化，進而使子公司的社會網路資本出現變動。

9.4.3.2　*跨國公司組織框架演化史*

企業的國際化程度對跨國企業組織框架有著顯著影響，因此跨國企業組織框架也表現出顯著的不同①。企業國際化程度較低的時候一般會採用管理難度較小的海外產品部設置。當企業國際化程度較高的時候，企業應對的跨國管理難度會顯著增加，此時需要進一步提高企業管理複雜程度，因而會採用跨國子公司形式進行全球範圍內的統一管理。

1. 既有框架及其演變歷程

在跨國公司不太漫長的發展史上，其組織結構經歷了四個階段的演化。第一階段中，國際化大企業由於其跨境業務需求尚不多，因而多採用了海外事業部的形式。第二階段發生在20世紀60—80年代，跨境企業憑藉其全球多元化策略利用範圍經濟與規模經濟在全球範圍內開拓了大量新的增長點，此時的多元化戰略要求企業海外產品事業部與地區事業部與其相匹配。第三個階段出現在20世紀80年代到21世紀初。國際分工的深化要求企業同時重視地區市場與產品下的結合，因而出現了產品與市場的結合類結構：混合式框架或稱軸心式框架。第四階段即21世紀初以來，跨國企業全球知識尋求成為主流國際化戰略，在知識追求背景下出現了網路式跨國公司框架。這一演化路徑基本上圍

---

① 國際化程度多由企業跨境業務占總公司業務總量的比例來反應，主要關注了跨國公司的國際化涉入程度。

繞著企業的全球戰略需要進行，其演化示意圖如圖9-7所示。

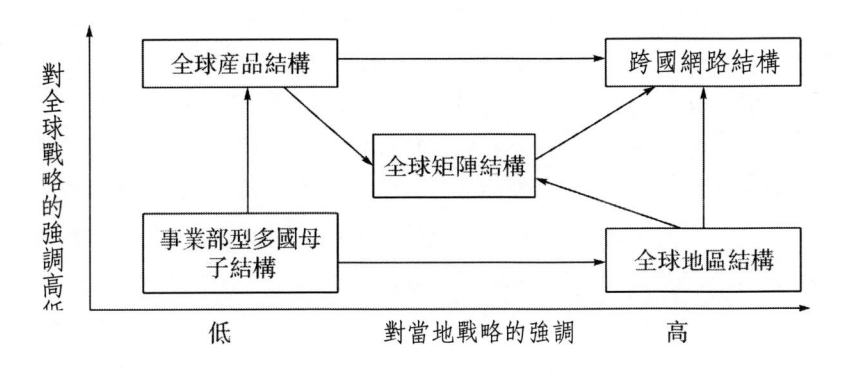

```
對                  全球產品結構 ──────────→ 跨國網路結構
全                      ↑    ↘        ↗    ↑
球                      │     全球矩陣結構   │
戰                      ↓    ↗        ↘    ↓
略                  事業部型多國母              
的                      子結構        ──→  全球地區結構
強
調  高
    低
         低          對當地戰略的強調           高
```

圖9-7　跨國公司組織結構演化路徑示意圖

（1）海外事業部

20世紀60年代以前，跨國公司海外子公司的雛形是海外事業部。最初的跨國企業規模較小，產品多元化程度又較低，在國外只有幾家子公司，管理結構簡單，因而沒有必要全面設置區域事業部，而只是將區域管理職能加載在原有的職能制框架上，表現為國際部、產品分部或產品事業部等形式。作為總公司部門出現的海外事業部直接負責整個公司的海外事務，這類海外事業部往往從事企業的跨境交易活動，尚不能被稱為子公司。此類的典型就是日本跨國企業。日本對外投資起步較早，甚至一度出現了對外投資所帶來的產業空心化的質疑。其在20世紀七八十年代進行全球拓展的時候，多採取此類模式，運用其高效高密度工廠，利用低成本與高質量優勢對產品研發、生產以及原料採購進行集中的嚴格控制。這一模式最典型的特徵就是企業對海外事務管得很嚴、很寬、很緊，這就直接降低了企業的海外競爭強度。

（2）多元化戰略下的權變結構

20世紀60年代至80年代，跨國公司紛紛推出了空間多元化與產品多元化的多元化戰略，伴隨著這一戰略，企業遵從的是錢德勒的戰略理論，採用了與多元化相匹配的權變戰略組織結構（威爾斯等，1972）。

其中，產品事業部仍然是總公司的一個附屬部門，但其權限出現了顯著變化，其職權變為以產品進行分類並設立不同的產品事業部，通過不同的產品事業部負責該產品的全球推廣。這一職能拓展即所謂以產品為中心的全球整合過程（拉格曼，2003）。相較於企業海外事業部，這一模式有了一定進步，有了初步的國際化苗頭，但仍然只是企業的附屬部門，只是各部門自行負責其所涉及業務的所有境外事務，境外子公司通過相對應的部門負責本部門業務並與母

公司相應部門對接。這種體制的好處是總部各部門發揮了其專業特長，但是也存在總公司對海外子公司監管過度的問題，不利於對海外子公司的激勵，同時由於各職能部門間專業範圍狹小，導致了隧道視野效應[①]的出現，靈活性與自主性仍顯不足，不利於滿足跨國企業海外子公司的多樣化經營需求。

而地區事業部形式的跨國公司架構又被稱為母子事業部形式。該組織結構中，總部按空間特徵將其市場劃分為不同的區域，不同區域之間按照國別設立不同的子公司。這些子公司可以進行獨立核算，各區域負責人負責本區域所有事務的處理，區域公司負責人向母公司總經理直接負責，負責管理跨國企業在該東道國的所有海外事務，並直接對母公司總經理負責，這意味著跨國企業海外子公司間聯繫很少。

歐洲國家走出來的跨國企業公司在其早期國際化過程中發現，很多東道國政府採用區別性法律政策甚至稅收政策對外來企業進行嚴格規範甚至壓榨，為應對東道國這種趨勢，很多跨國企業給予其在當地的跨國子公司很大自由裁量權，但這也使得總公司的管理力度逐漸跟不上，且各子公司之間也缺乏充分的交流。

應當說，此類母公司在跨國企業規模較小、產品線有限、海外業務有限的時候，可以保證海外子公司能夠以較低的成本運行，有利於母子公司之間的業務協調，具有顯著的靈活性，而當跨國公司業務在海外進一步延伸的時候，這種結構就出現了不適應的狀態，多產品線跨國企業尤其不適應海外事業部的形式（斯托普福德等，1995）。因為這可能帶來跨國企業國內業務和海外業務間的分離，並且較少有機會實現海外子公司之間的合作，對於國際市場的資源利用不足，且容易出現所謂的地區本位主義。

（3）全球矩陣式框架

在產品事業部與地區事業部結合的基礎上，出現了所謂「全球矩陣」式組織框架，其直接表現就是同時進行產品多元化和地區多元化進程（戴維等，1977；斯托普福德等，1982；巴特莉等，1993）。一些企業開始嘗試矩陣式組織框架。在這一框架下，為同時實現區域性戰略與全球戰略，跨國企業會將產品與地區結合起來，追求部門職能和空間分布之間的有機結合，由地區子公司反應東道國區域市場的信息，由產品部門負責實現跨國公司的全球戰略。為實現職能與片區的結合，該結構中的企業按區域和產品進行橫向與縱向匹配，這為企業全球戰略與區域戰略的同時實現提供了有效的組織保障。其中區域線顯

[①] 「隧道視野」多指由於各職能部門的專業化，導致職能部門人員除本部門外，其餘什麼都不顧，就如同過隧道一樣，只有前後非常狹窄的視野。

示了對東道國的尊重，產品線則貫徹了母公司的全球化策略。

應當說，這一框架在企業規模不是很大、全球策略與區域策略一致、企業對地區利益需要和全球產品利益需要趨於同步時，可以起到一定的積極作用，但是也存在一定的缺陷。第一，多重領導體制帶來的管理層級上的衝突可能導致職能重疊與互相推諉，這就增加了管理的複雜性，降低了體系的穩定性。第二，這一體制降低了系統的可靠性（艾格諾夫，1982；哈比，1991），多數跨國企業採取的還是地區事業部的形式（皮茨等，1984）。

在實踐中，當地處不同空間、時間、制度環境下的企業經理人員發現這種框架會帶來混亂和衝突時，跨境企業就會直接放棄矩陣結構轉而退回去採用單一的產品事業部或者地區總部構架。直到21世紀初，這一局面才有所改變。

（4）網路制跨國公司框架：學習型組織

20世紀80年代，跨國公司組織框架研究從多元化視角轉向了全球整合下的當地響應視角（豪特，1982；波特，1986；多茨，1986）。在此視角下出現了跨國公司的全球整合當地響應框架。此框架強調，面對日趨激烈的全球化競爭，企業網路中每一個節點都要能夠主動收集信息、學習知識、交流信息。前述幾種跨國公司框架模式其實都強調了信息獲得與知識學習、企業對市場反應的敏銳感知能力、信息利用能力以及企業的全球學習能力。產品事業部強調了全球生產信息一體化效率的提高，地區總部則強調了對東道國本地市場信息的尊重。這實際上是市場對知識性資源重要性的認識（普伱拉德等，1990），是知識基礎觀的一種體現（彭羅斯，1958；魯梅爾特，1974；巴尼，1991）。知識基礎觀認為，跨境投資本身是一種境外知識資源獲取與加工的過程，它直接關係到跨國公司全球競爭力的構建。由此便出現了知識引導下的跨國公司框架設計。

實際上，伴隨著全球分工的進一步細化，知識同時成為經濟活動的最主要投入要素與主要產出品，跨國企業的優勢來源於其不斷進行的知識創造與獲取活動，跨國企業的不斷擴張正反應了企業對知識獲取邊際效益與邊際成本的不斷比較過程。企業的跨境學習決定了企業國際化腳步的速度（拉格曼、韋貝克，1992；布魯瑟斯、奈斯特龍，1998；海納特，1991、2000）。

但是這種從全球獲得知識資源並進行知識創造的國際化過程要求組織具有更大的彈性與韌性，強調組織對市場信息與知識追求的反應速度，而較快的反應速度要求組織中各節點之間能夠積極進行聯繫與分權，因而出現了扁平化的有機網路體制，這一有機體制強調了兩方面網路資本的累積：一是強調網路節點間聯繫的複製與重構，二是強調可以通過外包與跨國企業聯盟的形式吸納組織外網路資本（鄧寧，1995；雙安等，2009；哈斯，2010；唐，2008、2010），

即成為網路化跨國公司組織框架。這種組織框架的全球學習與創新、全球整合資源、全球互動特點更能適應企業全球化策略，因而逐漸成為目前主流跨國企業的組織框架形式，典型的如聯合利華、寶潔、菲利浦等跨國企業。

網路組織借用了神經網路和信息科學概念，簡單來講，網路組織結構更像一個工作平臺，這個更加靈活的工作平臺將各類資源結合了起來，按照「彈性集中化」原則來進行更富彈性的生產與創新。在這個生產與創新過程中，學習是一種重要的組織黏合劑。跨國公司應該成為一個典型的學習型組織（達夫特，2001），其基本特徵是：具有分散全球的各類功能中心，基於網路資本的專業化分工，組織內外依賴性較強，學習型組織特徵明顯，多種文化的協調共生，富有彈性的、扁平的動態組織。

2. 跨國公司組織框架的比較與評價

綜上所述，跨國公司組織結構基本上經歷了上述四個演化過程。這四種結構各自具有不同的特徵與功能。總體來講，母子型跨國企業適於國際化初期，也就是企業的全球戰略和東道國本土化要求戰略都不是很強的時候；矩陣式結構強調全球佈局，子公司積極響應；跨國企業網路架構代表了跨境公司組織框架的未來發展方向，它凸顯了跨國企業對組織架構靈活性、適應性、彈性以及韌性的要求。各類組織框架的特徵與功能詳見表9-8。

表 9-8　　　　　　　　　　跨國公司組織特徵比較

	地區事業部	產品事業部	跨國網路結構
基本觀念	子公司是總部附屬物，有一定獨立性	子公司服從全球統一要求	合作進行複雜決策、決策實施以及資源配置
總部角色	總部協調子公司的資源、職責和決策	母公司是總部，統管多數戰略、產品、資源	通過資源、訊息、人事、財務和合同等手段協調、控制各子公司
子公司角色	識別東道國機會、獨立	服務於母公司的全球戰略	服從於母公司，積極與網路內外節點進行合作
控制手段	人力資源控制、財務控制以及契約控制	營運控制、決策控制、訊息控制、資源控制及契約控制	資源、訊息、人事、財務和契約控制
價值與能力形式	分散化、相對獨立決策	通過集中化彰顯其全球市場份額	信任、依存、專業化與開放
知識的發展與擴散	各個單位都有機會獲得知識、創新知識	總部獲取、轉移並創新知識	包括母公司在內的各節點共同開發與分享知識

值得一提的是，目前中國的跨國併購企業因為尚處於工業化過程中，企業的全球學習動機十分明顯，其主要投資動因是資源尋求與市場尋求。這裡的資源尋求既包括自然資源尋求又包括知識等戰略性資源尋求，因而對於中國跨國併購企業來說，網路式框架是一個值得考慮的選擇。

9.4.3.3 東道國制度約束下的學習型跨國公司組織結構選擇

按照結構追隨戰略的主張，我們認為跨國企業在不同的階段應該有不同的企業框架與其相匹配，而目前最流行的跨國戰略就是企業的全球知識獲取戰略。當然這一戰略仍然要受到制度環境尤其是東道國制度環境的影響，變為「環境決定戰略、結構追隨戰略」。我們將按照這一邏輯進行跨國公司架構與戰略的匹配。

知識獲取戰略可以有效地將三類跨國公司架構與處於不同生命週期的跨國企業有機結合起來。不同生命週期的跨國企業需要不同的知識作為企業成長的養分甚至直接成為企業追逐的目標。跨國公司在全球通過不斷的知識轉移與複製來實現知識累積並進行不連續的知識創新，以求增強其核心競爭力。不同階段的企業需要獲取不同的知識來指導企業、壯大企業，而這自然需要不同的組織結構與之相匹配。這裡知識獲取戰略中的知識可以大體分為生產技術知識和市場知識兩大類。其中，生產技術的全球比較強調了生產技術的全球搜尋、學習與創新，反應了全球市場範圍內的技術、效率與成本的比較、搜尋與獲取。市場知識的獲取則是指對東道國或者區域市場信息的獲取，這些信息涉及東道國的制度環境、市場特色、文化特色、消費模式等方面。

1. 東道國制度環境規制下的跨國公司知識尋求戰略

從環境影響戰略、結構追隨戰略的角度來看，環境可能是引起跨國企業戰略與組織架構調整的原動力。

前面的檢驗顯示，東道國制度環境對跨境企業的進入戰略會產生至關重要的影響。法律環境帶來的確定性影響和政治環境與文化環境帶來的不確定性影響都會對企業知識尋求戰略產生修正作用。首先，法律環境要求企業尊重東道國知識產權，不得剽竊、私自轉移東道國自主創新的技術，甚至不允許外來企業接觸東道國重要技術密集型行業[①]。其次，東道國政治與文化氛圍又要求企業充分考慮到東道國獨有的市場知識，積極學習市場知識，以便於東道國監督並為東道國本土市場提供更多選擇。最後，東道國的產業政策也會對跨境企業

---

① 美國《埃克森—弗羅里奧條款》明確提出：鑒於併購交易對美國國家安全領域裡的技術領先地位的潛在影響，因此必須予以審查。

起到顯著影響，例如很多國家，包括作為發展中國家出現的中國，都存在產能過剩行業，這些行業的不確定性特徵非常明顯，這要求企業在進入過程中充分尊重東道國制度環境、預留不確定成本預算。這既要求企業具有較高的境外自主能力又要求獲得母公司甚至母國的支持，一般企業的解決辦法是增加盈利點，通過風險分擔來提高收益穩定率。顯然從事高風險行業的外來企業就需要把研發本地化，瞄準本地市場需求，以適應東道國制度環境規範要求，因而這些企業就更加需要關注市場知識。而從事低風險行業的企業則可以依賴成本與效率優勢獲得競爭優勢，因而更加關注工藝流程等技術知識。這就衍生出了不同的知識尋求策略。相應的，不同知識尋求策略又要求有不同的企業結構與之相匹配。

2. 知識獲取戰略與企業全球擴張模式間的匹配

在資源基礎論的支持下，跨國企業全球資源尋求成為企業國際化的原動力。但是不同的知識尋求要求不同的企業框架與其相匹配。不同知識的獲取可能造成企業內部發展的不均衡，因而也就呈現出了不同的組織框架。

首先，如果是一個處於高風險行業的跨國公司，那麼在東道國制度環境約束下，此類企業會自發地追求更多的市場知識，尤其是區域市場知識，這樣一來行銷、人事激勵、外包等管理類知識就會運用得比較多，因而行銷部門以及採購、財務認識等輔助性部門就能夠在跨國公司網路中不斷複製、適應更多的網路聯繫，進而加強自己與企業內外部部門的聯繫，進而逐漸向著網路制組織的核心位置移動。因而跨國網路組織就會表現出地區總部型框架特徵。

其次，而處於低風險行業的跨國企業可能就有更多機會去追逐技術性知識。因此，生產知識、供應知識等受到了各國企業的追捧。此類知識自然使得研發部門與跨國公司網路內外節點的交流更加頻繁，其連接密度與強度會顯著增加，可以有效提高企業研發能力，進而推動研發部門向企業網路核心位置移動。這一移動能夠給這類部門在跨國公司網路中爭取到更多的話語權，因而此類企業多表現為以產品知識為核心競爭力的知識型多元化拓展。即出現產品線總部的可能性較大。

最後，如果跨國公司既要高強度地追逐產品知識又要追逐市場知識，兩種知識的獲取需求都很強烈，那麼此類企業就會將產品線總部和地區總部結合起來，形成軸心式混合框架。

3. 不同知識獲取類型下的跨國公司組織框架設計

（1）生產知識獲取下的跨國公司框架設計

生產技術具有顯著的專業性，對於文化、制度等的反應沒有那麼強烈，產

品技術關注的是創新程度的高低、創新密度以及知識的傳播能力。這些都與區域關係不大，這意味著此類單純追求技術效率的企業架構可以從跨國公司事業部起步。當需要整合的技術不是很密集、不是很多的時候，企業可以用已有的研發部門代管海外 R&D 活動。如果需要整合的技術很多、很密集的話，則需要設置專門的產品事業線部門或者全球研發中心來進行全球研發事務的管理。綜上所述，當全球知識整合集中在生產技術上的時候，企業框架將集中在產品設計生產上，以 R&D 活動總覽全球框架設計。

(2) 市場知識獲取下的跨國公司框架設計

市場知識的獲取也是一個獲取跨國知識的重要方面，這類知識主要用於與東道國企業和消費者交流，因而具有顯著的地區專有性（阿南德，2002）。這一專有性顯著增加了跨國企業整合此類知識的難度。如果東道國市場知識與母國市場知識類似則很容易進行轉移，否則此類知識的整合、複製以及轉移過程難度會很大，子公司所在的東道國所具有的文化氛圍、消費模式以及消費者價值觀都會對這一知識整合行為帶來難度。此時適合的跨國企業部門設置應該就是以東道國為主的區域中心框架。這一框架下子公司應當具有顯著的生產決策獨立性、市場知識專有性等特徵，這有助於提高跨國企業對於海外市場信息的敏感程度，及時調整自己的行銷策略、產品策略以及研發重點，進而鞏固其海外市場地位。

(3) 混合知識獲取下的組織框架

跨國企業往往需要同時面對市場知識的要求與產品知識的要求。市場知識需要關注以東道國為主的地區中心，生產知識則需要考慮以技術為中心的產品中心，同時滿足這兩種形式的跨國公司框架最初是混合式的矩陣式跨國公司框架，這類框架基本上是在原有的產品中心框架上賦予地區中心的職能或者在原有地區中心框架上賦予地區中心的職能。

(4) 知識流視角下的跨國企業組織框架設計

當知識不再是單純地以交流為目的時，就出現了所謂的知識流。知識流成為跨國企業全球網路內部與外族進行交流的主要途徑，網路各個節點相互之間以及網路節點與網路外部組織間的交流也因此迅速攀升，信息量驟增。

9.4.4　基於跨國企業員工心理契約更新的文化適應性重構

對外來併購方來說，文化衝擊對企業的影響十分重要，無論是工作適應、社會適應還是一般性適應，這一影響主要通過企業雇員的個體心理反應實現，所以文化適應問題的解決應該圍繞員工心理適應尤其是心理契約來展開。無論

是外來併購方派駐員工還是東道國原有企業員工，員工個體對企業的心理反應，最主要的環節就是員工與跨國企業之間的心理契約。員工的心理契約是指組織中僱傭方與被僱傭方之間的關係，描述了僱員對於僱傭方所承諾的待遇和賦予責任的個體知覺，是一種存在於企業與員工間的隱性契約（施恩，1962）。心理契約是一種隱性契約，這一心理感受既源自組織與個體之間的正式承諾，也可以是組織與個體之間形成的某種默契或者希望。員工心理契約具有主觀性、動態性和互動性特徵，一是表現在僱員獲得的組織承諾，如薪資待遇、晉升機會以及進修機會等；二是僱員認可的僱傭方賦予的責任，如積極的工作態度、組織忠誠度以及對企業未來的關注等。

9.4.4.1 心理契約受損對跨國公司員工的影響

作為員工與企業之間的心理感知，心理契約對企業營運、企業活力乃至企業績效都有重要的影響，對員工心理契約重要性的忽視將會給企業帶來重大損失。而跨國併購後的文化整合必然會衝擊僱員的心理契約，這一衝擊會帶來心理契約的破壞、修改直至重構。其具體表現在以下兩方面：

（1）跨國併購過程中心理契約被破壞對員工心理的影響

①降低組織信任度。無論是外來併購企業員工還是東道國原有員工，他們對自己未來的發展方向與空間都十分關注，企業應當及時地給予其明晰的信息。如果員工對這類信息需求長期得不到滿足，那麼對自己未來的發展，尤其是在跨國併購後對自己在企業中的位置沒有明確的認識，認為企業內部操作過多，不透明、不規範，則將導致員工對企業的信任度下降。

②不再堅持履行對組織的義務。跨國併購本身的不確定性就很強，加之跨國併購過程要求一定的隱性操作，因而無論是併購發起方還是被併購方都有可能對企業未來的走向產生不確定感，由此產生的不安情緒將會直接導致員工出現大規模的怠工或尋找新的工作，因此員工難以在工作中投入足夠的精力，其直接表現為放棄對於組織的心理契約。

（2）受併購衝擊的心理契約對僱員的影響

僱員心理契約被破壞會直接影響其職務行為。這些受影響的行為如果不能及時引起企業的重視，就有可能給企業帶來重大損失，如溝通惡化、控制權爭奪、罷工、較高的員工流失率等。

①交流障礙。跨國併購會帶來組織結構的變動，面對新進的陌生同事，面對改變的營運規則，員工很容易出現不適。如果對新生組織的信任不夠的話，利己主義、猜測等情況就會頻發。信息交流與溝通不再被信任，這使得組織的信任程度進一步下降，成員的交流也會因此受阻，繼而出現組織信任喪失、成

員交流阻斷的情況。

②團隊效率下降。跨國企業一般需要進行部門重組與人員調配，進而形成新組織。此時的原有員工，無論是併購方還是被併購方，其既得利益都有可能被觸動，員工為了維護自身既得利益，有可能冒著道德風險做出不利於組織或身邊同事的事，這直接表現為團隊合作失效，團隊利益被無視，尤其是當該跨國併購是通過惡意收購獲得的，那麼團隊內部的合作效率就可能在很長時間內難以得到提高。

③利益集團之爭。跨國併購後原有權利結構被打破，雖然這種重組對新生企業來說是必需的，但是伴隨新團隊形成的過程，原有利益集團的權利分配結構被打破，一些既得利益者的利益受到危害，很少有人會甘願自己的原有控制權被削弱，因而有可能通過不合作甚至不正當競爭手段獲取利益。這種不合作與利益極端之間的鬥爭會無謂地損耗掉企業大量的資源，甚至會使企業錯失市場機遇。

④工會引導罷工。如果新成立企業的員工心理契約被大幅度破壞，並且短時間內沒有得到修復，那麼就有可能出現工會組織下的員工罷工，導致生產停頓和企業形象受損。

⑤員工流失。員工與組織的心理契約喪失可能導致企業關鍵員工的流失（海因斯，1979；沃爾什，1988）。而且最先離開公司的往往是最優秀的人才，即所謂核心人員身上出現了劣幣驅逐良幣的現象，這將直接損害跨國併購的價值。

9.4.4.2 跨國併購中的心理契約重構

跨國併購後企業員工的心理契約形成過程受到一系列因素的影響，這些因素可大體分為兩類：員工個體的主觀因素、源於組織和社會環境方面的外界客觀因素。

(1) 客觀因素

①異域文化衝擊。無論是併購企業還是被併購企業的員工，新的組織文化、全新環境以及陌生的異國文化都會對其產生顯著影響，這些因素構成了跨國併購企業員工關於企業心理契約構建的文化背景與社會輿論環境。

②併購過程信息披露程度。對於跨國併購企業員工，尤其是被併購企業員工，及時而充分的企業併購信息披露對於增加員工信任和減少道德風險行為具有重要的輔助作用。這裡的信息可以是關於收購進程的，也可以是關於收購後整合重組信息的，甚至可以是關於新同事的個人信息的，這些都可以減少員工對於未來不確定性的擔憂。而其渠道可以是官方渠道通知，也可以是小道消息

散播，甚至可以是私下對領導言行的揣摩。

③辦公室氛圍。跨國併購企業的辦公室環境較為複雜，辦公室成員可能是老同事也可能是新同事，甚至可能來自第三方，不同文化背景、不同教育程度、不同價值觀促使了全新辦公室氛圍的形成。處在全新辦公室氛圍中，員工不可避免地會受到來自不同文化、不同工作習慣的同事的影響，這些影響可能是積極的，也可能是消極的。這些影響最終會反應在雇員對其心理契約的認可程度上，並可能造成併購後整合效率的低下。

（2）主觀因素

①個體感受的編碼與譯碼。員工個體在獲得心理體驗的時候，對於源自外界的信息傳入的接受會有一個譯碼過程，而員工個體對於接收到的信息進行消化吸收又是一個典型的編碼過程。無論是譯碼過程還是編碼過程都在很大程度上受到跨國公司所在東道國的文化與制度的深度影響。不同的管理層、不同的社會文化環境都將對企業員工的信息譯碼與編碼過程產生影響，進而影響到組織契約的形成。這一心理契約的形成過程更多是員工對責任義務以及權利的認知過程。

②員工個人背景。雇員職業背景、教育背景、國籍文化、職業動機甚至宗教信仰都會使員工個體對組織傳達的信息產生不同的編譯與理解，並由此造成對心理契約的衝擊。

9.4.4.3 跨境併購員工心理契約重構措施

（1）尊重員工的不同信仰與風俗。充分尊重跨國公司員工不同的宗教信仰與風俗習慣應當是跨國併購企業進入東道國首先要考慮的問題，如設立祈禱區、分隔出專門的休閒區與餐飲區等，讓員工在感受到組織的尊重與關心的同時，獲得一個安靜放鬆的辦公環境。

（2）讓文化整合為心理契約重構奠定基礎。對併購企業與被併購企業的文化衝突處理不好會導致員工重新考慮與組織間的契約關係，衝擊原有的心理契約基礎，增強員工的不穩定性。因此必須正確評估雙方文化特性，選擇恰當的整合模式，為構建新的心理契約奠定基礎。

（3）人力資源政策整合是心理契約構建的保障機制。良好的人力資源政策誘使員工與企業重建心理契約。因為公平的薪酬、良好的培訓政策、職業生涯發展規劃等都是員工期待能夠擁有的。如果滿足了員工的需求，那麼隨著時間的推移，員工與企業的心理契約也會越發牢固。

（4）共同的未來願景為員工心理契約重構指明方向。企業必須給員工一個可以預期的願景，即使只是一個關於未來的魅力藍圖，這也給予了員工一個

富有吸引力的目標，這一目標相當於組織承諾，可以給予員工積極的心理預期，進而指明心理預期重構的努力方向。

（5）企業內部良性的溝通機制是心理契約的重建平臺。良好的溝通機制可以幫助企業員工及時獲得併購後企業的最新信息，減少員工的猜疑並改善不健康的辦公室氛圍，幫助員工構建合理的心理預期，進而有助於員工心理契約的形成。

（6）提供有競爭力的薪資待遇。正如前面所講，人是重要的戰略性資源，滿足個人需求成為構建員工心理契約的重要一環。因此企業需要及時明確企業員工的薪酬待遇等未來願景。跨國併購企業應當在進入之初就明確將薪資待遇告知想要挽留的核心人員，並許諾給對方一個可以看得見的職業發展前景，這將有助於企業員工與企業結成良性的心理契約。

9.4.5 知識基礎觀視角下跨國併購企業成長能力重構基本策略

從知識網路關聯度來看，一方面，中國跨境企業知識網路關聯程度日趨加強；另一方面，中國跨境企業知識網路尚處於較低層次，主要集中於發展中國家（地區），與發達國家（地區）聯繫不夠緊密，不利於對先進技術的組織學習。中國企業的跨國發展模式始於20世紀80年代初，近30年來呈現出「起步晚，發展快」的顯著特徵（喬均，1994）。然而在組織模式方面，相較於歐美發達國家的跨國企業，中國跨境企業在組織框架上比較落後，呈現出要麼過度集權要麼過度分權的特徵（周新軍，2006）。而此類不成熟的特徵是由中國跨境企業的實際情況決定的。一方面，中國的資本輸出尚處於探索階段，跨國企業普遍缺乏成熟的經營戰略，當受到東道國環境衝擊時，很容易出現反應不及時的情況，距離分散集中式的多國組織模式的要求有差距；另一方面，由於多數跨國企業海外子公司的獨立營運能力較差，因而跨境企業又難以獲得全球範圍的品牌效應，也就無法採用以特許經營為代表的國際組織框架。

通過併購實現「走出去」的中國跨國企業在整合東道國資源的同時應該參考過度增殖細胞的啟示，實施以下策略：

（1）考慮更加全面的背景因素。中國跨國企業應深刻理解東道國制度環境變動的背景，並在跨國併購中時刻注意與東道國利益相一致。一旦跨國併購企業成為一個獨立利益體，其關注的核心就集中在自身成長上面了，於是不可避免地會出現與東道國的利益衝突，當東道國意識到外來威脅時自然會加緊對於外資的制度約束。

（2）深刻瞭解公司知識體系的現狀與未來。首先，關注企業的過去。企

業是知識獲取、貯藏與創新的地方，這一切始於跨境企業進入東道國，而進入方式在很大程度上依賴於企業的過去，跨境進入前企業的知識累積決定了企業對於新知識的敏感程度以及吸收能力。其次，縝密設計企業的未來。跨境進入後的企業的一個重要功能就是知識轉移平臺。通過組織學習，跨境企業在獲得東道國知識之後為整個跨國企業網路各節點做出的知識轉移貢獻值得期待，因為這為跨國公司提供了該區域的東道國信息。最後，注重跨國企業知識體系的社會背景。如前所述，默會知識具有隱形性與東道國特徵，其多是經由非正式渠道實現轉移的，因而對併購後企業知識體系社會背景的理解可以有助於這一過程更快更好地進行。

（3）積極構築跨境企業全球知識網路。企業在知識網路方面的成長體現在兩個方面：研發框架的選擇與研發網路的成長。首先是選擇適當的研發體制。當全球知識整合集中在生產技術上的時候，企業框架將集中在產品的設計生產上，以 R&D 活動總攬全球框架設計。當希望獲取市場知識的時候則應選擇以東道國為主的區域中心框架。而當出現知識流失的時候，企業組織則應以網路制框架獲得網路節點與網路外部組織間的知識交流。其次，進一步強化跨境企業知識網路的廣度和深度。目前，中國跨國企業多集中在發展中國家，而對發達國家的知識獲取不夠，在未來的發展中，一方面要積極引導跨國企業網路實施開放性建設，不但要積極與網路內企業進行合作以加強網路密度，而且要積極走出去與外界研發力量合作以實現網路的全球擴張；另一方面，則應當有意識地與發達國家進行研發合作，不斷逼近全球技術前沿，通過直接交易手段與間接的溢出手段獲得先進技術。最後，關注隱性知識的生產。如前所述，跨境企業理論由壟斷優勢理論和內部化理論強調的市場交易性失效觀點過渡到了資源基礎觀論強調的市場不完善對於知識整合與創造的影響上。企業從事哪個行業、進入哪個區域不再僅僅由市場來決定，而更多由企業在處理某種知識方面的效率來決定，資源基礎觀強調企業要善於貯存、整合、創新以及轉移知識，這個過程中尤其值得注意的是企業對隱性知識的處理能力，這一能力決定了企業將潛在的默會知識轉化成產品的效率。這些默會知識可能涉及營運流程的產生原因、企業對環境的理解等。

（4）通過提升企業資源整合能力實現對企業控制權的掌控。創業之初，外來資本與東道國資本對對方資源的依賴為合資企業控制權的穩定提供了基礎，其後伴隨著雙方非正式資源的變動就出現了控制權之爭，外來企業應當積極利用自身市場資源量的增長與技術資源的擴張實現對企業的實際掌控，並最終收回合資企業控制權。

(5) 選擇適當的全球組織框架並適時推進其演化。在設計跨國企業組織框架的時候要注意以下三方面的匹配：①企業戰略與東道國制度環境相匹配。因為環境影響戰略，戰略決定結構，環境是戰略與組織結構變革的原動力。②知識整合與企業多元化間的匹配。跨境企業海外獲得的知識是企業全球多元化的物質基礎。③注重不同知識獲取途徑與組織結構設計的匹配。如產品技術獲取與基於產品維度的組織結構設計、市場知識獲取與基於地區維度的組織結構設計、混合知識獲取與混合組織結構的設計。具體來講，在獲得自身清晰定位以及全球化目標以後，跨境併購企業應當選擇適合其發展階段的組織框架模式。如果企業全球競爭力尚較弱，並願意支持子公司高度獨立，那就可以選擇多國組織框架，如果跨境企業具有全球競爭力，並希望通過併購實現沿著產業鏈的縱向拓展，則可以選擇國際組織框架。如果企業已經成長為頗具實力的大型航母，那就可以選擇開放性更強的網路式架構，並通過資源交流實現企業成長。

(6) 強調外來資本與東道國企業共同成長。國際生產折中理論要求跨境複製並積極保護母公司競爭優勢，但對於進入東道國後在競爭優勢方面的培養關注得並不多，而資源基礎理論則強調資源，尤其是知識的獲取、整合與再造，後者顯然與前者區別較大。由於企業跨境後需要開發新優勢，因此企業不再僅僅關注傳統交易成本和資源共享所面臨的約束，而更多關注的是企業如何成長，而企業成長的重要途徑就是與東道國企業共同成長。中國跨國併購企業在整合東道國資源的同時，要注意對東道國革新利益的尊重，盡量形成和諧協作關係，不能只顧自身成長而罔顧東道國利益，應該在有效的本地化過程中與本土民族企業打成一片，兼顧東道國利益，實現造血式的跨國投資。

(7) 注重員工心理契約重構。員工心理契約重構措施重點在於以下六個方面：①充分尊重員工的不同信仰與風俗。②讓文化整合為心理契約重構奠定基礎。必須正確評估雙方文化特性，選擇恰當整合模式，為構建新的心理契約奠定基礎。③人力資源政策整合是心理契約構建的保障機制。如果滿足了員工的需求，那麼員工與企業的心理契約也會隨著時間的推移而越發牢固。④共同的未來願景為員工心理契約重構指明方向。企業必須給員工一個富有吸引力的目標，給予員工積極的心理預期，進而為員工指明心理預期重構的努力方向。⑤企業內部良性的溝通機制是心理契約的重建平臺。良好的溝通機制可以幫助員工構建合理的心理預期，進而有助於員工心理契約的形成。⑥提供有競爭力的薪資待遇。滿足個人需求是構建員工心理契約的重要一環，其中就包括具有競爭力的薪資待遇，這將有助於企業員工與企業結成良性的心理契約。

9.5 本章小結

我們在本章中對跨國併購後整合過程中的企業價值鏈、企業研發能力以及企業成長能力的重構進行了深入分析，基本結論如下：

（1）企業價值鏈重構是跨國併購企業併購後整合的基礎。其基本步驟可大體分為：確認企業現有價值鏈、分析企業現有價值鏈、分析東道國在整個行業價值鏈中的地位、決定價值創造活動的實施者以及最終確認價值鏈構成。

（2）跨國併購企業全球研發網路整合的基本原則大體有四方面。其包括：積極實施跨國企業研發本地化、尋求適當的母公司對子公司的控制機制、提高母公司吸收整合能力、挖掘母合優勢。

（3）有效的跨國併購後企業成長能力重構需要做到以下幾方面：

①考慮更加全面的背景因素，深刻理解東道國制度環境變動的背景。②深刻瞭解公司知識體系的現狀與未來。要做到關注企業的過去，縝密設計企業的未來，注重跨國企業知識體系的社會背景。③積極構築跨境企業全球知識網路。要選擇適當的研發體制，進一步強化跨境企業知識網路的廣度和深度，關注隱性知識的生產。④提升企業資源整合能力。⑤選擇適當的全球組織框架並適時推進其演化。⑥強調外來資本與東道國企業共同成長。在有效的本地化過程中與本土民族企業打成一片，兼顧東道國利益，實現造血式的跨國投資。⑦註重員工組織心理契約重構。如進行完善的文化整合、發布明確的人力資源政策、明確共同的未來願景、構建企業內部良性溝通機制、提供有競爭力的薪資待遇等。

下一章我們將在總結研究結論的基礎上提出相應的對策建議。

10 基本結論與對策建議

目前的跨國併購理論可以大致分為兩種情況：一是從供給角度講的對外投資動因分析，即各國企業跨國併購是出於什麼樣的投資目的；二是從需求角度進行的企業跨國併購動因分析，即東道國如何給別國企業提供優惠政策以吸引別國企業來東道國投資。但是正如前面所進行的評述一樣，這兩類研究都很難完全解釋中國跨國併購的動因和特徵。比如從資本供給角度來看，西方市場經濟國家的企業出於逐利的考慮，都會主動走向國際化，實現國際化發展，但是在中國卻恰恰相反，能夠成功實現跨境成長，實現「走出去」的大多數是有著國有與集體背景的企業，這是單純的供給說很難解釋的；再如，從資本需求角度來看，資本將向需要它的地方流動，那麼一個顯而易見的推論是企業將向資本密集型產業聚集的區域流動，而中國企業的對外直接投資表現出來的則恰恰相反，中國跨國企業大多分布在亞洲等勞動密集型產業發達的國家與地區。也就是說，這兩類理論在解釋中國企業跨國併購的時候都存在一定的不足。

其實這兩類對外投資都有一個潛在的假設前提，即制度允許。根據逐利性戰略來看，無論是國家驅動的還是企業驅動的對外投資，要麼是母國制度決定的環境難以給企業提供足夠的獲利渠道，要麼是母國出於本國利益考慮，在制度允許的前提下，引導企業有序對外投資，即這些都有一個前提就是制度影響，本書主要考慮的是母國制度影響。

那麼對外經貿制度形成的內在原因是什麼呢？我們所說的中國對外經貿制度的現狀是建立在中國數十年經濟發展歷程之上的。

改革開放 30 多年來，中國在轉型與增長的雙重焦慮中奮力前行，這一過程中的各種國情決定了中國跨國併購會呈現出與發達國家、發展中國家不同的特點。

10.1 基本結論

(1) 中國企業跨境併購失敗的主要原因多源於跨境併購後整合活動，正是整合活動的不足造成了跨境併購的失敗，尤其值得注意的是東道國制度環境會對跨境併購後整合產生影響。跨國併購是一個重要的戰略行動，從前期併購中學習經驗對於企業建立競爭優勢十分重要，既要關注收購目標的非財務目標和非物質資源還要更多地關注國外企業的隱性知識、目標公司持有的人力資本能力等。

(2) 跨境併購管理中的企業所有制結構和公司治理對於併購企業戰略的形成與績效高低具有顯著影響，各國不同的體制環境將對跨國併購產生各種影響。

(3) 資源基礎理論為發展中國家積極參與對外直接投資提供了可能性。企業可以通過資本輸出獲取戰略性資源，進而構建跨境優勢。中國對外直接投資制度安排全面影響著企業的跨國經營。母公司制度特徵、母公司企業規模、母公司企業資源狀況、企業以及中國制度環境的年度特徵與中國企業對外直接投資規模呈顯著的正相關。

(4) Probit 模型檢驗顯示：東道國政治穩定性、經濟自由度顯著影響著跨國企業併購後績效；企業微觀制度解釋變量中高管更迭次數則以較弱的顯著性對跨國併購績效產生影響，東道國法律、經濟、政治及文化都會對跨國併購績效產生顯著影響。

(5) 風險對有意投資的企業會產生一個顯著預期，這一預期顯著影響著企業的投資動因，這就實現了外部風險的內生化。這將有助於提高企業對於不確定性的預期，促使企業對政治風險採取事前控制，而這可能比事後控制更有效。我們需要做的是進一步明確政治風險、法律風險與文化衝擊對於外來資本的影響是通過什麼樣的渠道產生的。

(6) 文化衝擊主要通過企業管理體制、管理層行為模式、文化接納、升職遠景以及薪酬與權力距離等方面實現。政治環境與法律環境對跨國併購主體的影響體現在以下兩個方面：一是對重點行業的影響較顯著，主要通過資源控制來實現，其中對資源開發類行業影響較嚴重；二是通過對知識的管控來實現，即對技術密集型行業影響較大。這提醒我們跨國併購企業在後期的跨國併購整合中一定要注意從行業選擇與知識獲得等方面適應東道國對外來資本的態

度，通過跨國併購後整合實現對制度環境的適應。

（7）企業價值鏈重構是跨國併購企業併購後整合的基礎，其基本步驟可大體分為四步：確認企業現有價值鏈、分析企業現有價值鏈、分析東道國在整個行業價值鏈中的地位、決定價值創造活動的實施者以及最終確認價值鏈構成。

（8）跨國併購企業全球研發網路整合基本原則大體有四方面：積極實施跨國企業研發本地化、尋求適當的母公司對子公司的控制機制、提高母公司吸收整合能力以及挖掘母合優勢。

（9）有效的跨國併購後企業成長能力重構需要做到以下幾方面：①考慮更加全面的背景因素；②深刻理解東道國制度環境變動的背景；③深刻瞭解公司知識體系的現狀與未來；④積極構築跨境企業全球知識網路；⑤提升企業資源整合能力；⑥選擇適當的全球組織框架並適時推進其演化；⑦強調外來資本與東道國企業共同成長；⑧注重員工組織心理契約重構。

10.2　對策建議

10.2.1　跨國併購企業價值鏈重構基本原則

重構企業價值鏈是企業實現跨境資本輸出後成功進行整合的關鍵，它是一個複雜過程，涉及許多因素，既有企業內部因素，又有企業外部因素。一般按照以下步驟進行：

（1）確認企業現有價值鏈。確認該企業現有價值鏈狀況的工作主要涉及：識別企業價值活動構成、各類價值活動類型甄別以及價值鏈細分。一般通過以下步驟進行：

①企業價值活動確認。一般來說研發、生產、銷售是企業的基本生產活動，而供應、財務、售後等環節則被視為輔助性活動。

②甄別企業價值活動類型。直接生產環節、間接生產環節及生產質量保證環節三類活動並不是都能夠直接產生經濟效益，跨境企業再確認各類生產環節的時候應當注意識別哪些是其核心競爭環節。隨著企業國際化程度的加深，跨國公司也融入了全球生產網路，其利潤生成點已經從傳統的研發、生產與銷售環節變為全產業鏈利潤獲取。通過跨國企業網路中各節點與企業內外部之間的交流，通過外包或者跨國企業聯盟的形式，企業可以將各個環節的生產系數進行外包，這一外包過程可以使企業充分利用跨國企業網路內外各類資源，發

揮各環節比較優勢，實現各個環節的高效率生產，此時的利潤增長點將不再局限於生產、研發與銷售環節，任何一個環節都有可能產出利潤，而這一生產網路的構建關鍵就在於對跨國生產網路各個生產環節知識的整合。

③進一步細分價值環節。在分解中應注意：不同的活動環節應當具有不同的經濟特徵；不同的環節對於企業的整個生產都具有不可或缺的意義；不同的環節對企業成本變動具有顯著影響。跨境汽車製造企業通常只專於最終的組裝環節以及參與核心零部件和子系統組件（如發動機等）製造，而把自身缺乏比較優勢的環節如座位、儀表盤、變速器、輪胎等零部件的生產分包給下游商，跨境企業則處於這個產業鏈條的中心。經過對產業價值鏈的重構，跨境企業便能夠適應日益激烈的全球市場競爭，同時這種重構也賦予了世界各國企業融入跨境企業全球製造網路的機會。

④企業現有價值鏈條的最終確認。由上述操作步驟可以幫助企業繪製一條清晰的、完整的企業價值鏈。

（2）分析企業現有價值鏈。一般來說跨境企業競爭優勢有以下三個主要來源：首先，企業活動本身構成了企業價值活動的基石；其次，企業價值鏈存在必然的內部聯繫，它表現為一種價值活動與另一種價值活動之間的成本與速度聯繫；最後，價值鏈縱向聯繫十分重要。價值鏈的縱向聯繫還表現在企業價值鏈上下游企業與供應商、分銷渠道以及買方價值鏈之間的縱向聯繫。

（3）分析東道國在整個行業價值鏈中的地位。跨國企業在構造價值鏈的時候還要注意區域優勢。OL理論要求跨國公司跨境進入的一個重要因素就是區位優勢，企業在跨境布置其產業鏈的時候一定要注意通過在最佳地點布置經濟活動而獲得經濟優勢。而行業價值鏈是指某一行業的生產過程從原材料到最終產品的生產過程，企業總是處於行業價值鏈的某一個或某幾個環節上。通過對行業價值鏈的分析，跨境企業可以瞭解東道國在哪些行業價值鏈上處於優勢地位，進而可以將其相關生產環節布置到這一東道國進行生產，並借助東道國行業價值鏈優勢獲得企業全球競爭優勢。

（4）分析東道國制度環境與產業政策導向。對東道國制度環境進行分析是非常有意義的。一方面，在不完全競爭的市場，有很多阻礙外國直接投資的情況出現，如不對稱信息的阻礙、技術在東道國的適應情況、行業壟斷情況及知識產權保護力度等，瞭解政府的態度對解決這些問題是非常必要的。另一方面，外來資本對東道國的外資政策演變歷程進行瞭解十分必要，最初的外商直接投資的政策著眼於鼓勵跨國企業進入，之後的政策重點在於監管框架的變動，現在的外資政策則強調本土企業和跨國企業之間產業關聯。產業政策是東

道國外商直接投資政策體系的重要內容，也是該國國內產業政策的重要組成部分。既然產業政策同時涉及本土企業與外來企業，那麼，按道理講兩者應該是一致的，但事實上並非一直如此。歷史上，吸引外國直接投資的產業政策不合理的重點在於不能激勵外來資本與本土資本之間形成有效的產業關聯，有效的外資產業政策應該是在利用外來資本與技術優勢的同時，促進本國產業結構的優化。產業結構政策反應了一個國家工業發展的重點，政府通常會給予各類關鍵產業不同水平的投資支持，尤其是會通過外資政策優化外國直接投資在不同部門的配置。產業結構政策主要通過經濟與行政兩方面的手段來實現政府意圖，進而優化東道國產業結構。

（5）決定價值創造活動的實施者。有效的跨境營運除了要有合理的戰略還要有高效的執行者。這一問題的解決必須依據跨國公司的不同資源進行有機組合與配置。能夠保持長期競爭優勢的企業大多具有產業鏈上的某些優勢，跨境企業為保持核心競爭力必須反覆權衡每個生產環節，將有相對比較優勢的環節保留下來，同時為了實現對東道國資源的充分利用而將不具比較優勢的環節外包給上下游企業或戰略聯盟，並將自己不擅長的部分交由專門的企業去做。這實際上就是要做到追求企業核心功能的實現，將自己向行業產業鏈高位移動，使自己始終保持在各產業鏈的高附加值環節，以便同時實現自己和其他企業的高效益。

10.2.2 跨國併購企業全球研發網路整合基本策略

跨國併購整合分為橫向整合與縱向整合。橫向整合多指相關活動的整合，此類整合有助於促進不同子公司、不同背景管理者之間的交流，促使人與人之間的橫向網路關係形成；縱向整合則關注的是母公司與各地子公司間的聯繫。這兩種整合都可能為母公司吸收子公司研發成果提供便利，因而本書認為跨國併購企業全球研發網路整合應當注意以下四方面內容：

（1）積極實施跨國企業研發本地化。應當積極鼓勵跨境企業子公司構建新型文化，實行研發活動在東道國的本地化。跨境企業研發本地化戰略的深入必然會影響東道國的技術培育體系和產業結構發展方向，外來資本在促進相關產業技術發展的同時也會出現對資源的巨大擠占效應。研發的東道國本地化可以促進東道國本土技術的進步。跨境資本的進入將為東道國帶來先進技術，通過與本土企業的合作、競爭與示範，可以形成技術的溢出效應、競爭效應以及示範效應，從而促進東道國本土生產技術與管理技術的發展。

①溢出效應。跨境企業要在東道國本土進行 R&D 活動就需要投入先進的

儀器、高級人力資源、與母公司共享的先進生產技術以及現代化的管理技術，而這些往往是發展中國家所欠缺的，東道國如果能夠吸收外來資本的技術溢出，那麼必然能夠促進東道國的技術進步。當然，外來企業進入東道國主要是出於自身企業戰略方面的考量，如跨越貿易壁壘、獲得戰略性資源等，並不一定是自願將其先進技術引入東道國，而只是發生了自然的溢出效應，因此即使有技術溢出的存在，也需要東道國企業能夠對技術溢出敏感，並有較強的組織學習與吸收能力。①

②行業競爭效應。對於任何國家來說，尤其是發展中國家，外來競爭因素的進入都會帶來所進入行業的鯰魚效應，並激勵同行進行研發競爭。② 尤其是當跨境企業越來越重視研發本地化後，產品更加貼近市場，這就造成了外資企業產品對本地市場的深入瓜分，並直接危及本土企業，因而外來企業的研發優勢更加明顯，這自然促使東道國本土企業加大研發投入，優化已有的研發資源，充分利用自己在分銷渠道與供應網路方面的優勢改善技術以應對競爭，從而間接提高東道國的整體技術水平。

③示範效應。跨國公司在實施研發本地化過程中會與本土企業、研究機構進行合作，顯著的研發收益會吸引東道國業界也積極跟隨，進而促進產、學、研的結合。而外來資本在技術上的相對優勢則可以引導東道國研發機構瞭解技術前沿，跟隨全球研發發展方向。同時，東道國企業還可以通過和外來資本的合作瞭解國際先進的研發模式，從而對東道國研發體制改革和理念創新產生顯著的示範效應。

（2）進一步完善母公司對子公司的控制機制。出於利益考慮，母公司會積極對子公司實施管控，但是這可能帶來監管過度的問題，尤其是經濟全球化和競爭複雜化背景下的今天，跨境企業的創新活動更多地依賴於信息互動、合作共贏以及研發網路的開放程度，這要求母公司積極改變對於子公司的認識，將子公司視作為母公司創新的源泉之一。母公司應當在理解新子公司創新優勢以及創新傳播的困難的基礎上，對母公司吸收、整合和傳播子公司創新的方法進行改進，通過正式控制與非正式控制最大限度地利用子公司的創新能量。

其中，正式控制多通過組織架構與科層機制實現，非正式控制則一般通過文化控制實現。比如通過對外派企業員工傳播母公司甚至母國價值觀、進行企業文化的熏陶等來實現對海外子公司的組織控制。目前，越來越多的企業在重

---

① 賴明勇，包群．關於技術外溢與吸收能力的研究綜述——外商直接投資理論研究新進展[J]．經濟學動態，2003（8）．

② UNCTAD．1999年世界投資報告[M]．北京：中國財政經濟出版社，2000．

視正式控制的同時積極推進非正式控制，希望通過獲取子公司對於母公司文化的認同來形成有利的內部社會資本結構。這類社會資本一方面可以激發企業員工為達成企業目標而努力，另一方面有利於培養企業的共同價值觀與和諧氛圍。

（3）提高母公司吸收整合能力。首先，要注意利用母公司的優勢來加強對子公司的控制，增強對海外子公司決策的知情權和參與權，從而使海外子公司的研發成果更適於母公司的發展戰略。其次，要充分重視母子公司之間的人力資源流動。一般來講，子公司中東道國人員占多數，這是母公司難以企及的優勢，作為知識的載體，人力資源的流動必然能夠幫助母公司來自子公司的知識，提高母子公司的能力，高效率地整合子公司的創新成果。最後，要加強對子公司共享創新成果的激勵。母公司可以改變以往單純依靠行銷績效考核子公司的方法，將研發成果對整個公司的貢獻納入考核體系，減少子公司對其他兄弟公司「隱瞞」創新成果的衝動，並通過獎勵共享成果的子公司來彌補其創新成本。

（4）充分利用母公司的母合優勢。跨境企業研發的全球化過程使得跨境企業的整體研發框架由控制轉向協調，由協調轉向協同，並最終演化成扁平的網路結構，在這一演進過程中，跨國企業母公司可以從整體上協調各海外子公司的研發活動，並形成母合優勢（蔡永貴，2008）。這一母合優勢表現為：①跨國企業母公司的價值導向作用。母公司站在全球視角上制訂的戰略可以引導企業發現更具價值的研發方向，整合所有海外子公司的研發資源，發揮團隊效應。②母公司壟斷技術的發揚光大。通過對母公司壟斷技術的跨境複製，跨國企業可以在多國發揮其既有技術，並通過子公司的再創新實現既有技術的進步。③母公司的資源優勢。母公司可以為子公司提供原材料、研發儀器、人力資源、研發經費甚至行銷技術等支持，並實現對海外子公司創新行為的參與、激勵與有效管控。

10.2.3 跨國併購企業控制權演變基本策略：制度適應下的資源反饋

排他性控制權決定了企業的未來走向，對跨國併購企業控制權配置影響因素的研究多數是從資源基礎觀入手的（托曼等，1997；林格等，1989；蘇曉華等，2010）。跨國合資企業是天生的資源集合體（英克彭等，1997；戴茨等，2010）。相對於外資獨資企業，跨國合資企業能更有效地整合東道國企業和社會資源（吉倫，2003；蘇曉華等，2010）。這些資源可大體分為資本、技術、自然資源以及市場等（魯，1998），其中技術顯然是核心資源。

跨境企業收回合資企業控制權的過程包括創業階段、摩擦階段、衝突階段與變革階段。其中，創業階段指跨境合資企業初創期，該階段中跨境企業與中方合資者共同致力於合資企業的快速成長，雙方在戰略與營運思路上高度一致。其後的摩擦階段多始於合資雙方對企業營運產生不同認識的時候，此時，雙方在營運實踐中所實際控制的契約型資源與非契約性資源的多寡與強弱則決定了控制權的配置，雙方由此開始產生分歧。在衝突階段中，雙方開始針對企業營運控制權展開爭奪。最後的變革階段則始於跨國公司收回合資企業控制權，並將其配置到自身的全球戰略網路中去。

（1）跨境併購進入階段宜採用控股形式進行合資。在東道國制度約束下，為避免反行業壟斷、反限制競爭等因素的出現，跨國公司進入之初往往妥協性地採用了合資形式。這一企業制度性設計上的缺陷為以後關於企業控制權的爭奪埋下了伏筆。

跨境企業進入東道國前，有合資與獨資兩種進入模式可供選擇（史，2002；布魯瑟斯，2002；布魯瑟斯等，2005）。其中合資進入意味著跨境企業要與東道國共享企業的控制權。跨境企業之所以選擇與合資者共享控制權主要是出於整合互補性資源、獲得對方既有市場份額的考慮（希特等，2000；權，2008）。尤其是當面臨心理距離與文化差異都很大的市場的時候，東道國合作方所掌握的資源具有重要的意義（潘鎮等，2008；迪誇，2009）。而對東道國來說，外來資本所承載的技術資源則是其希望進行合資的重要激勵因素（帕克等，2004）。在合資模式中，雙方通過權衡彼此實力後達成合作意向，簽訂合作契約，接著投入各自承諾的資源。各自投入的資源契約中的反應決定了合資雙方對企業控制權的初始配置（閻等，2004）。

（2）合資不穩階段宜積極整合東道國資源並伺機獲取合資企業控制權。跨境企業如何才能高效率地獲取收回合資企業實際控制權所必需的全部資源，這一問題也令人深思。由於外來企業可能更偏好於以自身所掌控的正式資源與非正式資源收回合資企業控制權，因此外部幫助是不可行的。然而，跨境合資企業的不穩定與針對控制權的爭奪又是不可避免的，此類爭奪情況在跨境合資企業中達到了一半以上（英克彭等，1997）。

不完全的初始資源配置契約導致了非合同資源的存在。跨境合作企業成立之初，合同資源決定了跨境企業與東道國投資方在合資企業控制權上的初始配置。企業營運環境的不確定性使得關於控制權配置的契約具有顯著不完備性特徵，伴隨不完全契約的是非合同資源（閻等，2004）。此處的非合同資源多指合資雙方跨境企業營運中累積的資源，此類資源並沒有反應在原始合資契約中

(蔡爾德等，2001；閻等，2004）。非合同資源歸屬權不同的原因有兩方面：其一是合資雙方會在跨境合資企業營運過程中依照自己的策略不斷投入資源，並形成對己方投入資產的實際控制權（哈默爾，1991）；其二則在於，非合同資源的控制權可以幫助所有者提升組織學習能力，獲取新資源（馬基亞等，1997）。

相較於企業外部環境，作為企業重要內在資源的非合同性資源對控制權配置的影響尤其重要（英克彭等，1997）。由於營運決策權配置一般是有偏的，因而非合同期資源的歸屬也是有偏的，有偏配置的非合同資源則帶來了企業控制權的偏移，這一偏離最終決定了企業實際控制權的歸屬（閻等，2004）。如果外來合資方控制了企業控制權，則能夠有效推動自身對東道國制度、文化以及消費模式的瞭解，實現生產銷售的有的放矢（吳，2007）。而如果東道國合資方獲得了控制權，就能夠促進企業向更加有利於東道國的方向發展（帕克等，2004），因而出現針對控制權的爭奪是不可避免的（閻等，1994）。

一部分文獻從資源基礎理論出發討論了合資企業控制權不穩的問題（達斯等，2000；吉爾等，2003）。其研究結論集中在資源的動態性上，強調動態變遷的資源會造成雙方對資源依賴程度的變動，而合資雙方對資源依賴性的減弱是造成合資不穩的重要因素，既然不再需要合資方的資源支持，那也就不需要合資方的參與了，於是尋求對合資企業的實際控制權並將合資企業變為獨資企業也就順理成章了（英克彭等，1997）。另一部分文獻則強調了合資效率對合資企業穩定性的影響。儘管在跨國合資企業經營過程中，跨境企業和東道國投資者雙方均會投入非合同資源，但多數情況下的結果是外來企業迅速實現東道國進入，而東道國合資方卻在很長時間內難以獲得自己想要的核心技術，技術進步預期增長緩慢（巴克利等，2004）。這意味著雙方合作的基礎——互補性資源的意義已經不大，加之雙方對企業管理理念的認識差異，合資不穩的狀況就很容易出現（英克彭等，1997），進而導致合資企業績效進一步下滑（阿爾瓦雷斯，2009；貝斯特等，2009）。因此在進行成本收益分析後，企業為了追求利益最大化往往傾向於收回企業的實際控制權（李維安等，2003；汪浩等，2005；帕克等，2009）。

（3）企業資源整合成功後宜積極走向獨資。綜上所述，企業資源與合資企業控制權間的因果關係經歷了從模糊到清晰再變回模糊的轉變。跨境企業在華合資企業控制權的配置是由合資雙方資源的動態博弈決定的，跨境企業之所以能夠收回合資企業的實際控制權是由其優勢的技術資源、快速增長的市場資源和獲取的關鍵性人力資本決定的，前期的持續投入帶來了企業市場資源的大

幅提升，為外來合資方累積了重要的討價還價籌碼（李自杰等，2009）。

10.2.4　東道國制度約束下學習型跨國公司組織結構選擇

按照結構追隨戰略的主張，我們認為跨國企業在不同生命週期階段應該有不同的企業框架與其相匹配，而目前最流行的跨國戰略就是企業的全球知識獲取戰略。當然這一戰略仍然是要受到制度環境，尤其是東道國制度環境的影響，變為「環境決定戰略、結構追隨戰略」，我們將按照這一邏輯進行跨國公司架構與戰略的匹配。

知識獲取戰略可以有效地將三類跨國公司架構與處於不同生命週期的跨國企業有機結合起來。不同生命週期的跨國企業需要不同的知識作為企業成長的養分甚至直接成為企業追逐的目標。跨國公司在全球通過不斷的知識轉移與複製來實現知識累積並進行連續的知識創新，以求得核心競爭力的增強。不同階段的企業需要獲取不同的知識來指導企業、壯大企業，而這自然需要不同的組織結構與之相匹配。在知識獲取戰略中的知識可以大體分為生產技術知識和市場知識兩大類。其中，生產技術的全球化強調生產技術的全球搜尋、學習與創新，反應了全球市場範圍內的技術、效率與成本的比較、搜尋與獲取。市場知識的獲取則是指對東道國或者區域市場信息的獲取，這些信息涉及東道國制度環境、市場特色、文化特色、消費模式等方面。

10.2.4.1　東道國制度環境規制下的跨國公司知識尋求戰略

從環境影響戰略、結構追隨戰略的角度來看，環境可能是引起跨國企業戰略與組織架構調整的原動力。

前面的檢驗顯示，東道國制度環境對跨境企業的進入戰略會產生至關重要的影響。法律環境帶來的確定性影響、政治環境與文化環境帶來的不確定性影響都會對企業知識尋求戰略產生修正作用。首先，法律環境要求企業尊重東道國知識產權，不得剽竊、私自轉移東道國自主創新技術，甚至不允許外來企業接觸東道國重要技術密集型行業。其次，東道國政治與文化氛圍又要求企業充分考慮到東道國獨有的市場知識，積極學習市場知識，以便於東道國的監督並為東道國本土市場提供更多選擇。最後，東道國產業政策也會對跨境企業產生顯著影響，例如包括中國在內的很多國家都存在產能過剩行業，這些行業的不確定性特徵非常明顯，這就要求企業在進入過程中充分尊重東道國制度環境並預留不確定成本預算。因此，企業既要具有較高的境外自主能力，又要努力獲得母公司甚至母國的支持，一般企業的解決辦法是增加盈利點，通過風險分擔來提高收益穩定率。顯然從事高風險行業的外來企業需要借助跨國知識尋求策

略以適應東道國制度環境規範要求，因而就更加需要關注市場知識。而從事低風險行業的企業則可以依賴成本與效率優勢獲得競爭優勢，因而更加關注工藝流程等技術知識。這就衍生出了不同的知識尋求策略。相應的，不同知識尋求策略又要求有不同的企業結構與之相匹配。

10.2.4.2　知識獲取戰略與企業全球擴張模式間的匹配

在資源基礎論支持下，跨國企業對全球資源的尋求成為企業國際化的原動力，而不同的知識會使企業內部發展不均衡，因而也就會呈現出不同的組織框架。

首先，如果是一個處於高風險行業的跨國公司，那麼在東道國制度環境約束下，此類企業就會自發地追求更多市場方面的知識，尤其是區域市場知識，因此此類企業對行銷、人事激勵、外包等管理類知識就會運用得比較多，進而增強自己與企業內外部的聯繫並逐漸向著網路制組織的核心位置移動。因此，此類跨國網路組織就呈現出地區總部型框架特徵。

其次，處於低風險行業的跨國企業可能有更多機會去追逐技術性知識，如生產、供應方面的知識等。在獲取此類知識的過程中，研發部門與跨國公司網路內外節點的交流會更加頻繁，從而有效提高企業研發能力，並進一步推動研發部門向企業網路核心位置移動。這一移動能夠給這類部門在跨國公司網路中爭取到更多的話語權，因而此類企業多表現為以產品知識為核心競爭力的知識型多元化特徵，即出現產品線總部的可能性較大。

最後，如果跨國公司既要追逐產品知識又要追逐市場知識，且對兩種知識的獲取需求都很強烈，那麼此類企業就會將產品線總部和地區總部結合起來，形成軸心式混合框架。

10.2.4.3　不同知識獲取類型下的跨國公司組織框架設計

組織框架設計應按照以下原則進行。

（1）生產知識獲取下的跨國公司框架設計。生產技術具有顯著的專業性，對文化、制度等的反應沒有那麼強烈，產品技術關注的則是創新程度、創新密度以及知識的傳播能力。當需要整合的技術不是很密集和繁雜的時候，企業便可以通過已有的研發部門代管海外 R&D 活動。如果需要整合的技術很多且很密集的話，企業則需要設置專門的產品事業線部門或全球研發中心來管理全球研發事務。綜上所述，當全球知識整合集中在生產技術上的時候，企業框架則將集中在產品設計生產上，以 R&D 活動總攬全球框架設計。

（2）市場知識獲取下的跨國公司框架設計。市場知識的獲取也是對重要跨國知識的獲取，這類知識主要用來與東道國企業和消費者進行交流，因而具

有顯著的地區專有性（阿南德，2002）。這一專有性顯著增加了跨國企業整合此類知識的難度。如果東道國市場知識與母國市場知識類似則很容易進行轉移，否則此類知識的整合、複製以及轉移的難度會很大，子公司所在的東道國所具有的文化氛圍、消費模式以及消費者價值觀都會給這一知識整合行為造成不利的影響。此時，適合這種情況的跨國企業部門設置就應該是以東道國為主的區域中心框架。在這一框架下，子公司應當具有顯著的生產決策獨立性、市場知識專有性等特徵，這有助於提升跨國企業對海外市場信息的敏感程度，並及時調整自己的行銷策略、產品策略以及研發重點，進而鞏固其在海外的市場地位。

（3）混合知識獲取下的跨國公司框架設計。跨國企業往往同時面臨著企業對市場知識與產品知識的需求，同時滿足這兩種需求的跨國公司框架主要是混合知識獲取下的矩陣式框架。

（4）知識流視角下的跨國公司框架設計。當知識不再是單純的獲取目的下的交流時，便出現了知識流，並成為跨國企業全球網路內部與外族進行交流的主要途徑。

10.2.5 員工心理契約重構

（1）尊重不同信仰與風俗。充分尊重跨國公司員工不同的宗教信仰與風俗習慣應當是跨國併購進入東道國後首先要考慮的問題。如設立祈禱區，分隔出專門的休閒區與餐飲區等，讓員工在感受到組織的尊重與關心的同時，能有一個安靜放鬆的工作環境。

（2）文化整合為心理契約重構奠定基礎。如果處理不好併購公司與被併購企業的文化衝突可能會導致員工重新考慮與組織間的契約關係，進而衝擊原有的心理契約基礎，增強員工的不穩定性。因此，必須正確評估雙方的文化特性，選擇恰當的整合模式，為構建新的心理契約奠定基礎。

（3）人力資源政策整合是構建心理契約的保障機制。良好的人力資源政策會誘使員工與企業重建心理契約，因為公平的薪酬、良好的培訓政策、職業生涯發展規劃等都是員工期待能夠擁有的。如果滿足了員工的需求，那麼隨著時間的推移，員工與企業的心理契約也會越發牢固。

（4）共同的未來願景為員工心理契約重構指明方向。企業必須給員工一個可以預期的願景，即使只是一個藍圖，也相當於給了員工一個富有吸引力的目標，這一目標相當於組織承諾，可以給予員工積極的心理預期，進而指明心理預期重構的努力方向。

（5）企業內部良性溝通機制為心理契約的重建平臺。良好的溝通機制可以幫助企業員工及時獲得併購後企業的最新信息，減少猜疑與不健康的辦公室氛圍，幫助員工構建合理的心理預期，進而有助於員工心理契約的形成。

（6）提供有競爭力的薪資待遇。正如前面所講，人是重要的戰略性資源，滿足個人需求成為構建員工心理契約的重要一環，因此需要及時明確企業員工的薪資待遇等未來願景。跨國併購企業應當在進入時就明確將薪資待遇告知其想要挽留的核心人員，並許諾給對方一個可以看得見的職業發展前景，這將有助於企業員工與企業結成良性的心理契約。

10.2.6　跨國併購企業成長能力重構基本策略：知識的視角

從知識網路關聯度來看，一方面，應當說，中國跨境企業知識網路關聯程度日趨加強；另一方面，中國跨境企業知識網路尚處於較低層次，主要集中於發展中國家（地區），與發達國家（地區）聯繫不夠緊密，不利於針對先進技術的組織學習發生。中國企業的跨國式發展模式始於20世紀80年代初，近30多年來呈現出「起步晚，發展快」的顯著特徵（喬均，1994）。然而在組織模式方面，相對於歐美發達國家跨國公司，中國跨境企業的組織框架比較落後，呈現出過度集權或過度分權的特徵（周新軍，2006）。而此類不成熟的特徵是由中國跨境企業的實際情況決定的。一方面，中國的資本輸出尚處於探索階段，跨國企業普遍缺乏成熟的經營戰略，因此當受到東道國環境衝擊時很容易出現反應不足的情況，其距離分散集中式的多國組織模式的要求有差距；另一方面，由於多數跨境企業海外子公司獨立營運能力較差，因而跨境企業又難以獲得全球範圍的品牌效應，也就無法採用以特許經營為代表的國際組織框架。

通過併購實現「走出去」的中國跨國企業在整合東道國資源的同時應該實施以下策略：

（1）考慮更加全面的背景因素，深刻理解東道國制度環境變動的背景。企業在參與跨國併購的過程中應時刻注意盡量與東道國利益保持一致。一旦跨國併購企業成為一個獨立利益體，其關注的核心就集中在自身成長上了，也就不可避免地會出現與東道國的利益衝突，當東道國意識到外來威脅時自然會加緊對外資的制度約束。

（2）深刻瞭解公司知識體系的現狀與未來。首先，關注企業的過去。企業是知識獲取、貯藏與創新的地方，這一切始於跨境企業進入東道國，而進入方式在很大程度上依賴於企業的過去，跨境進入前企業的知識累積決定了企業對新知識的敏感程度以及吸收能力。其次，縝密設計企業的未來。跨境進入後

企業的一個重要功能就是知識轉移平臺。通過組織學習，跨境企業在獲得東道國知識之後為整個跨國企業做出的知識轉移貢獻值得期待，因為這為跨國公司提供了該區域的東道國信息。最後，注重跨國企業知識體系的社會背景。如前所述，默會知識具有隱形性與東道國特徵，其多是經由非正式渠道實現轉移的，因而對併購後企業知識體系的理解可以有助於這一轉移過程更高效地進行。

（3）積極構築跨境企業全球知識網路。企業成長在知識網路方面的體現主要有研發框架的選擇與研發網路的成長。首先，要選擇適當的研發體制。當希望獲取市場知識的時候，應該選擇以東道國為主的區域中心框架；而當出現知識流失的時候，企業組織框架則應以網路制框架來獲得網路節點與網路外部組織間的知識交流。其次，要進一步強化跨境企業知識網路的廣度和深度。目前的中國跨國企業多集中在發展中國家，因此未來一方面要積極引導跨國企業網路實施開放性建設，不但要加強網路密度，而且要積極走出去與外界研發力量合作以實現網路的全球擴張；另一方面則應當有意識地與發達國家進行研發方面的合作，不斷逼近全球技術前沿，並通過直接交易手段與間接溢出手段獲得先進技術。最後，應關注隱性知識的生產。如前所述，跨境企業理論由市場交易失效的觀點過渡到了市場不完善對知識整合與創造的影響上。企業從事哪個行業、進入哪個區域不再僅僅是市場失效來決定，而更多決定於企業在處理某種知識方面的效率。資源基礎觀強調企業善於貯存、整合、創新以及轉移知識，這個過程中尤其值得注意的是企業對隱性知識的處理能力，這一能力決定了企業將潛在的默會知識轉化成產品的效率。這些默會知識可能涉及營運流程的產生原因、企業對環境的理解和對演化的認識等。

（4）提升企業資源整合能力，實現對企業控制權的掌控。創業之初，外來資本與東道國資本對對方資源的依賴為合資企業控制權的穩定配置奠定了基礎，其後伴隨雙方非正式資源的變動就出現了控制權之爭，外來企業應當積極利用自身市場資源量的增長與技術資源的擴張來實現對企業的實際掌控，並最終收回合資企業控制權。

（5）選擇適當的全球組織框架並適時推進其演化。在設計跨國企業組織框架的時候要注意以下三方面的匹配：①企業戰略與東道國制度環境的匹配。因為環境影響戰略，戰略決定結構，環境是戰略與組織結構變革的原動力。②知識整合與企業多元化間的匹配。跨境企業海外獲得的知識是企業全球多元化的物質基礎。③注重不同知識獲取途徑與組織結構設計的匹配。如產品技術獲取與基於產品維度的組織結構設計、市場知識獲取與基於地區維度的組織結

構設計、混合知識獲取與混合組織結構的設計。具體來講，在弄清楚自身定位以及全球化目標以後，跨境併購企業應當選擇適合其發展階段的組織框架模式。如果企業全球競爭力尚較弱，並願意支持子公司高度獨立，那就可以選擇多國組織框架；如果跨境企業具有全球競爭力，並希望通過併購實現沿著產業鏈的縱向拓展，則可以選擇國際組織框架；如果企業已經成長為頗具實力的大型航母，那就可以選擇開放性更強的網路式架構，並通過資源交流實現企業的成長。

（6）強調外來資本與東道國企業共同成長。國際生產折中理論要求企業要跨境複製並積極保護母公司競爭優勢，但對企業進入後的競爭優勢的培養關注得並不多；而資源基礎理論則強調資源尤其是知識的獲取、整合與再造，顯然與前者具有較大區別。對跨境後企業新優勢的開發要求企業不再僅僅關注傳統交易成本，將對資源創造的關注也不再僅僅集中於資源共享所面臨的約束，而更多的是去關注企業如何成長，而企業成長的一個重要途徑就是與東道國企業共同成長。中國跨國併購企業在整合東道國資源的同時，要注意對東道國革新利益的尊重，盡量形成和諧協作關係，不能像過度增殖細胞一樣只顧自身成長，罔顧東道國利益，而應該在有效的本地化過程中與本土民族企業打成一片，兼顧東道國利益，實現造血式的跨國投資。

（7）注重員工組織心理契約重構。員工心理契約重構措施的重點在於：①尊重不同信仰與風俗；②文化整合為心理契約重構奠定基礎；③人力資源政策整合是心理契約構建的保障機制；④共同的未來願景為員工心理契約重構指明方向；⑤企業內部良性溝通機制為心理契約的重建構建平臺；⑥提供有競爭力的薪資待遇。

參考文獻

[1] 徐震宇. 中國制藥企業的核心競爭力 [D]. 南京：東南大學，2004.

[2] 鄔春燕. 中國企業跨國併購整合的跨文化研究 [D]. 成都：西南財經大學，2008.

[3] 康海燕，池麗華. 談跨國併購中員工心理契約的重構 [J]. 商業時代，2009（27）：44-45.

[4] 曾燕. 上市公司資產重組績效評價指標體系的構建及實證檢驗 [D]. 南京：東南大學，2004.

[5] 陳國餘. 應對跨國經營政治風險完善中國海外投資保險 [J]. 保險職業學院學報，2006（1）：16-19.

[6] 戴永秀. 國有企業併購後的組織結構整合研究 [D]. 南昌：南昌大學，2008.

[7] 董麗芬. 企業文化與績效管理的相關性研究 [D]. 重慶：重慶理工大學，2009.

[8] 郭涵寧，石紅波. 國內技術管理若干問題研究 [J]. 科學學與科學技術管理，2007，28（8）：30-36.

[9] 郭培韜. 基於企業生態位的轉型企業知識轉移模型研究 [D]. 泉州：華僑大學，2013.

[10] 洪美嬌. 跨國公司在華研發投資的效應研究 [D]. 廈門：廈門大學，2008.

[11] 胡彥宇，吳之雄. 中國企業海外併購影響因素研究——基於新制度經濟學視角的經驗分析 [J]. 財經研究，2011（8）：91-102.

[12] 季成. 企業網路化組織結構研究 [D]. 大連：東北財經大學，2006.

[13] 江積海. 後發企業動態能力演化路徑及其機制研究——韓國三星電子 DRAM 產業的案例研究 [J]. 管理評論，2005，17（9）：38-42.

［14］李寶星. 基於OLI範式的跨國併購研究［D］. 青島：中國海洋大學，2008.

［15］劉俊穎，劉瑞平，葉芃. 建築企業多元化發展：風險與對策［J］. 國際經濟合作，2008（5）：56-59.

［16］毛惠媛，陳狀，艾雲鳳. 企業購並整合中的心理契約［J］. 理論界，2005（9）：216-217.

［17］牟雪江. 能源行業競爭進入新時代［J］. 中國石油企業，2009（7）：64-65.

［18］喬慧超，沙文兵. 中國對東盟直接投資決定因素的實證研究——基於東盟十國的Panel Data檢驗［J］. 廣西財經學院學報，2012（3）：1-6.

［19］汪全立，趙偉. 跨國公司價值鏈重構與中國企業的對策［J］. 價格理論與實踐，2005（6）：59-60.

［20］王媛媛. 外資併購中的國家安全審查制度［D］. 上海：復旦大學，2010.

［21］張曉翠. 外資併購國有企業法律問題研究［D］. 哈爾濱：黑龍江大學，2010.

［22］朱盛鐳，王晶. 跨國汽車公司全球化研發態勢及其在華研發活動效應分析［J］. 汽車工程，2010，32（3）：270-275.

［23］祝影，杜德斌. 跨國公司研發全球化的空間組織研究［J］. 經濟地理，2005，25（5）：620-623.

［24］杜曉君，劉赫. 跨國併購戰略類型、組織因素與企業成長——基於中國海外上市公司的實證研究［J］. 國際貿易問題，2010（6）：103-111.

［25］郝潔. 跨國併購的法律問題研究［D］. 北京：中國政法大學，2006.

［26］崔新健. 外國直接投資下的產業結構升級［J］. 當代財經，2002（10）：44-47.

［27］董孝彬. 企業信息化對組織結構的影響［D］. 南昌：華東交通大學，2005.

［28］龔玉池. 公司績效與高層更換［J］. 經濟研究，2001（10）：75-82.

［29］胡如藍. 論外資併購與國家經濟安全審查［D］. 長沙：湖南大學，2009.

［30］江積海. 動態能力主導邏輯重構及其演化機理研究［J］. 清華大學學報（哲學社會科學版），2008（s2）：55-61，144.

［31］姜岩. 有效的跨文化管理是跨國經營成功的關鍵［J］. 決策借鑑，

1997（5）：10-11.

[32] 李寶會. 國際直接投資與中國產業結構升級的相關性分析［D］. 上海：上海社會科學院，2006.

[33] 李豔. 構造併購整合管理模式提升電力企業核心能力［D］. 南寧：廣西大學，2005.

[34] 潘鎮，殷華方，魯明泓. 制度距離對於外資企業績效的影響——一項基於生存分析的實證研究［J］. 管理世界，2008（7）：103-115.

[35] 尚濤，樊增強，馮宗憲. 跨國公司在華 R&D 投資與中國國家創新系統建設［J］. 中國科技論壇，2007（1）：42-46.

[36] 邵雲. 跨國併購國家安全審查制度研究及對中國海外併購的啟示［D］. 武漢：中南民族大學，2013.

[37] 唐志良，劉建江. 現代生產性服務業嵌入製造業機制研究［J］. 商業研究，2010（4）：25-30.

[38] 王慧梅. 基於價值系統的企業渠道力培育研究［D］. 武漢：武漢理工大學，2008.

[39] 許明哲. 中國民營企業併購國企後的整合研究［D］. 長春：東北師範大學，2009.

[40] 禹嬌. 中國企業跨國併購主並方財富效應研究［D］. 上海：復旦大學，2009.

[41] 昝一楠. 中國企業海外投資的得與失［J］. 科技潮，2009（9）：62-63.

[42] 張雷. 基於制度視角的企業多元化分析框架研究［J］. 山東大學學報（哲學社會科學版），2011（5）：39-47.

[43] 張霞. 人力資源管理成功助推企業併購［J］. 北方經貿，2005（9）：89-90.

[44] 韋軍亮，陳漯高. 政治風險對中國對外直接投資的影響——基於動態面板模型的實證研究［J］. 經濟評論，2009（4）：106-113.

[45] 朱倩倩. 企業經營新理念：建立可承受的業務構架［J］. 經濟論壇，2009（15）：121-124.

[46] 劉宏，蘇杰芹，中國對外直接投資現狀及存在問題研究［J］. 國際經濟合作，2014（7）：37-41.

[47] 邊策. 外資併購與中國經濟安全的法律保護［D］. 哈爾濱：黑龍江大學，2010.

[48] 杜德斌. 跨國公司 R&D 全球化：地理學的視角［J］. 世界地理研究，

2007, 16（4）：106-114.

　　［49］方衝. 跨國公司在華 R&D 投資對中國區域創新系統的影響研究［D］. 哈爾濱：哈爾濱工程大學，2009.

　　［50］馮桂平. 政府干預對企業經營行為影響的研究述評［J］. 技術經濟與管理研究，2013（3）：65-69.

　　［51］宮相棟. 上市公司經營者治理效率與公司績效的關係研究［D］. 濟南：山東大學，2010.

　　［52］胡建元. 論併購中的人力資源管理問題［J］. 沿海企業與科技，2005（5）：194，172.

　　［53］江積海. 動態能力邏輯重構及其演化機理研究［J］. 科技管理研究，2009（5）：291-293.

　　［54］劉曉春. 基於項目的組織與複雜產品系統［D］. 北京：北京交通大學，2011.

　　［55］呂波，王水娟. 跨國公司撤資對東道國產業損害的影響因素及其對策含義［J］. 特區經濟，2007（11）：25.

　　［56］聶正安，姜向陽. 演化論邏輯的企業理論述評［J］. 廣東商學院學報，2007（2）：62-67.

　　［57］龐明川. 市場變遷、政策紅利與政治風險：中國與發達經濟體的相互投資［J］. 經濟社會體制比較，2014（2）：5-18.

　　［58］王少喆. 跨國併購國家安全審查制度比較研究［D］. 北京：北京大學，2007.

　　［59］楊榮. 基於制度視角的企業競爭優勢［J］. 華東經濟管理，2008，22（8）：97-101.

　　［60］張建雙. 中國體育旅遊企業競爭優勢研究［D］. 北京：北京體育大學，2006.

　　［61］趙繼偉. 基於核心能力的企業併購研究［D］. 哈爾濱：哈爾濱工程大學，2004.

　　［62］趙薇. 中國企業跨國併購政策及國際比較研究［D］. 杭州：浙江工業大學，2013.

　　［63］黃江圳，董俊武. 跨國經營中如何有效地重構價值鏈［J］. 科技進步與對策，2002，19（7）：142-144.

　　［64］於吉鑫. 企業資源整合的經濟學分析［D］. 長春：吉林大學，2006.

　　［65］陳靜，王學林，王朋，慕躍武. 中國航空運輸企業併購重組績效研

究——以東航為例 [J]. 西安航空學院學報, 2013 (4): 43-47.

[66] 範君華. MX 中國汽車產品事業部新產品開發體系研究 [D]. 成都: 電子科技大學, 2011.

[67] 高遠. 反腐敗與外商直接投資: 中國的經驗 [J]. 南方經濟, 2010, 28 (2): 15-27.

[68] 康海燕, 池麗華. 談跨國併購中員工心理契約的重構 [J]. 商業經濟研究, 2009 (27): 44-45.

[69] 林曉靜. 企業併購的反壟斷規制 [D]. 上海: 華東政法學院, 2004.

[70] 呂永剛. 新增長週期、產業鏈競爭與新興產業成長模式創新 [J]. 現代產業經濟, 2013 (6): 14-20.

[71] 彭光順, 藍海林. 基於子公司角色演化的跨國公司創新研究 [J]. 商業時代, 2010 (28): 92-93.

[72] 秦發盈. 國外組織學習理論綜述與本土應答 [J]. 繼續教育研究, 2004 (4): 11-15.

[73] 宋亞非. 跨國子公司戰略角色演進機制及其啟示 [J]. 財經問題研究, 2007 (10): 59-64.

[74] 王海軍, 姜磊. 政治風險、技術外部性與FDI——一個內生模型的理論分析 [J]. 中央財經大學學報, 2012 (4): 36-41.

[75] 王海軍, 鄭少華. 主權債務風險與對外直接投資——來自中國的經驗研究 [J]. 上海財經大學學報, 2012 (6): 75-81.

[76] 王水娟. 東道國視角的跨國公司撤資風險研究 [D]. 南京: 河海大學, 2006.

[77] 吳崎右. 中國上市公司經營者人力資本與公司績效相關性的研究 [D]. 廣州: 暨南大學, 2004.

[78] 吳英. 中國上市公司併購效應實證研究 [D]. 蘇州: 蘇州大學, 2006.

[79] 於藍, 羅瑩. 從跨國併購整合看中國企業跨國併購 [J]. 商場現代化, 2009 (3): 16-16.

[80] 張霞. 併購中的人力資源管理問題 [J]. 內蒙古科技與經濟, 2007 (6): 37-38.

[81] 鄒國慶. 持續競爭優勢: 企業能力與環境的融合進化 [J]. 吉林大學社會科學學報, 2003 (5): 107-111.

[82] 董輝娜. 企業併購的戰略整合研究 [D]. 天津: 河北工業大學,

2007.

[83] 張大龍. 中國企業跨國併購的現狀及對策探討 [J]. 廣東經濟, 2013 (1): 56-59.

[84] 畢佐薇. 跨國併購的法律制度 [D]. 長春: 吉林大學, 2004.

[85] 蔡豔菲. 跨國公司 R&D 本土化對中國科技進步的影響 [J]. 發展研究, 2004 (6): 45-46.

[86] 陳媛媛, 齊中英. 基於過程觀的組織學習、知識管理與組織創新互動機理研究 [J]. 中國軟科學, 2009 (s1): 128-132.

[87] 程路. 師生互動中生態位變遷的個案研究 [D]. 南京: 南京師範大學, 2011.

[88] 高遠. 轉型中國的政府治理與經濟增長 [D]. 上海: 復旦大學, 2009.

[89] 關濤, 薛求知. 跨國公司「結構追隨戰略」研究脈絡梳理與基於知識基礎論的框架重構 [J]. 外國經濟與管理, 2012, 34 (2): 17-26.

[90] 康海燕. 跨國併購的人力資源整合模型研究 [D]. 上海: 華東師範大學, 2008.

[91] 李紅娟. 俄羅斯投資環境研究 [D]. 哈爾濱: 黑龍江大學, 2010.

[92] 李雪婷. 中國企業海外併購法律風險及防範研究 [D]. 重慶: 西南政法大學, 2011.

[93] 齊瑋. 跨國公司研發本土化與中國技術創新對策研究 [J]. 黑龍江對外經貿, 2010 (8): 45-47.

[94] 邱立成, 趙成真. 制度環境差異、對外直接投資與風險防範: 中國例證 [J]. 國際貿易問題, 2012 (12): 112-122.

[95] 王國榮. 組織學習視角: 公司核心競爭力與組織學習方式相關性研究 [D]. 上海: 復旦大學, 2006.

[96] 王一兵, 王恕立. 製造業與現代服務業發展的互動機理 [J]. 當代經濟, 2010 (20): 10-11.

[97] 魏濤. 中國企業海外併購動因分析及整合研究 [D]. 成都: 西南財經大學, 2012.

[98] 朱靜, 王魯捷, 張偉. 重視企業併購中的心理契約重建 [J]. 江蘇商論, 2003 (2): 38-42.

[99] 鄔國慶, 於桂蘭. 企業競爭優勢理論綜述 [J]. 經濟學動態, 2005, 19 (4): 14-18.

[100] 李磊. 跨國公司併購中國企業的法律規制研究 [D]. 北京: 中央民族大學, 2006.

[101] 邊小東. 中國上市公司併購的績效研究 [D]. 上海: 上海財經大學, 2005.

[102] 陳曉光, 龔六堂. 經濟結構變化與經濟增長 [J]. 經濟學（季刊）, 2005 (2): 583-604.

[103] 金利娟, 彭紀生. 跨國公司研發本土化於中國技術的效應分析 [J]. 現代管理科學, 2005 (5): 59-60.

[104] 康海燕, 池麗華. 談跨國併購中員工心理契約的重構 [J]. 商業時代, 2009 (27): 44-45.

[105] 林勛亮. 基於知識管理的組織學習與企業創新關係實證研究 [J]. 中國管理學年會, 2010.

[106] 劉海建. 企業組織結構剛性與企業戰略調整研究 [D]. 南京: 南京大學, 2005.

[107] 劉靜靜. 基於組織維度的電信營運商前後端型結構評價研究 [D]. 南京: 南京郵電大學, 2011.

[108] 劉明. 企業併購中的文化整合模式及應用研究 [J]. 企業經濟, 2008 (8): 14-16.

[109] 劉洋. 中國對外貿易中的政治風險管理初探 [J]. 商場現代化, 2007 (11): 81-81.

[110] 呂波, 王水娟. 跨國公司撤資對東道國產業損害的影響因素及其對策含義 [J]. 特區經濟, 2007, 226 (11): 25-26.

[111] 蘇方杰. 中國上市公司併購效應研究 [D]. 貴陽: 貴州大學, 2008.

[112] 隋波. 基於知識共享的企業成長系統及其模型研究 [D]. 西安: 西北工業大學, 2006.

[113] 王海軍, 高明. 國家經濟風險與中國企業對外直接投資: 基於結構效應的實證分析 [J]. 經濟體制改革, 2012 (2): 115-119.

[114] 楊芝. 中國科技人才集聚機理與實證研究 [D]. 武漢: 武漢理工大學, 2012.

[115] 張諾. 企業併購中的國家安全審查 [D]. 長春: 吉林大學, 2011.

[116] 張秋萍. 美國國家安全審查制度解析 [D]. 長春: 吉林大學, 2014.

[117] 鄒國慶. 企業持續競爭優勢的經濟學評析 [J]. 當代經濟研究, 2003 (4): 28-32.

[118] 李娜. 中國商業銀行的併購問題 [J]. 化工技術經濟, 2003, 21 (12): 50-53.

[119] 楊潔. 企業併購整合研究 [D]. 長春: 吉林大學, 2004.

[120] 陳傳明, 劉海建. 企業戰略變革的實證研究方法論基礎及在中國的應用 [J]. 科學學與科學技術管理, 2005 (8): 127-132.

[121] 陳麗薔. 外資對東北老工業基地產業結構演進的影響 [D]. 長春: 東北師範大學, 2006.

[122] 陳媛媛. 組織學習、知識管理與組織創新的耦合性研究 [J]. 圖書情報工作, 2010, 54 (2): 140-143.

[123] 丁琳. 基於突變級數法的中小企業成長性評價研究 [D]. 濟南: 山東大學, 2010.

[124] 丁樹文. 跨國公司發展戰略與組織結構變動研究 [D]. 保定: 河北大學, 2011.

[125] 梁昌龍. S公司內部控制案例研究 [D]. 大連: 大連理工大學, 2006.

[126] 毛武興, 陳勁, 王毅. 動態環境中企業核心技術能力的演化過程研究——以朗訊科技與華為技術的技術能力演變為例 [J]. 管理工程學報, 2006, 20 (1): 124-129.

[127] 歐謹豪. 基於併購的企業財務競爭力研究 [D]. 長沙: 湖南大學, 2006.

[128] 宋益敏. 論跨國併購國家安全審查制度之中美比較 [D]. 上海: 華東政法大學, 2012.

[129] 王友順. 基於併購動機的上市公司併購績效研究 [D]. 哈爾濱: 哈爾濱工業大學, 2007.

[130] 謝洪明, 王曉玲, 羅惠玲, 王現彪. 正式和非正式控制對IJV的技術創新的影響——基於東道國母公司視角的實證研究 [J]. 科研管理, 2010, 31 (2): 1-8.

[131] 徐學智. 企業併購中的文化整合及應用研究 [J]. 中國外資, 2012 (4): 201-201.

[132] 鄔麗娜. 福建省建設用地集約利用研究 [D]. 福州: 福建師範大學, 2008.

[133] 虞晶晶. 外資併購反壟斷審查制度研究 [D] 上海：復旦大學，2008.

[134] 左倩倩. 中國區域經濟協調發展的政治因素影響研究 [D]. 西安：西安科技大學，2013.

[135] 韓士專. 噪聲背景下的股市反饋機制研究 [D]. 廣州：華南師範大學，2004.

[136] 陳傳明，劉海建. 企業戰略變革：內涵與測量方法論探析 [J]. 科研管理，2006，27（3）：67-74.

[137] 高麗. 中國資源型企業國際化經營風險辨識與控制研究 [D]. 北京：中國地質大學，2011.

[138] 郭琳. 心理契約——現代圖書館人力資源管理的良方 [J]. 大學圖書情報學刊，2004，22（1）：34-35，45.

[139] 江海潮，彭清華. 企業核心競爭力與非核心競爭力的均衡選擇 [J]. 株洲工學院學報，2005，19（3）：92-95.

[140] 李計廣，楊光. 歐盟對華反傾銷反補貼裁決結果的影響因素考察——基於 Probit 模型的分析 [J]. 國際商務（對外經濟貿易大學學報），2014（2）：119-128.

[141] 梁瑞研. DHL跨國併購後在中國市場的經營資源整合研究 [D]. 廣州：暨南大學，2008.

[142] 張雷. 基於制度視角的中國上市公司多元化與企業績效的實證研究 [D]. 濟南：山東大學，2008.

[143] 唐海燕，胡峰. 美國外國投資安全審查制度的演進及對中國的啟示 [J]. 集聚優勢轉型升級——中國產業國際競爭力評論，2009.

[144] 田曉. 企業併購後品牌生態戰略構建及其整合系統研究 [D]. 天津：天津大學，2008.

[145] 王德峰. 影響外資併購績效的中國企業行為研究 [D]. 桂林：廣西師範大學，2008.

[146] 王寧. 消費行為的制度嵌入性——消費社會學的一個研究綱領 [J]. 中山大學學報（社會科學版），2008，48（4）：140-145.

[147] 王豔，陳繼祥. 基於企業成長理論的後發企業海外併購的路徑分析 [J]. 現代管理科學，2011（4）：34-35.

[148] 魏強. 基於工作嵌入理論的80後員工離職傾向研究 [D]. 武漢：華中科技大學，2011.

[149] 徐斌. 跨國公司研發組織形式選擇的影響因素與模型研究 [J]. 科學學與科學技術管理, 2011, 32 (6): 41-47.

[150] 袁鬆. 跨國併購法律風險及其防範應對 [D]. 鄭州: 鄭州大學, 2007.

[151] 邱毅. 企業跨國併購整合過程 [D]. 上海: 華東師範大學, 2006.

[152] 曾建軍. 中國投資銀行參與企業併購的理論與實證研究 [D]. 成都: 西南石油大學, 2003.

[153] 龔健, 黃魯成. 企業海外研發資源整合模式評介 [J]. 外國經濟與管理, 2004, 26 (3): 6-10.

[154] 蔣嬋. 企業併購後的協同效應及其整合 [D]. 長沙: 湖南大學, 2007.

[155] 漆彤. 美國外資併購安全審查制度的最新發展及其借鑑 [J]. 河南省政法管理幹部學院學報, 2009, 24 (2): 152-158.

[156] 任雁青. 基於DCV的山西煤炭企業競爭力研究 [D] 太原: 山西大學, 2011.

[157] 石寶明. 企業協同知識管理研究 [D]. 長春: 吉林大學, 2009.

[158] 宋金一. 外資併購中的國家安全審查制度研究 [D]. 濟南: 山東大學, 2010.

[159] 孫小強. 企業技術創新與組織學習的關係研究 [J]. 中共青島市委黨校. 青島行政學院學報, 2010 (6): 18-21.

[160] 吳瀟航. 論企業與員工心理契約之重構 [J]. 中國經貿導刊, 2013 (2): 69-71.

[161] 夏菊華. 濰柴動力與湘火炬併購整合研究 [D]. 長沙: 中南大學, 2007.

[162] 張春生. 企業併購中的人力資源整合問題研究 [D]. 北京: 華北電力大學, 2007.

[163] 張鐵男, 張亞娟, 韓兵. 種群學習環境下的企業變革研究 [J]. 科學學與科學技術管理, 2009, 30 (9): 158-162.

[164] 曹露. 基於全流通的上市公司併購績效研究 [D]. 重慶: 西南大學, 2009.

[165] 崔大勇. 論中國外資併購國家經濟安全審查制度 [D]. 北京: 中國政法大學, 2007.

[166] 扶鳳姣, 姜新平. 項目工程投標前的考察與風險評估 [J]. 雲南

水力發電, 2012, 28 (1): 65-67.

[167] 李正中, 韓智勇. 企業核心競爭力: 理論的起源及內涵 [J]. 經濟理論與經濟管理, 2001, V (7): 54-56.

[168] 盧融. 企業併購中人力資源整合研究 [D]. 成都: 西南財經大學, 2006.

[169] 羅傳偉, 孟雁北. 論中國反壟斷法立法的借鑑、創新與妥協 [J]. 朝陽法律評論, 2009 (1).

[170] 莫曉芳. 外資併購對東道國產業競爭力的影響研究 [D]. 武漢: 華中科技大學, 2008.

[171] 潘鬆挺, 姚春序. 基於複雜系統理論的企業網路組織演化分析 [J]. 企業經濟, 2011 (3): 13-15.

[172] 石盛林, 陳圻. 江蘇民營製造企業競爭戰略演化中組織資源的影響 [J]. 華東經濟管理, 2010, 24 (11): 14-20.

[173] 張秀梅. 併購後企業的關係資本整合研究 [D]. 成都: 西南財經大學, 2007.

[174] 鄭勝華, 芮明杰. 動態能力的研究述評及其啟示 [J]. 自然辯證法通訊, 2009, 31 (5): 56-64.

[175] 鄭文山. 中小民營企業市場導向的技術創新機理與策略 [J]. 統計與決策, 2010, 2010 (15): 187-188.

[176] 畢佐薇. 跨國併購的法律制度 [D]. 長春: 吉林大學, 2004.

[177] 陳得杰. 中國上市公司跨國併購影響因素的實證分析研究 [D]. 沈陽: 遼寧大學, 2013.

[178] 陳建勛, 劉黎. 基於網路關聯與組織演化雙重視角的中國跨國公司成長策略研究——來自歐美發達國家的經驗借鑑與啟示 [J]. 財貿研究, 2013, 24 (1): 55-61.

[179] 陳珍波. 中國企業跨國併購績效研究 [D]. 杭州: 浙江工業大學, 2012.

[180] 崔淼, 歐陽桃花, 徐志. 基於資源演化的跨國公司在華合資企業控制權的動態配置——科隆公司的案例研究 [J]. 管理世界, 2013 (6): 153-169.

[181] 顧慶良, 陳亞榮, 吳永毅. 在華跨國公司的跨文化衝突及其影響因素探討 [J]. 東華大學學報 (社會科學版), 2003, 3 (1): 6-14.

[182] 貫晉京. 跨國公司的「物種」演化史 [J]. 文化縱橫, 2011 (6):

28-35.

[183] 江積海. 知識傳導、動態能力與後發企業成長研究 [J]. 研究與發展管理, 2006, 18 (2): 22-27.

[184] 劉明. 企業跨國併購文化整合的路徑選擇: 主動適應與修正調試 [J]. 科技管理研究, 2009, 29 (4): 215-217.

[185] 唐志良. 跨國公司在國際分工演化中的作用 [J]. 社會科學家, 2009 (6): 118-121.

[186] 王嘉瑛. 跨國併購國家安全審查制度的法律研究 [D]. 上海: 復旦大學, 2009.

[187] 愛新覺羅·楠婷. 論中國亟待完善的外資併購國家安全審查制度 [J]. 中央民族大學, 2010.

[188] 楊潔. 企業併購整合研究 [D]. 長春: 吉林大學, 2004.

[189] 張曉軍, 席酉民. 基於和諧管理理論的組織演化研究 [J]. 科學學與科學技術管理, 2009, 30 (2): 129-136.

[190] 張曉燕. 以知識為視角的跨國公司理論演化過程分析 [J]. 管理評論, 2011, 23 (5): 25-29.

[191] 周士元. 中國上市公司併購績效評價及其影響因素研究 [D]. 開封: 河南大學, 2012.

[192] 祝影, 杜德斌. 跨國公司研發全球化的組織類型及其演化 [J]. 科技管理研究, 2005, 25 (8): 171-173.

[193] 崔淼, 歐陽桃花, 徐志. 基於資源演化的跨國公司在華合資企業控制權的動態配置——科隆公司的案例研究 [J]. 管理世界, 2013 (6): 153-169.

[194] 陳玉罡. 基於企業制度和公司財務的併購分析體系 [J]. 商業時代, 2007 (11): 68-69.

[195] 王仁榮. 跨國公司跨境併購法律問題研究 [D]. 上海: 復旦大學, 2012.

[196] 餘紅濤. 論中國經濟轉型中的企業併購 [D]. 上海: 復旦大學, 2004.

[197] 方衝. 跨國公司在華 R&D 投資對中國區域創新系統的影響研究 [D]. 哈爾濱: 哈爾濱工程大學, 2009.

[198] 胡淑麗. 中國企業直接投資斯里蘭卡的法律環境分析 [D]. 杭州: 浙江大學, 2011.

[199] 李相銀, 餘莉莉. 高新技術企業中的組織學習與技術創新 [J]. 科技管理研究, 2012, 32 (10): 15-19.

[200] 劉海建, 周小虎, 龍靜. 組織結構慣性、戰略變革與企業績效的關係:基於動態演化視角的實證研究 [J]. 管理評論, 2009, 21 (11): 92-100.

[201] 劉輝群, 趙欣. 跨國公司研發組織結構的類型與發展方向 [J]. 經營與管理, 2007 (3): 77-78.

[202] 樓繼承. 浙江省上市公司資產重組績效研究 [D]. 濟南: 山東大學, 2009.

[203] 倪奕雯. 中國企業海外併購研究 [D]. 上海: 同濟大學, 2006.

[204] 姜亞鵬. 中國對外直接投資研究: 制度影響與主體結構分析 [D]. 成都: 西南財經大學, 2011.

[205] 張紅. 外資併購國家安全審查制度研究 [D]. 重慶: 西南政法大學, 2009.

[206] 鄭勝華. 企業聯盟能力理論與實證研究 [D]. 杭州: 浙江大學, 2005.

[207] 祖江紅. 中國企業跨國併購後的整合研究 [D]. 北京: 對外經濟貿易大學, 2006.

[208] 陳傳明, 劉海建. 企業戰略變革的實證研究方法論基礎及在中國的應用 [J]. 科學學與科學技術管理, 2005 (8): 127-132.

[209] 杜仲霞. 美國外資併購國家安全審查制度及對中國的啟示——兼評三一重工、華為在美投資併購受阻案 [J]. 現代經濟探討, 2013 (3): 74-78.

[210] 李進龍. 中國企業跨國併購績效研究 [D]. 上海: 上海交通大學, 2013.

[211] 劉春生. 全球生產網路中跨國公司組織結構的變化 [J]. 軟件工程師, 2007 (7): 36-37.

[212] 劉晴輝. 中國海外投資保險發展問題探討 [J]. 投資研究, 2007 (3): 9-12.

[213] 馬小會. 企業併購財務整合研究 [D]. 沈陽: 沈陽工業大學, 2006.

[214] 沈錠榮, 王琛. 動態能力維度及其實現路徑 [J]. 現代經濟信息, 2012 (6): 277-278.

[215] 石盛林. 戰略管理理論演變: 基於企業理論視角的回顧 [J]. 科技進步與對策, 2010, 27 (8): 156-160.

[216] 孫會良. 網路型組織的產生、特徵與功能——經濟學角度的分析 [J]. 經濟師, 2003 (1)：43-44.

[217] 王飛絨, 陳文兵. 領導風格與企業創新績效關係的實證研究——基於組織學習的仲介作用 [J]. 科學學研究, 2012, 30 (6)：943-949.

[218] 王益民. 基於多維視角的組織戰略變革理論透視與整合 [J]. 現代管理科學, 2008 (9)：58-59.

[219] 肖紅星. 中國外資併購國家安全審查制度研究 [D]. 廣州：廣東商學院, 2012.

[220] 杜小豔. 企業併購後的債務整合研究 [D]. 蘇州：蘇州大學, 2007.

[221] 方伶元. 基於知識平臺企業技術併購整合管理研究 [D]. 泉州：華僑大學, 2009.

[222] 侯樹芳. 經營者集中的事先申報制度——兼評反壟斷法的相關規定 [J]. 消費導刊, 2007 (14)：138-139.

[223] 李嘉, 楊軍. 海外投資保險制度亟須完善 [J]. 中國保險, 2007 (14)：138-139.

[224] 彭繼民. 海外投資分析 [J]. 資本市場, 2003 (7)：41-45.

[225] 王水明. 中國中小企業併購整合問題研究 [D]. 北京：北京交通大學, 2013.

[226] 張克彬. 企業重演律 [D]. 濟南：山東大學, 2006.

[227] 趙繼偉. 基於核心能力的企業併購研究 [D]. 哈爾濱：哈爾濱工程大學, 2004.

[228] 蔡瑩聰. 論中國跨國併購立法的完善 [J]. 思想戰線, 2003, 29 (6)：85-88.

[229] 陳麗薔, 安麗娜. 外資對東道國產業結構演進的作用 [J]. 吉林省經濟管理幹部學院學報, 2007, 21 (1)：9-11.

[230] 陳英. 績效驅動的中國上市公司併購研究 [D]. 廣州：暨南大學, 2005.

[231] 戴永秀. 國有企業併購後的組織結構整合研究 [D]. 南昌：南昌大學, 2008.

[232] 董強. 改革開放以來德宏傣族景頗族自治州跨界民族關係研究 [D]. 北京：中央民族大學, 2011.

[233] 段世德. 「火箭助推」模型——中國民營企業「走出去」戰略研究

[J]. 江西農業大學學報（社會科學版），2008，7（4）：107-111.

[234] 侯芳. 外資併購國家安全審查法律制度研究 [D]. 上海：華東政法大學，2009.

[235] 尚濤，樊增強，馮宗憲. 跨國公司在華 R&D 投資與中國國家創新系統建設 [J]. 中國科技論壇，2007（1）：42-46.

[236] 孫效敏. 論美國外資併購安全審查制度變遷 [J]. 國際觀察，2009（3）：65-72.

[237] 王飛絨. 基於組織間學習的技術聯盟與企業創新績效關係研究 [D]. 杭州：浙江大學，2008.

[238] 王麗瓊，王鐵驪，楚燕婷. 複雜環境背景下動態能力的維度及其測量體系 [J]. 南華大學學報（社會科學版），2013，14（3）：58-61.

[239] 吳延兵. 網路組織的經濟學分析 [J]. 重慶商學院學報，2002，15（5）：72-76.

[240] 邢以群，田園. 企業演化過程及影響因素探析 [J]. 浙江大學學報（人文社會科學版），2005，35（4）：83-89.

[241] 張怡菲. 基於核心能力的企業併購後整合模式研究 [D]. 北京：北京交通大學，2012.

[242] 董君勇. 跨國股權轉讓法律適用研究 [D]. 上海：復旦大學，2009.

[243] 任伍，章文光. 中國企業跨國經營的戰略選擇 [J]. 經濟管理，2002（9）：50-54.

[244] 胡彥宇，吳之雄. 中國企業海外併購影響因素研究——基於新制度經濟學視角的經驗分析 [J]. 財經研究，2011（8）：91-102.

[245] 李毅，時秀梅，周燕華，張凱. 跨國公司在華 R&D 區位演繹與決定因素——基於研發功能演化的視角 [J]. 科研管理，2011，32（2）：59-66.

[246] 劉學文. 中國外資併購的法律規制研究 [D]. 重慶：西南政法大學，2007.

[247] 倪奇紅. 組織變革中的組織慣性研究 [D]. 杭州：浙江工業大學，2012.

[248] 石薇. 外商直接投資引起的產業結構效應研究 [D]. 上海：同濟大學，2007.

[249] 蘇志文. 基於併購視角的企業動態能力研究 [J] 外國經濟與管理，2012（10）：48-56.

[250] 王睿智. 國際企業行銷動態能力構成維度分析與評價模型建立 [D]. 天津：南開大學, 2011.

[251] 謝洪明, 韓子天. 組織學習與績效的關係：創新是仲介變量嗎？——珠三角地區企業的實證研究及其啟示 [J]. 科研管理, 2005, 26 (5)：1-10.

[252] 許明哲. 中國民營企業併購國企後的整合研究 [D]. 長春：東北師範大學, 2009.

[253] 餘秋璇. 國內制度因素影響 OFDI 的模型與實證研究 [D]. 長沙：湖南大學, 2013.

[254] 張喜凱. 高技術企業動態競爭優勢的形成研究 [D]. 天津：天津財經大學, 2006.

[255] 陳珍波. 中國上市公司跨國併購經營績效研究——基於 EVA 模型 [J]. 經濟論壇, 2012 (10)：79-84.

[256] 陳曉丹. 外資併購安全審查制度研究 [D]. 開封：河南大學, 2011.

[257] 崔大滬. 從「出口激勵」到「可持續發展」——中國外貿的發展、反思與戰略調整 [J]. 世界經濟研究, 2008 (11)：8-13.

[258] 賈楠. 基於 AHP 的人力資源規劃動態能力評價模型 [J]. 中國電力教育, 2010 (19)：229-231.

[259] 焦方太. 中國民營企業國際化特徵分析 [J]. 國際經貿探索, 2009 (5)：85-88.

[260] 李希, 鄭惠莉. 警惕「戰略演化陷阱」 [J]. 通信企業管理, 2014 (8)：70-71.

[261] 李心丹, 朱洪亮, 張兵, 羅浩. 基於 DEA 的上市公司併購效率研究 [J]. 經濟研究, 2003 (10)：15-24.

[262] 倪浩. 購並中的心理契約失衡與重建 [J]. 企業改革與管理, 2004 (1)：36-37.

[263] 秦岩. 跨國公司在華 R&D 機構功能演化機制研究 [D]. 上海：華東師範大學, 2008.

[264] 宋亞非. 跨國子公司戰略角色演進機制及其啟示 [J]. 財經問題研究, 2007 (10)：59-64.

[265] 魏巍. 制度因素對中國 FDI 技術溢出的效應研究 [D]. 沈陽：遼寧大學, 2013.

［266］謝洪明，劉常勇，陳春輝. 市場導向與組織績效的關係：組織學習與創新的影響——珠三角地區企業的實證研究［J］. 管理世界，2006（2）：80-94.

［267］胥家碩. 動態能力、制度與企業績效的關聯性研究［D］. 長春：吉林大學，2011.

［268］袁新瑞. 跨國併購的企業整合及其價值意義研究［D］. 上海：復旦大學，2009.

［269］朱斌，宮珂. 企業併購財務整合研究［J］. 山東行政學院學報，2014（2）：55-59.

［270］蔡繼榮. 企業組織演化及其機理分析［J］. 經濟問題，2007（9）：57-59.

［271］胡建元. 論併購中的人力資源管理問題［J］. 沿海企業與科技，2005（5）：194，172.

［272］黃明鬆. 高新技術企業發展戰略研究［D］. 合肥：合肥工業大學，2005.

［273］林少紅. 中國企業海外併購後的人力資源能力保護研究［D］. 廣州：暨南大學，2007.

［274］劉志中. 服務業國際轉移及其溢出效應研究［D］. 沈陽：遼寧大學，2009.

［275］蒙立元，張世俊. 股權結構視角下會計信息質量與公司非效率投資的研究［J］. 貴州財經學院學報，2013，31（1）：64-68.

［276］齊瑋. 跨國公司研發本土化與中國技術創新對策研究［J］. 黑龍江對外經貿，2010（8）：45-47.

［277］王海英，密啓娜. 企業跨國併購對中國的影響及對策［J］. 法學論壇，2002，17（1）：80-85.

［278］徐寧. 企業併購後的業務流程整合模式及其適用性——一個多案例研究［J］. 當代經濟管理，2012，34（4）：18-22.

［279］楊贇. 基於知識產權的企業併購過程研究［J］. 生產力研究，2009（18）：155-157.

［280］梁昌龍. 公司內部控制案例研究［D］. 大連：大連理工大學，2006.

［281］陳賢錦. 中國上市公司海外併購績效實證研究［D］. 廣州：華南理工大學，2011.

[282] 郭毅. 制度環境視野下的中國戰略管理研究途徑 [J]. 管理學報, 2006, 3 (6): 643-646.

[283] 疏禮兵. 團隊內部知識轉移的過程機制與影響因素研究 [D]. 杭州: 浙江大學, 2006.

[284] 尹曉慧. 經濟自由度差異對中國對外直接投資區位分布的影響研究 [D]. 長沙: 湖南大學, 2011.

[285] 應堅. 論中國外資併購國家安全審查制度的構建 [J]. 經濟論壇, 2008 (17): 42-46.

[286] 閆大穎. 企業能力視角下跨國併購動因的前沿理論述評 [J]. 南開學報, 2006 (4): 106-112.

[287] 袁新瑞. 跨國併購的企業整合及其價值意義 [D]. 上海: 復旦大學, 2009.

[288] 張大力. 中國上市公司併購的治理績效研究 [D]. 開封: 河南大學, 2008.

[289] 周建, 肖淑玉, 方剛. 東道國制度環境對中國外向FDI的影響分析 [J]. 經濟與管理研究, 2010 (7): 86-93.

[290] 馮春. 基於隱性知識學習的知識團隊領導特質研究 [D]. 上海: 復旦大學, 2008.

[291] 付竹. 文化距離、進入模式與績效研究 [D]. 成都: 西南財經大學, 2010.

[292] 王德峰. 影響外資併購績效的中國企業行為研究 [D]. 桂林: 廣西師範大學, 2008.

[293] 吳大勇. 制度環境定量評價研究——基於重慶四區縣實證分析研究 [D]. 中國集體經濟, 2009 (9): 195-196.

[294] 常冠群. 基於能力的資源獲取與創業績效關係研究 [D]. 長春: 吉林大學, 2009.

[295] 陳福添. 跨國公司子公司定位研究——從科層範式到網路範式的演化 [J]. 中國工業經濟, 2006 (1): 64-71.

[296] 崔淼, 歐陽桃花, 徐志. 基於資源演化的跨國公司在華合資企業控制權的動態配置——科隆公司的案例研究 [J]. 管理世界, 2013 (6): 153-169.

[297] 高娟. 中國上市公司高層管理人員被迫變動價值相關性的實證研究 [D]. 上海: 華東師範大學, 2006.

［298］何文成. 企業國際化戰略控制能力研究［D］. 長沙：中南大學，2008.

［299］何哲，孫林岩. 跨國公司的演化和連續性戰略——基於過度增殖細胞擴散的生物學視角［J］. 軟科學，2008，22（12）：86-90.

［300］胡超. 制度環境對不同產業外商直接投資的影響——基於美國海外直接投資的實證研究［J］. 雲南財經大學學報，2010，28（5）：62-70.

［301］華陽. 跨國公司在華研發本地化戰略［D］. 蘇州：蘇州大學，2006.

［302］姜睿，蘇丹. 東道國產業結構政策的新制度經濟學分析［J］. 商業研究，2006（15）：21-23.

［303］李蝴蝶. 中國企業在美國實施海外併購的法律環境研究［D］. 北京：對外經濟貿易大學，2007.

［304］李慶華，葉思榮，李春生. 企業戰略演化觀的理論基礎及其作用研究［J］. 技術經濟，2006，25（10）：78-83.

［305］婁莉莉. 建立WTO競爭規則與跨國併購管制制度［J］. 現代企業，2007（10）：26-27.

［306］王海軍. 政治風險與中國企業對外直接投資——基於東道國與母國兩個維度的實證分析［J］. 財貿研究，2012，23（1）：110-116.

［307］王嘉瑛. 跨國併購國家安全審查制度的法律研究［D］. 上海：復旦大學，2009.

［308］徐益東. 論企業跨國經營的文化適應問題［J］. 世界經濟研究，1996（4）：45-48.

［309］閻大穎，洪俊杰，任兵. 中國企業對外直接投資的決定因素：基於制度視角的經驗分析［J］. 南開管理評論，2009，12（6）：135-142.

［310］於穎. 中國企業跨國經營問題研究［D］. 長春：東北師範大學，2006.

［311］袁新瑞. 跨國併購的企業整合及其價值意義［D］. 上海：復旦大學，2009.

［312］張秀梅. 併購後企業的關係資本整合研究［D］. 成都：西南財經大學，2007.

［313］趙民杰，姜飛. 跨國公司組織結構演化研究［J］. 經濟經緯，2005（2）：30-32.

［314］郭涵寧，石紅波. 國內技術管理若干問題研究［J］. 科學學與科學

技術管理, 2007, 28 (8): 30-36.

[315] 崔娜. 企業組織結構進化研究 [D]. 廣州: 暨南大學, 2013.

[316] 寧鐘, 何景風. 基於產業視角的中國上市公司併購高科技企業績效研究: 來自 1999—2006 年滬深股市的實證分析 [J]. 發展經濟學研究, 2011 (1): 176-229.

[317] 陶韌. 論中國房地產業的併購 [J]. 中國房地信息, 2005 (7): 40-41.

[318] 胡夢影. 基於心理契約理論的內部控制自願性披露及其連續性研究 [D]. 天津: 天津財經大學, 2013.

[319] 廖成林, 仇明全. 虛擬行銷中企業合作關係對企業績效的影響實證研究 [J]. 科技管理研究, 2007, 27 (6): 221-223.

[320] 徐敏. 民營醫院組織結構的創設與調整研究 [D]. 武漢: 華中科技大學, 2010.

[321] 段明明. 經濟運行方式、企業管理模式與民族文化多樣性——首屆中法跨文化管理國際高峰論壇綜述 [J]. 法國研究, 2011 (3): 92-97.

[322] 李英春. 制度因素對企業跨國經營行為影響分析 [J]. 現代商業, 2012 (5): 67-67.

[323] 廖成林, 仇明全. 敏捷供應鏈背景下企業合作關係對企業績效的影響 [J]. 南開管理評論, 2007, 10 (1): 106-110.

[324] 易欣. 浙江力源公司組織結構優化研究 [D]. 長沙: 湖南大學, 2010.

[325] 龔小鳳. 基於功效系數法的跨國併購整合績效評價 [J]. 統計與決策, 2013 (3): 55-58.

[326] 葉建木. 跨國併購的理論與方法研究 [D]. 武漢: 武漢理工大學, 2003.

[327] 王利平, 葛建華. 合法性視角下的國有企業組織制度變遷 [J]. 管理學報, 2009, 6 (4): 527-531.

[328] 陳雲萍. 企業物流戰略與物流績效關係的實證研究 [D]. 南京: 河海大學, 2007.

[329] 劉海建. 企業組織結構的惰性特徵研究 [J]. 南京師大學報 (社會科學版), 2007 (1): 55-59。

[330] 陳春花, 全智慧, 姜子學. 發展中國家在華投資企業的跨文化管理研究——以印度 K 公司 (中國) 為例 [J]. 中國軟科學, 2004 (12): 70-75.

[331] 黃日福. 中國中部地區 FDI 與產業結構升級的關係研究 [D]. 長沙：中南大學，2007.

[332] 丁烈雲，劉榮英. 制度環境、股權性質與高管變更研究 [J]. 管理科學，2008，21（6）：47-56.

[333] 董輝娜. 企業併購的戰略整合研究 [D]. 天津：河北工業大學，2007.

[334] 高鶴. 中國對日本直接投資研究 [D]. 長春：吉林大學，2012.

[335] 胡超，張捷. 制度環境對不同產業外商直接投資的影響——基於美國海外直接投資的實證研究 [J]. 貴州大學學報（社會科學版），2010，28（5）：62-70.

[336] 華陽. 跨國公司在華研發本地化戰略 [D]. 蘇州：蘇州大學，2006.

[337] 黃江圳，董俊武. 跨國經營中如何有效地重構價值鏈 [J]. 科技進步與對策，2002，19（7）：142-144.

[338] 紀莉. 跨文化管理中的文化適應過程與模式研究 [D]. 大連：大連海事大學，2005.

[339] 李瑶. 中國企業跨國併購動機與績效研究 [D]. 廣州：暨南大學，2010.

[340] 邱東. 廣州市重點公共建設項目管理辦公室的戰略演化研究 [D]. 廣州：華南理工大學，2010.

[341] 邵雲. 跨國併購國家安全審查制度研究及對中國海外併購的啟示 [D]. 武漢：中南民族大學，2013.

[342] 趙磊. 企業創新型研發模式的探索 [J]. 高科技與產業化，2008，4（9）：8-9.

[343] 鄒豫莨. 跨國併購安全審查制度研究 [D]. 大連：大連海事大學，2011.

[344] 孫浩. 高科技企業核心能力研究 [D]. 天津：天津財經學院，2000.

[345] 王益民. 戰略演變的制度基礎觀 [D]. 上海：復旦大學，2004.

[346] 夏麗萍，喻淑蘭. 制度視角下中國對外直接投資結構問題探析 [J]. 特區經濟，2014（11）：119-121.

[347] 楊桂菊. 跨國公司子公司角色演化機制理論模型——子公司網路資本的分析視角 [J]. 世界經濟研究，2006（11）：16-21.

[348] 楊桂菊. 跨國公司子公司角色演化機制研究 [D]. 杭州：浙江大學, 2004.

[349] 張雷. 基於制度視角的中國上市公司多元化與企業績效的實證研究 [D]. 濟南：山東大學, 2008.

[350] 鄭少尉. 外資併購中的國家經濟安全問題研究 [D]. 杭州：浙江大學, 2011.

[351] 鄭勝華. 企業聯盟能力理論與實證研究 [D]. 杭州：浙江大學, 2005.

[352] 鄭勝華. 企業聯盟能力理論與實證研究 [D]. 杭州：浙江大學, 2005.

[353] 周建, 方剛, 劉小元. 制度落差、內部治理與中國企業的跨國經營——交易成本的視角 [J]. 中央財經大學學報, 2009 (3)：42-47.

[354] 祝影. 全球研發網路：跨國公司研發全球化的空間結構研究 [D]. 上海：華東師範大學, 2005.

[355] 王成. 中國轉型經濟背景下企業戰略併購的整合機理研究 [D]. 廣州：華南理工大學, 2010.

[356] 黃子恒. 以太組織理論與實證研究 [D]. 北京：北京交通大學. 2009.

[357] 董永. 簡述中國外資併購國家安全審查法律制度 [D]. 上海：上海社會科學院, 2012.

[358] 黃江圳, 董俊武. 跨國經營中如何有效地重構價值鏈 [J]. 科技進步與對策, 2002, 19 (7)：142-144.

[359] 樓園. 企業組織結構進化研究 [D]. 北京：北京工業大學, 2006.

[360] 姜爾加, 陳朝龍. 分權型集團內子公司間技術創新投入競爭分析 [J]. 管理現代化, 2007, 154 (6)：24-26.

[361] 錢輝, 項保華. 企業演化觀的理論基礎與研究假設研究 [J]. 自然辯證法通訊, 2006, 28 (3)：46-50.

[362] 宋富民. 跨文化團隊中文化衝突與整合模式的研究 [D]. 大連：大連海事大學, 2007.

[363] 孫亮. 中國企業海外併購法律環境問題研究 [D]. 廣州：暨南大學, 2010.

[364] 唐健雄. 企業戰略轉型能力研究 [D]. 長沙：中南大學, 2008.

[365] 王成. 跨國公司推動國際分工演進的作用分析 [J]. 企業導報,

2011（1）：11-12.

[366] 王海軍，姜磊. 政治風險、技術外部性與FDI——一個內生模型的理論分析 [J]. 中央財經大學學報，2012（4）：36-41.

[367] 王開明，萬君康. 企業戰略理論的新發展：資源基礎理論 [J]. 科技進步與對策，2001，18（1）：131-132.

[368] 吳文釗. 中國企業對外直接投資的若干問題研究 [D]. 鎮江：江蘇大學，2006.

[369] 夏菊華. 濰柴動力與湘火炬併購整合研究 [D]. 長沙：中南大學，2007.

[370] 閻曉博. 戰略併購中協同效應的價值及其評估研究 [D]. 蘭州：蘭州大學，2008.

[371] 餘秋璇. 國內制度因素影響OFDI的模型與實證研究 [D]. 長沙：湖南大學，2013.

[372] 張曉燕. 跨國公司子公司之間的知識轉移研究 [D]. 上海：復旦大學，2006.

[373] 張曉燕. 以知識為視角的跨國公司理論演化過程分析 [J]. 管理評論，2011，23（5）：25-29.

[374] 李孟剛. 產業安全理論的研究 [D]. 北京：北京交通大學. 2006.

[375] 蔡豔菲. 跨國公司R&D本土化對中國科技進步的影響 [J]. 發展研究，2004（6）：45-46.

[376] 程紅. 透視跨國石油公司的全球性組織結構 [J]. 中國石化，2006（6）：62-63.

[377] 單欣. 組織學習動態能力與企業成長關係的實證研究 [D]. 西安：西安理工大學，2009.

[378] 馮錚. 中國電力上市公司併購績效實證研究 [D]. 北京：華北電力大學，2008.

[379] 劉陽春. 中國企業對外直接投資動因理論與實證研究 [J]. 中山大學學報（社會科學版），2008，48（3）：177-184.

[380] 何強. 基於行為生態學的企業戰略演化研究 [D]. 天津：天津大學，2011.

[381] 賈楠. 市級供電企業人力資源動態能力評價研究 [D]. 北京：華北電力大學，2011.

[382] 康海燕. 跨國併購的人力資源整合模型研究 [D]. 上海：華東師範

大學，2008.

[383] 李欣. 高校後勤集團可持續發展研究 [D]. 哈爾濱：哈爾濱工程大學，2007.

[384] 劉榮英. 制度環境、股權性質與高管變更研究 [D]. 武漢：華中科技大學，2009.

[385] 秦允勝. 外國直接投資與中國產業結構優化研究 [D]. 南京：南京航空航天大學，2007.

[386] 蘇磊. 物流企業人力資本價值提升研究 [D]. 天津：天津財經大學，2008.

[387] 汪全立，趙偉. 跨國公司價值鏈重構與中國企業的對策 [J]. 價格理論與實踐，2005 (6)：59-60.

[388] 王寶宏. 企業併購中的反壟斷法律研究 [D]. 西安：西北大學，2003.

[389] 王海軍，姜磊. 西方國家關於國家風險與FDI關係的研究綜述與啟示 [J]. 華北電力大學學報 (社會科學版)，2012 (2)：27-31.

[390] 王萌. 中國海外併購在東道國法律風險探微 [D]. 菸臺：菸臺大學，2009.

[391] 尤亞茜. 基於控制權配置的跨國公司治理研究 [D]. 蘇州：蘇州大學，2009.

[392] 張雷. 基於制度視角的中國上市公司多元化與企業績效的實證研究 [D]. 濟南：山東大學，2008.

[393] 周文輝. 湖南中菸工業有限責任公司兼併整合研究 [D]. 長沙：中南大學，2010.

[394] 周燕華. 中國跨國公司員工外派適應與績效研究 [J]. 技術經濟與管理研究，2012 (2)：64-67.

[395] 祝影. 全球研發網路：跨國公司研發全球化的空間結構研究 [D]. 上海：華東師範大學，2005.

[396] 汪巍. 中國企業跨國併購的戰略選擇 [J]. 經濟師，2013 (11)：72-73.

[397] 陳文龍. 企業家精神與企業成長關係研究 [D]. 西安：陝西師範大學，2008.

[398] 倪奕雯. 中國企業海外併購研究 [D]. 上海：同濟大學，2006.

[399] 付春. 文化衝突與跨國經營 [J]. 現代企業，2001 (2)：39-40.

［400］韋海笑，王繼翔. 歐盟的企業併購控制政策及其影響［J］. 世界經濟研究，2002（3）：81-85.

［401］孫養學. 農業高新技術企業成長資源論［J］. 高科技與產業化，2005（5）：35-37.

［402］唐志良. 跨國公司在國際分工演化中的作用［J］. 社會科學家，2009（6）：118-121.

［403］王振宇. 簡析當代跨國公司理論的發展特徵［J］. 價格月刊，2007（4）：78-80.

［404］李建. 外資併購對目標公司績效影響的實證研究［D］. 廣州：暨南大學，2007.

［405］李建軍. 企業海外投資風險預警與防範研究述評［J］. 經濟縱橫，2014（10）：114-117.

［406］李任飛. 中國外資併購國家安全審查制度研究［D］. 北京：北京交通大學，2011.

［407］呂鴻江，劉洪. 轉型背景下企業有效應對組織複雜性的機理研究［J］. 南開管理評論，2009，12（6）：77-89.

［408］梅新育. 更多政治暴力風險——中國企業跨國經營政治性風險的發展趨勢［J］. 國際貿易，2004（10）：9-13.

［409］倪浩，李克勤，熊九生. 心理契約的失衡與重建——企業購並中的人力資源管理焦點［J］. 中國勞動，2003（12）：31-34.

［410］齊銀山. 國際石油價格波動與中國經濟安全的關係研究［D］. 北京：北京交通大學，2011.

［411］疏禮兵. 團隊內部知識轉移的過程機制與影響因素研究［D］. 杭州：浙江大學，2006.

［412］王晶，朱盛鐳. 跨國汽車公司全球化研發體系研究［J］. 上海汽車，2009（5）：24-28.

［413］員巧雲，程剛. 國內外知識創新和組織學習研究綜述［J］. 圖書情報工作，2009，53（8）：89-92.

［414］魏明. 基於全球學習與知識共享視角的跨國公司組織演進［J］. 武漢大學學報（哲學社會科學版），2011（6）：32-37.

［415］徐金發，張慧. 跨國公司子公司研究的演進和未來的發展方向［J］. 國際貿易問題，2005（12）：110-115.

［416］徐煒，21世紀新環境下企業組織結構研究［D］. 北京：中國社會

科學院研究生院，2003.

[417] 易海峰. 基於資源基礎理論的第三方物流企業戰略分析 [J]. 商場現代化，2008（17）：155.

[418] 於吉鑫. 企業資源整合的經濟學分析研究 [D]. 長春：吉林大學，2006.

[419] 張曉燕. 跨國公司子公司之間的知識轉移研究 [D]. 上海：復旦大學，2006.

[420] 李婧. 對外直接投資更應謹慎 [J]. 新商務周刊，2013（5）：16.

[421] 魏濤. 中國企業海外併購動因分析及整合研究 [D]. 成都：西南財經大學，2012。

[422] 安泰. 中國海外投資保險法律制度研究 [D]. 哈爾濱：哈爾濱工程大學，2007.

[423] 卜國紅. 供應鏈企業間演化博弈研究 [D]. 武漢：武漢理工大學，2009.

[424] 蔡永貴. 母合優勢理論述評 [J]. 商場現代化，2008（9）：55.

[425] 陳偉光. 中國跨國公司對外經營中的政治風險及防範 [J]. 湖北汽車工業學院學報，2006，20（4）：63-66.

[426] 高梅. 跨國併購中中國反壟斷問題研究 [D]. 上海：華東師範大學，2004.

[427] 韓覬. 網路經濟中的制度變遷與企業競爭戰略 [D]. 武漢：華中師範大學，2003.

[428] 賈晉京. 跨國公司的「物種」演化史 [J]. 文化縱橫，2011（6）：28-35.

[429] 姜睿. 產業結構、市場結構與外國直接投資 [D]. 上海：華東師範大學，2004.

[430] 梁瑞研. DHL跨國併購後在中國市場的經營資源整合研究 [D]. 廣州：暨南大學，2008.

[431] 林志揚，李海東. 組織結構變革中的路徑依賴與路徑突破 [J]. 廈門大學學報（哲學社會科學版），2012（1）：133-140.

[432] 劉現武. 中國農業企業併購重組研究 [D]. 北京：中國農業科學院，2003.

[433] 秦允勝. 外國直接投資與中國產業結構優化研究 [D]. 南京：南京航空航天大學，2007.

［434］蘇亞麗. 中美能源投資國家安全審查制度比較研究［D］. 太原：山西大學，2013.

［435］譚鋒. 中國企業海外併購績效研究［D］. 廣州：廣東工業大學，2011.

［436］王海軍，齊蘭. 國家經濟風險與FDI——基於中國的經驗研究［J］. 財經研究，2011（10）：70-80.

［437］王燕鋒. 中國企業海外併購戰略研究［D］. 鄭州：鄭州大學，2007.

［438］溫海瀅. 稅制改革的路徑依賴分析［J］. 山西財經大學學報，2005，27（3）：94-99.

［439］張陽，張爽. 動態視角的企業知識創新能力形成的內在機理研究［J］. 生產力研究，2008（1）：123-126.

［440］張圓圓. 跨國公司母公司對子公司的責任研究［D］. 大連：大連海事大學，2010.

［441］趙雪凌. 成長期民營建築企業組織結構變革研究［D］. 大連：東北財經大學，2007.

［442］鄭勝華. 企業聯盟能力理論與實證研究［D］. 杭州：浙江大學，2005.

［443］魏江. 基於核心能力的企業購並後整合管理［J］. 科學管理研究，2001（12）：62-65.

［444］陳小雨. 中美外資併購國家安全審查制度研究［D］. 上海：華東政法大學，2012.

［445］陳珍波. 中國企業跨國併購績效研究［D］. 杭州：浙江工業大學，2012.

［446］褚音. 中國企業海外併購的財務績效研究［D］. 上海：復旦大學，2008.

［447］董莉軍. 中國對外直接投資的政策動因——一個新的實證研究［J］. 技術經濟與管理研究，2011（11）：73-76.

［448］胡愛民，龐玲. 分權型集團內子公司業務無序競爭分析［J］. 軟科學，2007，21（5）：136-139.

［449］胡小美，張小山. 企業併購過程中的心理契約重建［J］. 統計與決策，2005（6S）：128-129.

［450］黃日福. 中國中部地區FDI與產業結構升級的關係研究［D］. 長沙：

中南大學, 2007.

［451］黃抒予. 從提高企業競爭力視角談產業轉移承接地區位要素建設 [J]. 商業時代, 2011 (14): 124-125.

［452］楊倩. 外資併購國家安全審查標準 [D]. 北京: 首都經濟貿易大學, 2009.

［453］楊楊. 西方跨國公司理論的演進與實踐新發展 [J]. 上海經濟研究, 2005 (11): 111-115.

［454］李進龍, 呂巍, 郭冰. 制度約束、國家文化差異與企業跨國併購績效——文化差異的競爭性仲介作用 [J]. 上海管理科學, 2012, 34 (4): 12-16.

［455］張偉. 縱向併購對於下游企業績效影響的實證研究 [D]. 上海: 上海交通大學, 2007.

［456］楊博文, 黃恒振. 共生理論: 組織演化研究的新基礎 [J]. 電子科技大學學報 (社科版), 2010, 12 (2): 29-32.

［457］ROBERT C HANSON, MOON H SONG. Managerial Ownership, Board Structure and the Division of Gains in Divestitures [J]. Journal of Corporate Finance. 2000, 6: 55-70.

［458］MICHAEL T HANNAN, JOHN FREEMAN. Structural Inertia and Organizational Change [J]. American Sociological Review, 1984, 49 (2): 149-165.

［459］ALAN D MEYER, ANNE S TSUI, C R HININGS. Configurational Approaches to Organizational Analysis [J]. The Academy of Management Journal, 1993, 36 (6): 1,175-1,198.

［460］MURLHERIN J HAROLD, AUDRA L BOONE. Comparing Acquisitions and Divestitures [J]. Journal of Corporate Finance, 2000, 6 (2): 117-139.

［461］JENSEN M C, RUBACK RICHARD S. The Market for Corporate Control: The Scientific Evidence [J]. Journal of Financial Economics, 1983, 11: 5-50.

［462］ERKOVITCH E, NARAYANAN M P. Motives for Takeovers [J]. Journal of Financial and Quantitative Analysis, 1993, 28 (3): 347-362.

［463］GILLAN STUART L, JOHN W KENSINGER, JOHN D MARTIN. Value Creation and Corporate Diversification: The Case of Sears Roebuck&Co. [J]. Journal of Financial Economics, 2000, 55 (1): 103-137.

［464］EISENHAR DT K M, MARTIN J A. Dynamic Capabilities: What Are They? [J]. Strategic Management Journal, 2000: 1105-1121.

[465] ADNER R, HELFAT C E. Corporate Effects and Dynamic Managerial Capabilities [J]. Strategic Management Journal, 2003, 24 (10): 1,011-1,028.

[466] BJORN LOVAS, SUMANTRA GHOSHAL. Strategy as Guided Evolution [J]. Strategic Management Journal, 2000, 21 (9): 875-898.

[467] DAVID J TEECE, GARY PISANO, AMY SHUEN. Dynamic Capabilities and Strategic Management [J]. Strategic Management Journal, 1997: 509-535.

[468] HELFAT C. Know-How and Asset Complementary and Dynamic Capability Accumulation: The Case of R&D [J]. Strategic Management Journal, 1997: 339-360.

[469] RINDOVA V P, KOTHA S. Continuous「morphing」: Competing Through Dynamic Capabilities, Form and Function [J]. Academy of Management Journal, 2001, 44 (6): 1,263-1,280.

[470] TEECE D J. Economic Analysis and Strategic Management [J]. California Management Review, 1984, 26 (3): 87-110.

[471] SHELTON L M. Merger Market Dynamics: Insights into the Behavior of Target and Bidder Firms [J]. Journal of Economic Behavior & Organization, 2000, 41 (4): 363-385.

[472] HITE G L, OWERS J, ROGERS R. The Market for Interfirm Asset Sales. Partial Sell offs and Total Liquidations [J]. Journal of Financail Economics, 1987, 18 (2): 229-252.

[473] TIM LOUGHRAN , ANAND M VIJH. Do Long-Term Shareholders Benefit from Corporate Acquisitions? [J] Journal of Finance, 1997, 52, 1765-1790.

[474] POON P H, WINNIE. The Effects of Corporate Mergers and Acquisitions on Shareholder Wealth: Recent Experience in China [C]. presented at the 1999 Annual PACAPPFMA Finance Conference, Singapore, 1999: 8-10.

[475] PHILIP ANDERSON. Complexity Theory and Organization Science, Organization Science [J]. Special Issue: Application of Complexity Theory to Organization Science, 1999, 10 (3): 216-232.

附錄　主要市場經濟體跨國併購安全審查示例（美、加、日）

	外資審查制度的立法	審查機構	審查程序	審查對象	審查標準	評價
美國	(1) 1950年，出台《1950年國防生產法案》，後於1992與1994年進行修訂。 (2) 1975年，成立美外國投資委員會。 (3) 1988年，出台《埃克森－弗羅里奧修正案》，授權總統可以實施救濟措施。 (4) 1989年，出台《關於外國人收購、兼併和接管條例》明確管轄機構與職能，審查體和程序，該條例於1992年、2003年和2008年修訂。 (6) 2001，出台FINSA，補充《埃克森－弗羅里奧修正案》。 (7) 2007年，出台《2007年外國投資和國家安全法》。 (8) 2008，出台《2007年外國投資和國家安全法實施細則》，出台《2008年外國人合併、收購和管條例》，接	(1) 美國現任總統。 (2) 美外國投資委員會。 (3) 外國投資委員會。常在成員十二名，亦可吸納成臨時成員。	審查共分申報、初審、正式調查決定4階段，最長不超90天。 (1) 已完成或者擬進行的受管轄交易方自願向CFIUS主席提請申報。 (2) CFIUS的初審應在30日內完成，未決定是否進入正式審查。 (3) 初審期間，申報人可撤回申報，總統或CFIUS亦可發起初審。 (4) 若併購事項涉及國家安全，關鍵基礎設施與技術或者出現由外國政府控制企業發起的併購事項，外國投資委員會亦可做出正式審查裁決。 (5) 正式調查一般於45日內完成，CFIUS向總統建議置如需要暫停或禁止交易等處置措施。 (6) 總統須於15日內做出明決。如總統有證據表暫停危害到國家安全，總統有權提出暫停或指示司法部長實施救濟措施。 (6) 總統應為其做出的裁決向國會說明情況。	(1) 以下交易應接受審查：可能導致外國法人控制美國企業；外國法人將其控股給一外國法人；可能導致實施CFI-US主席提請申報，CFIUS裁決是否進行調查。涵蓋透過合資控制美國企業；人通過合資形式實施外國法人以融資形式實施對於美國企業控制美國家安全造成威脅的，可能對美國家安全造成威脅的，可能導致對外國控制。 (2) 交易主體認定：自然人以國籍認定；Exon-Florio條款明確併購主體為外國法人的美國法人；法人指所有政府、公民與外國實體，美國企業為任何從事跨州活動的經濟實體。 (3) 申報標準：當事人規模超0.5億美元。如果交易規模超1億美元以上，且一方擁有1億美元以上資產，另一方擁有0.1億美元以上資產，則需要申報。如果交易規模超過2億美元，則必須申報。	(1) 審查標準源於《外商投資與國家安全法案》《埃克森－弗羅里奧法案》及其實施細則，且多一列舉方式出現。 (2)《埃克森－弗羅里奧法案》至少關注5方面因素：可能出現影響美國家的交易；國家防禦所需產品的生產能力；可能有支持恐怖主義家與的交易；核武器擴散國家的交易；核武器擴散國家領域先進技術地位的交易。 (3) 2003年《國家安全戰略》將關鍵基礎設施納入國家安全規範，其中，關鍵基礎設施有：國防工業設施，水源供應服務等、關鍵技術資產、以及突發事件服務等，信息供應指對美國有實質影響的關鍵行業，如金融業，水源供應等。 (4)《2007年外國投資和國家安全法》進一步明確了6項基礎設施決不由供外國政府參與的對美國家安全有實質影響。反恐、軍他資源長期供決由外國政府的參與。 (5) 2008年《外國人合併、收購的標準、收購的標準、董事會條件》明確了外國人控制的管、董事會通過十個方面的列舉描述了外國控制：董事會席位、重要事項決定權、特殊股、支配地位投票權的行使，正式或默契的協約、契約等。	(1) 美外資政策總體較開放，外匯管制不約束其以從類交易，但建立了完備的審查制度以保護其國家安全。 (2) 併購審查過企業大在打擊過勞力，維護其市場秩的同時兼顧競爭效率。 (3) 美國審查期限較短，難以從時同上保證審查過程公平效率和科學。 (4) 美國交易中兼顧交易主體認定與交易規模的方法較科學，避免了每項交易都要申報的情況，降低了監管成本，提高了監管效率。 (5) 美國裁定法規未規依據法律與方情況的列舉認定，具有結合出認可能。給出裁定。在實踐中多由執法機關依據法律與方情況的結合來認定，具有泛化可能。

表（續）

	外資審查制度的立法	審查機構	審查程序	審查對象	審查標準	評價
加拿大	(1) 1971 年，出台《發展公司法》。(2) 1973 年，出台《外國投資審查法》。(3) 1985 年，出台《加拿大投資法》，同年該法擁有最終決定權，1995 年，1996 年，2001 年，2002 年，2005 年進行五次修訂。(4) 2007 年，出台《外國國投資和國家安全法》，2007 年《外國投資指南》實施細則。(5) 2009 年，出台 CIA 的修正案 C-10 議案。	(1) 外資投資審查局。(2) 總督有最終決定權，國家安全審查由任務部長啟動執行，其他所有部門必須無條件配合。	(1) 採取部長通知，總統命令，以及總統最終決定的流程。(2) 由非加拿大人申請進入併購審查。(3) ICA 規定，若部長認為該併購可能損害其國家安全，則應向總統報告建議進行審查，總統基於此建議做出決定，其間該併購行為需暫停。(4) 總統須在接到部長建議 25 日內做出是否進一步審查的決定。若總統認定出該併購可能損害其國家安全，則可命令部長啟動該國家安全審查，否則可取消該項審查。(5) 部長將該決定告知被審查方，並依法告知其具有向部長申訴的權利。如果告知其他被審查認為該項併購活動不會給加拿大帶來安全威脅，則宣布不對其採取進一步的審查。(6) 審查需在 45 日內完成，可最長再延長 30 日。(7) 審查結束後，若部長相信該併購會對其國家造成損害，則需提請總統做出最終處理決定，如若無損害存在，則該併購可繼續進行。(8) 總統最終決定大體分為 2 類：禁止開展該併購，有條件開展該併購。(9) 若審查程序符合繼續的條件，則總統須在 15 日內做出決定，這一決定具有最終效力，不受司法審查約束並不接受追訴。	(1) 1985 年，加拿大《加拿大投資法》將國家安全審查對象描述為非加拿大人，包括非加拿大人、政府、組織和實體。(2) 對象的認定以自然人國籍為準。(3) 國家安全審查涵蓋：通過綠地投資，併購，控制權獲取的實體。	(1) 加拿大無明確的國家安全概念，以淨利益替代之。(2) 2007 年《外商投資指南》規定，淨利益標準對外國政府對非加企業的控股地位及外國政府對非加企業的持續經營狀況。(3) 還將對併購後企業的持續經營、創新、研發及全球化狀況。(4) 限制外資對交通運輸、資本市場、能源供給，文化服務以及通信技術行業的進入。(5) 其他可能職能部門須無條件配合安全審查。(6) 加拿政府將對以下行為進行併購安全審查：可能對加經濟活動、開發，就業，加工業，對生產效率及出口發展，創新，行業效率及產品多樣化可能造成損害的投資；對工業，文化以及經濟兼容性可能造成損害的活動；對加國際競爭力可能造成損害的活動；外來企業中加拿大人參與程度較低的，外來投資與國家政策導向不一致的。	加拿大外資政策經歷了限制，開放，再開放過程而且分為併購和外資併購兩套法律法規，其併購安全審查更多關注外國對加國內經濟的促進作用。

270 制度嵌入的中國企業跨國併購後整合與能力重構研究

表（續）

外資審查制度的立法	審查機構	審查程序	審查對象	審查標準	評價
日本	(1) 1899年，出台《商法》。(2) 1947年，出台《關於禁止私人壟斷和確保公平交易法》，後於1953年、1977年修訂。(3) 1948年，出台《證券交易法》。(4) 1980年，出台《外匯和外貿管理法》。	(1) 大藏省，設置外匯審議會協助大藏省審查。(2) 職能部門須提供必要支持。公正交易委員會與外資審議會兩個專業機構。	(1)《外匯和外貿管理法》明確，一般性資本交易不須申請批准，只需向政府報備即可，當交易規模較大或者情況特殊時必須向大藏省與工業省申請批准。(2) 涉及國家安全的交易必須由外來投資者主動向大藏省申報。(3) 投資安全審查期限一般不超過1個月，若申報的跨國併購或其他投資項目涉及有關國家安全的問題，審查期限將會延長，最長不超過5個月，其間該併購將暫停。(4) 交易申請方受到勸告，改變投資事項或取消該投資告知10日內應回覆意見，對不同意處理意見的，大藏省可採取政令進行強制約束，不服理處聽證會，對申請復議，大藏省須舉行聽證會，聽證會後須終裁決，申請人不服的，可提起訴訟。	(1) 併購主體可以是自然人或資體，採用國籍認定。(2) 1984年《外匯及外貿管理法》明確外國投資者包括參與投資的外國投資者，或為外國人、組織的利益實施的併購行為。(3) 併購資產認定通過居住地和控制能力進行描述，外國控制包括兩方面，即佔股高於50%的交易或組織中，非本國居住者占組織負責人超過一半的交易。	(1) 日本併購審查有兩種標準，積極收支，改善日本交易，改善日本重要產業，顯著影響涉及日本重要產業；消極標準涉及；居民身體健康；影響國際信用與日本國際金融秩序，公共秩序；影響日本產業發展與國際經濟增長，影響國際資本金融秩序；影響公共秩序。(2)《外匯與外貿管理法》明確的特殊情況，若判斷外來自該國投資採取對等審查；日本可對來自該國民的投資對應接受審查。並而進行的投資比為外國人利益，進而進行的投資比為外國人利益接受審查。(3) 判斷外來併購是否有礦競爭秩序4原則：一年間，企業排名併購企業差距顯著；併購前三，目前市場佔有率是否達到過一半；併購所進行業是否超過三；併購所進入各業的方案少；併購參與方總額超過1,000億日元的情況。	日本審查制度受美國影響顯著，其外資立法經歷了從保守到開放的過程，日本對外資本的態度從"原則上禁止"可例則由"自由，逐漸演變為"原則上自由，例外的禁止"，呈現典型的漸進過程。

附錄 主要市場經濟體跨國併購安全審查示例（美、加、日） 271

國家圖書館出版品預行編目(CIP)資料

制度嵌入的中國企業跨國併購後整合與能力重構研究 / 姜亞鵬 著.
-- 第一版.-- 臺北市：崧博出版：崧燁文化發行，2018.09

　面；　公分

ISBN 978-957-735-459-4(平裝)

1.跨國企業 2.企業合併 3.中國

553.78　　　107015182

書　名：制度嵌入的中國企業跨國併購後整合與能力重構研究
作　者：姜亞鵬 著
發行人：黃振庭
出版者：崧博出版事業有限公司
發行者：崧燁文化事業有限公司
E-mail：sonbookservice@gmail.com
粉絲頁　　　　　網　址
地　址：台北市中正區重慶南路一段六十一號八樓 815 室
8F.-815, No.61, Sec. 1, Chongqing S. Rd., Zhongzheng Dist., Taipei City 100, Taiwan (R.O.C.)
電　話：(02)2370-3310　傳　真：(02) 2370-3210
總經銷：紅螞蟻圖書有限公司
地　址：台北市內湖區舊宗路二段 121 巷 19 號
電　話：02-2795-3656　　傳真：02-2795-4100　網址：
印　刷：京峯彩色印刷有限公司（京峰數位）

　　本書版權為西南財經大學出版社所有授權崧博出版事業有限公司獨家發行電子書繁體字版。若有其他相關權利及授權需求請與本公司聯繫。

定價：500 元
發行日期：2018 年 9 月第一版
◎ 本書以POD印製發行